CHICKASAW ROLLS

Annuity Rolls
of
1857-1860

and the

"1855" Chickasaw
District Roll
of
1856

K. M. Armstrong

and

Bob Curry

HERITAGE BOOKS
2007

HERITAGE BOOKS
AN IMPRINT OF HERITAGE BOOKS, INC.

Books, CDs, and more—Worldwide

For our listing of thousands of titles see our website
at
www.HeritageBooks.com

Published 2007 by
HERITAGE BOOKS, INC.
Publishing Division
65 East Main Street
Westminster, Maryland 21157-5026

Copyright © 1995 K. M. Armstrong and Bob Curry

Other Heritage Books by Bob Curry:
Miscellaneous Cherokee and Choctaw Records, 1800-1900

All rights reserved. No part of this book may be reproduced or transmitted in any form or by any means, electronic or mechanical, including photocopying, recording or by any information storage and retrieval system without written permission from the author, except for the inclusion of brief quotations in a review.

International Standard Book Number: 978-0-7884-0385-9

Table of Contents

Introduction

1857 Chickasaw Annuity Roll

1858 Chickasaw Annuity Roll

1859 Chickasaw Annuity Roll

1860 Chickasaw Annuity Roll

1857-1860 Chickasaw Annuity Rolls Index

Chickasaw District of the "1855" Choctaw Roll

Chickasaw District of the "1855" Choctaw Roll Index

Introduction

The competent researcher knows that every bit or scrap of information that can be gathered is one more piece of a huge historical jig-saw puzzle. Bob Curry and I would like to make available a whole box full of just such jig-saw puzzle pieces. This book contains transcribed Annuity Payment Rolls for the Chickasaw Indian Nation. It is the closest thing that we have to a regular census. These are transcribed copies of the originals kept by the Bureau of Indian Affairs. To provide additional information, we have included a portion of the "1855" Choctaw payment roll. Officially titled the "Choctaws Living in the Chickasaw District," this roll in fact contains many Chickasaw families.

The "1855" date is misleading, as the payments and the roll was made in November and December of 1856. The "1855" date actually refers to the 1855 Chickasaw, Choctaw, and United States Treaty that resulted in the payments being made. This misleading date has caused a great deal of frustration in the past among researchers wondering, "How could somebody born in 1856, be on an 1855 roll?"

There are a few things that should be borne in mind while using these rolls, to-wit:
1. Early "script" writing is often difficult to read. The script "S" and "L" are sometimes very difficult to tell apart. An extra "curley-que" was often added to certain capital letters, such as the "H" and "M" that is frequently confused with the small letter "e". During this time period, there was a convention of using a "p" to represent "ss". In short, all these things and more frequently cause errors in transcription.
2. Names were often spelt "pho-net-i-cal-ly", especially Indian names. Thus there was no consistency between roll takers, or even the same roll taker from year to year. Further, there were nicknames or short form names for various Indian names, for example Ahshahlatubby was also called Shahlatubby.
3. Finally, the researcher should remember that families had "wards" or other relatives living in their households, and the counts for children, etc, may not actually reflect the real number of children belonging to the listed head of the household.

Generally, the annuity rolls are actually made up of five rolls, one each corresponding roughly with each of the four counties that made up the Chickasaw Nation, and one roll of the Chickasaws living in the Choctaw Nation.

We would appreciate your assistance in helping us to identify the English names of those Indians who appear on the rolls under their Indian names. For example, noted Chickasaw leader Colbert A. Burris does not appear anywhere on these rolls under that name. He does appear under his Indian name, "Ahshahlatubby", on the rolls as (1860) "Ahshahlartubby". We hope that your jig-saw puzzle is made a little more complete as a result of these rolls.

December, 1993
Kerry M. Armstrong
Bobby R. Curry

1857 Chickasaw Annuity
November, 1857

1857 Chickasaw Annuity

We the undersigned, Governor, Captains, Warriors, Heads of Families, and Individuals without families, of the Chickasaw tribe of Indians, acknowledge the receipt from Elias Rector, Sup't Ind. Affis, Southern Superintendency, the sum of Fifty-nine Thousand and eighty seven 50/100 dollars, in the sums placed opposite our names respectively; together with nine hundred and twelve dollars and fifty cents, the surplus arising from indivisible fractions, and paid to the National Treasurer of the Chickasaws, making the whole sum of Sixty Thousand dollars, the interest due the Chickasaws for the year 1857, arising from the Chickasaw National fund, invested by the Government of the United States for the benefit of the Chickasaws.

Number	Capt Keel's Company Names	Marks	Males	Females	Children	Total	Amount Per Capita	Amount Total	Remarks
1	Captain Keel	X	2	1	6	9	12.50	112.50	
2	Isom Keel	X	1	1	2	4	12.50	50.00	
3	Ish-te-fullarmar	X	2	1	2	5	12.50	62.50	
4	Emi-yar-shubby	X	1			1	12.50	12.50	
5	Tunnontubby	X	1			1	12.50	12.50	
6	Winchester Colbert	X	1	2	11	14	12.50	175.00	
7	George Cutchchubby	X	1	1	1	3	12.50	37.50	
8	Nancy Frazier	X		1	4	5	12.50	62.50	
9	Holufisha	X	1	1		2	12.50	25.00	
10	Chaiya	X		1		1	12.50	12.50	
11	Shokuna Frazier	X		1	3	4	12.50	50.00	
12	Elitha	X	1	1	1	3	12.50	37.50	
13	Ish-tin-cheyo	X	1	1	1	3	12.50	37.50	
14	Sher-cho-me-che	X	2	1	1	4	12.50	50.00	
15	Ish-temerka-cher	X	1	1	2	4	12.50	50.00	
	Amount For'd		15	14	34	63	12.50	787.50	

1857 Chickasaw Annuity

Number	Capt Keel's Company Names	Marks	Males	Females	Children	Total	Amount Per Capita	Amount Total	Remarks
	Amount Bro't For'd		15	14	34	63	12.50	787.50	
16	Ah-yok-lar-tubby	X	1	1	2	4	12.50	50.00	
17	Daugherty Colbert	X	1	1	1	3	12.50	37.50	
18	Elar-ho-tubby	X	1			1	12.50	12.50	
19	Tah-hub-ba	X	1	1	3	5	12.50	62.50	
20	She-ho-thli-che	X	2			2	12.50	25.00	
21	Cher-ki-ka	X	1	1	2	4	12.50	50.00	
22	Ah-koy-ot-la	X	1		1	2	12.50	25.00	
23	Emi-yan-hoi-tubby	X	1	1	3	5	12.50	62.50	
24	George Creek	X	1	2	1	4	12.50	50.00	
25	Samson Cherokee	X	1	1		2	12.50	25.00	
26	Shar-ma	X	1	1	4	6	12.50	75.00	
27	Billy Carney	X	1	1	3	5	12.50	62.50	
28	Lizzie Yocubby	X		1	2	3	12.50	37.50	
29	Elar-wa-cho-kay	X	1	1		2	12.50	25.00	
30	Char-ta-ha Carney	X	1	1	4	6	12.50	75.00	
31	Christopher Columbus	X	1	1	5	7	12.50	87.50	
32	John Leader	X	1	1	3	5	12.50	62.50	
33	Robert Leader	X	1	2	3	6	12.50	75.00	
34	Ah-thlo-pot-lit-tubby	X	1	1	2	4	12.50	50.00	
35	Sloan Leader	X	1	1	1	3	12.50	37.50	
36	Young Brown	X	1	1	3	5	12.50	62.50	
37	Annie Frazier	X		1	1	2	12.50	25.00	
38	Noah Leader	X	1	1	4	6	12.50	75.00	
39	Harris	X	1	1	4	6	12.50	75.00	
40	Ah-pi-a-char	X	1	1	4	6	12.50	75.00	
41	Ah-low-wit-tubby	X	2	2	1	5	12.50	62.50	
	Amount For'd		41	40	91	172	12.50	2150.00	

1857 Chickasaw Annuity

Number	Capt Keel's Company Names	Marks	Males	Females	Children	Total	Amount Per Capita	Amount Total	Remarks
	Amount Bro't For'd		41	40	91	172	12.50	2150.00	
42	Uar-sha	X	1	1		2	12.50	25.00	
43	Iya-na-tubby	X	1		1	2	12.50	25.00	
44	Tik-lar-tar-po-le	X	1	1	3	5	12.50	62.50	
45	Che-ho-it-tubby	X	2	1	3	6	12.50	75.00	
46	She-ful-ka	X	1			1	12.50	12.50	
47	Ish-min-ti-tubby	X	1	1	1	3	12.50	37.50	
48	Lacher	X	1		3	4	12.50	50.00	
49	Mike	X	1	1	1	3	12.50	37.50	
50	Wright	X	1		2	3	12.50	37.50	
51	Can-nar-ho-tubby	X	1	1	3	5	12.50	62.50	
52	Im-mer-nompo-la	X	1	1	8	10	12.50	125.00	
53	Kar-ha	X	1	1	8	10	12.50	125.00	
54	Elar-noon-tubby	X	1	1	4	6	12.50	75.00	
55	Wilson Lewis	X	1	1		2	12.50	25.00	
56	Chuck-ko-ka	X		1	2	3	12.50	37.50	
57	Immer-wi-ka	X	1			1	12.50	12.50	
58	John	X	1	1	2	4	12.50	50.00	
59	Ish-te-mo-ni-ya	X	1			1	12.50	12.50	
60	Ualth-tish-tubby	X	1	1		2	12.50	25.00	
61	Immo-ni-ka	X	1		1	2	12.50	25.00	
62	Elayimma-to-ner	X		1	1	2	12.50	25.00	
63	Wilkin	X	1		2	3	12.50	37.50	
64	Ikit-hur-no-ka-tubby	X	1	2		3	12.50	37.50	
65	Yo-har-thla	X		1		1	12.50	12.50	
66	Ebar-es-hubby	X	1	1	7	9	12.50	112.50	
67	Ne-o-ey	X		1	1	2	12.50	25.00	
	Amount For'd		64	59	144	267	12.50	3337.50	

1857 Chickasaw Annuity

Number	Capt Keel's Company Names	Marks	Males	Females	Children	Total	Amount Per Capita	Amount Total	Remarks
	Amount Bro't For'd		64	59	144	267	12.50	3337.50	
68	Siney	X		1	7	8	12.50	100.00	
69	Ho-par-yet-tubby	X	1	1	3	5	12.50	62.50	
70	Loren Moore	X	1	1	1	3	12.50	37.50	
71	Nuck-na-chubby	X	1	1	2	4	12.50	50.00	
72	Hoper-kin-tubby	X	1	1		2	12.50	25.00	
73	Yush-kar-yorha	X	1	1	3	5	12.50	62.50	
74	Ah-thla-tubby	X	1	1	2	4	12.50	50.00	
75	I-ki-ka	X	1	1	4	6	12.50	75.00	
76	Yubba-na-la	X	1			1	12.50	12.50	
77	Ah-char-kar-tamby	X	1	1	3	5	12.50	62.50	
78	Ubbit-la-yah	X	1	1	5	7	12.50	87.50	
79	Zily	X		1	2	3	12.50	37.50	
80	Lewis	X	1	1		2	12.50	25.00	
81	Ben. Junior Frazier	X	1	1	2	4	12.50	50.00	
82	Ok-lar-nan-ubby	X	3	1		4	12.50	50.00	
83	Emo-nar-tubby	X	1	1	1	3	12.50	37.50	
84	Elo-mar	X	1		1	2	12.50	25.00	
85	Ish-fo-lo-mo-tubby	X	1	1		2	12.50	25.00	
86	Par-na-cher	X	1	1		2	12.50	25.00	
87	Yun-nur-hoon-tubby	X	1	1	1	3	12.50	37.50	
88	Lar-cha	X	1	1	2	4	12.50	50.00	
89	Ut-hu-ter	X		1		1	12.50	12.50	
90	Yi-yar-nin-tubby	X	1	1	2	4	12.50	50.00	
91	Ne-yar-way	X	1			1	12.50	12.50	
92	~~Col-lo-shar-cha~~		0	0	0	0	12.50	0.00	
93	~~Cornelius Underwood~~		0	0	0	0	12.50	0.00	
	Amount For'd		87	80	185	352	12.50	4400.00	

1857 Chickasaw Annuity

Number	Capt Keel's Company Names	Marks	Males	Females	Children	Total	Amount Per Capita	Amount Total	Remarks
	Amount Bro't For'd		87	80	185	352	12.50	4400.00	
94	Elijah Pulcox	X	1	1	1	3	12.50	37.50	
95	Yar-ti-ya	X	1	1	2	4	12.50	50.00	
96	Shar-lo-ka	X		1	2	3	12.50	37.50	
97	Ah-fum-mut-tubby	X	1			1	12.50	12.50	
98	Ish-war-my	X	1			1	12.50	12.50	
99	Ah-shar-lar-tubby	X	1	1	2	4	12.50	50.00	
100	Cla-burn	X	1	1		2	12.50	25.00	
101	Yim-me-ho-ka	X		1	2	3	12.50	37.50	
102	Tisho-to-but-tubby	X	1	1	5	7	12.50	87.50	
103	Ish-te-mon-tubby	X	1		1	2	12.50	25.00	
104	Lewis Doctor	X	1	1	4	6	12.50	75.00	
105	Ah-nook-fil-lit-tubby	X	1	1	3	5	12.50	62.50	
106	E-me-ah-tubby	X	1	1	3	5	12.50	62.50	
107	Edmund	X	1	1	1	3	12.50	37.50	
108	Hock-lo-chubby	X	1	1	3	5	12.50	62.50	
109	Ah-nar-ka	X		1	2	3	12.50	37.50	
110	I-yar-kar-tubby	X	1	1	3	5	12.50	62.50	
111	Iho-ya	X		1	6	7	12.50	87.50	
112	Hufman	X	1	1	1	3	12.50	37.50	
113	Nacher	X	1	1	3	5	12.50	62.50	
114	Lucko	X	1	1	1	3	12.50	37.50	
115	Can-har-ho-ya	X		1	4	5	12.50	62.50	
116	Pash-un-no-ya	X	1	1	3	5	12.50	62.50	
117	Amus	X	1			1	12.50	12.50	
118	Emar-ho-ti-chu	X	1	1	4	6	12.50	75.00	
119	Omut-tubby	X	1	1	4	6	12.50	75.00	
	Amount For'd		108	102	245	455	12.50	5687.50	

1857 Chickasaw Annuity

Number	Capt Keel's Company Names	Marks	Males	Females	Children	Total	Amount Per Capita	Amount Total	Remarks
	Amount Bro't For'd		108	102	245	455	12.50	5687.50	
120	Gordin	X	1	1	3	5	12.50	62.50	
121	Ah-char-nar-tubby	X	1	1	2	4	12.50	50.00	
122	Rachel	X		1	2	3	12.50	37.50	
123	Betsey	X		1	2	3	12.50	37.50	
124	Chabun Emur-ho-tic-ho	X	1	1	4	6	12.50	75.00	
125	Cho-yar	X	1	1	2	4	12.50	50.00	
126	She-mar-ti-a-cher	X		1	4	5	12.50	62.50	
127	Ti-yush-tubby	X	1	1	2	4	12.50	50.00	
128	Powel	X	1	1	3	5	12.50	62.50	
129	Wilson	X	1	1	4	6	12.50	75.00	
130	Ah-fam-mit-tubby In-te-la-ho	X	1	1	2	4	12.50	50.00	
131	Chilly In-te-la-lo	X	1	1	5	7	12.50	87.50	
132	Aaron	X	1	1	4	6	12.50	75.00	
133	~~Rubin James~~		0	0		0	12.50	0.00	
134	Dickson	X	1			1	12.50	12.50	
135	M-sho-lar-kar	X	1	1	3	5	12.50	62.50	
136	Yo-ho-but-ka	X	1	1	1	3	12.50	37.50	
137	William Ubbit-tum-no-yar	X	1	1	1	3	12.50	37.50	
138	Pa-lash-tubby	X	1		2	3	12.50	37.50	
139	Nuc-ko-cha	X	1	1	7	9	12.50	112.50	
140	Ah-war-tubby	X	1	1	1	3	12.50	37.50	
141	Ah-kin-ar-ty	X	1		8	9	12.50	112.50	also on G.D. James roll
142	~~Seeny~~				0	0	12.50	0.00	
143	Iyar-ho-kar-tubby	X	1			1	12.50	12.50	
144	Yem-mar-shubby	X	1			1	12.50	12.50	
145	Yum-mar-kin-tubby	X	1	1	2	4	12.50	50.00	
	Amount For'd		129	121	309	559	12.50	6987.50	

1857 Chickasaw Annuity

Number	Capt Keel's Company Names	Marks	Males	Females	Children	Total	Amount Per Capita	Amount Total	Remarks
	Amount Bro't For'd		129	121	309	559	12.50	6987.50	
146	George Waters	X	1	1	5	7	12.50	87.50	
147	Mulla-chubby	X	1			1	12.50	12.50	
148	Tecumsey Brown	X	1	1		2	12.50	25.00	
149	Emon-tubby	X	1	1	3	5	12.50	62.50	
150	John Frazier	X	1			1	12.50	12.50	
151	Carney Brown	X	1	1	2	4	12.50	50.00	
152	Lacher Epit-char-chuk-her	X	1	1	3	5	12.50	62.50	
153	Aneky	X		1	6	7	12.50	87.50	
154	Ah-yar-camby	X	1	1	8	10	12.50	125.00	
155	Lafayette Mosely	X		1	3	4	12.50	50.00	
156	Min-a	X		1		1	12.50	12.50	
157	Puck-nubby	X	2	2	3	7	12.50	87.50	
158	Phillip	X	1	1	2	4	12.50	50.00	
159	James She-war-ka	X	1	1	3	5	12.50	62.50	
160	Shul-ka	X	1	1	2	4	12.50	50.00	
161	Tup-pa-humby	X	2	1	4	7	12.50	87.50	
162	Em-shumb-by-shewarha	X	1	1	1	3	12.50	37.50	
163	Wilson Carney	X	3	2	6	11	12.50	137.50	
164	Shully	X		2		2	12.50	25.00	
165	Betsy	X		2	4	6	12.50	75.00	
166	Yarn-mut-la-chah	X		1	2	3	12.50	37.50	
167	Ebar-it-hum-it-tubby	X	1	2	3	6	12.50	75.00	
168	Kunny-on-tubby	X	1	1	4	6	12.50	75.00	
169	~~Shat-oh-tup-ka~~		0	0	0	0	12.50	0.00	
170	Chah-foh-tubby	X	1	1		2	12.50	25.00	
171	~~Immur-hun-tubby~~		0		0	0	12.50	0.00	
	Amount For'd		151	148	373	672	12.50	8400.00	

1857 Chickasaw Annuity

Number	Capt Keel's Company Names	Marks	Males	Females	Children	Total	Amount Per Capita	Amount Total	Remarks
	Amount Bro't For'd		151	148	373	672	12.50	8400.00	
172	Min-tubby	X	1	1	2	4	12.50	50.00	
173	Amy	X		1	2	3	12.50	37.50	
174	Yock-ma-tubby	X	1			1	12.50	12.50	
175	Patsey	X		1	1	2	12.50	25.00	
176	Sho-mi-ya	X		1	4	5	12.50	62.50	
177	Fin-she-to-ta	X	1	1	1	3	12.50	37.50	
178	Koos-te-na	X	1			1	12.50	12.50	
179	Robinson	X	1	1		2	12.50	25.00	
180	Ye-pa-sha	X	1	1		2	12.50	25.00	
181	Yoo-mah	X	1	1	3	5	12.50	62.50	
182	~~Ish-to-ni-ha~~			0	0	0	12.50	0.00	
183	Im-ok-loo-hubby Cooper	X	1	1	3	5	12.50	62.50	
184	Isom	X	1	1	2	4	12.50	50.00	
185	Opi-am-by	X	1	1	2	4	12.50	50.00	
186	Booker James	X	1	1	5	7	12.50	87.50	
187	Booker Keel	X	1	2	4	7	12.50	87.50	
188	Mah-chuh-nin-cha	X	1			1	12.50	12.50	
189	Cassey	X		1		1	12.50	12.50	
190	John Brown	X	1	1	2	4	12.50	50.00	
191	Ficka	X	1	3	3	7	12.50	87.50	
192	Ah-ta-kin-tubby	X	1	2	3	6	12.50	75.00	
193	Ah-num-peel-lit-tubby	X	1	1	2	4	12.50	50.00	
194	Shah-cha-nai-ka	X	1		1	2	12.50	25.00	
195	Lah-nah-tubby	X	1		1	2	12.50	25.00	
196	Je-she-tubby	X	1			1	12.50	12.50	
197	Hicks	X	1	1	1	3	12.50	37.50	
	Amount For'd		172	171	415	758	12.50	9475.00	

1857 Chickasaw Annuity

Number	Capt Keel's Company Names	Marks	Males	Females	Children	Total	Amount Per Capita	Amount Total	Remarks
	Amount Bro't For'd		172	171	415	758	12.50	9475.00	
198	~~Emery Shubby~~		0	0	0	0	12.50	0.00	
199	Rufus	X	1	1	1	3	12.50	37.50	
200	Perry Fletcher	X		1	3	4	12.50	50.00	
201	Jsaar Folsom	X	1	1	3	5	12.50	62.50	
202	Cyrus Fulsom	X	1			1	12.50	12.50	
203	Eva Bohannun	X		1	3	4	12.50	50.00	
204	John McIntosh	X			2	2	12.50	25.00	
205	Delia Folsom	X		1	1	2	12.50	25.00	
206	Toonah	X		1	1	2	12.50	25.00	
207	Mullah-toon-tubby	X	1			1	12.50	12.50	
208	Wall Folsom	X	1		3	4	12.50	50.00	
209	Lo-she-mah	X		1		1	12.50	12.50	
210	Hul-lut-le-tubby	X	1	1	4	6	12.50	75.00	
211	Shuk-ky	X	1	1	2	4	12.50	50.00	
212	She-mul-ho-ya	X		1	0	1	12.50	12.50	
213	~~Lewis~~		0	0	0	0	12.50	0.00	
214	Kun-noon-cha-tubby	X	1	1	3	5	12.50	62.50	
215	I-yar-ho-tubby	X	1			1	12.50	12.50	
216	Benjamin Le-sho-fa	X	1	1	7	9	12.50	112.50	
217	Joseph Davis	X	1	1	5	7	12.50	87.50	
218	~~Elar-ik-sar-tubby~~		0	0	0	0	12.50	0.00	
219	Poh-lah	X	1	1	4	6	12.50	75.00	
220	Easter	X		1		1	12.50	12.50	
221	Shok-ho-thla-chah	X	1		1	2	12.50	25.00	
222	Eho-yon-tubby	X	1	1	1	3	12.50	37.50	
223	On-nar-tah-ha	X	1	1	4	6	12.50	75.00	
	Amount For'd		187	188	463	838	12.50	10475.00	

1857 Chickasaw Annuity

Number	Capt Keel's Company Names	Marks	Males	Females	Children	Total	Amount Per Capita	Amount Total	Remarks
	Amount Bro't For'd		187	188	463	838	12.50	10475.00	
224	Nuk-ki-yar-chubby	X	1	2		3	12.50	37.50	
225	Bar-no-wat-tubby	X	1	1	3	5	12.50	62.50	
226	Lo-mi-ka	X		1	1	2	12.50	25.00	
227	Wah-ta	X	1	1	3	5	12.50	62.50	
228	Theadore Watkins	X	3	3	3	9	12.50	112.50	
229	Sloan Colbert	X	1			1	12.50	12.50	
230	Low-chubby	X	1	1	3	5	12.50	62.50	
231	Milton Brown	X	1	1	2	4	12.50	50.00	
232	Ben Emubby	X	1			1	12.50	12.50	
233	I-u-kah-tubby	X	1			1	12.50	12.50	
234	In-took-lot-tubby	X	1	1	3	5	12.50	62.50	
235	Che-ko-wah	X		1		1	12.50	12.50	
236	Im-ulth-pa-sah-tubby	X	1			1	12.50	12.50	
237	Chue-we-unmy	X	1	1	1	3	12.50	37.50	
238	Fo-lo-tah	X	1			1	12.50	12.50	
239	Pon-nah-chit-tubby	X	1	1	5	7	12.50	87.50	
240	Henry	X	1			1	12.50	12.50	
241	Kisey	X		1	5	6	12.50	75.00	
242	Emi-yah-cha	X	1	1	1	3	12.50	37.50	
243	Ish-tar-tubby	X	1	1	4	6	12.50	75.00	
244	Mah-ta-you	X	1	3		4	12.50	50.00	
245	Stephen	X	1			1	12.50	12.50	
246	~~Robbert~~		0	0		0	12.50	0.00	
247	Mal-la-chubby	X	1			1	12.50	12.50	
248	~~Ish-te-ki-you~~		0	0	0	0	12.50	0.00	
249	~~Me-shah-lin-che~~		0	0	0	0	12.50	0.00	
	Amount For'd		209	208	497	914	12.50	11425.00	

1857 Chickasaw Annuity

Number	Capt Keel's Company Names	Marks	Males	Females	Children	Total	Amount Per Capita	Amount Total	Remarks
	Amount Bro't For'd		209	208	497	914	12.50	11425.00	
250	Emo-nubby	X	1	1		2	12.50	25.00	
251	James Pearson	X	1	1	2	4	12.50	50.00	
252	Me-sha	X	1	1	5	7	12.50	87.50	
253	Ho-a-chit-tubby	X	1			1	12.50	12.50	
254	John Ok-char-ut-tubby	X	1		4	5	12.50	62.50	
255	Robert Pearson	X	1	1	4	6	12.50	75.00	
256	Ah-na-tubby	X	1	1	5	7	12.50	87.50	
257	Lila Cooper	X		1	4	5	12.50	62.50	
258	Ish-to-nubby	X	1	1		2	12.50	25.00	
259	~~Moo-sho-la-kah~~		0	0	0	0	12.50	0.00	
260	John James	X	1		1	2	12.50	25.00	
261	Rubin James	X	2	1		3	12.50	37.50	
262	Sucky	X		1	1	2	12.50	25.00	
263	Il-li-o-ka	X		1		1	12.50	12.50	
264	Immar-yo-nah	X		1		1	12.50	12.50	
265	Washington	X	1		3	4	12.50	50.00	
266	Ah-fah-mah-tubby	X	1		1	2	12.50	25.00	
267	Tennessee	X		1		1	12.50	12.50	
268	Che-ho-ka	X		1	1	2	12.50	25.00	
269	Tish-u	X	1	1	1	3	12.50	37.50	
270	Fo-no-chubby	X	2	2	3	7	12.50	87.50	
271	No-wah-chubby	X	1	1	6	8	12.50	100.00	
272	Ehuk-ar-char	X	1			1	12.50	12.50	
273	Hamby	X	1			1	12.50	12.50	
274	Pah-lin-cha	X	2			2	12.50	25.00	
275	Tush-koon-tah	X	1			1	12.50	12.50	
	Amount For'd		231	225	538	994	12.50	12425.00	

1857 Chickasaw Annuity

Number	Capt Keel's Company Names	Marks	Males	Females	Children	Total	Amount Per Capita	Amount Total	Remarks
	Amount Bro't For'd		231	225	538	994	12.50	12425.00	
276	Lynum	X	1	1	3	5	12.50	62.50	
277	Pis-sah-moon-tubby	X	3	2	2	7	12.50	87.50	
278	Ka-nubby	X	1			1	12.50	12.50	
279	Ful-lar-ya	X		1	1	2	12.50	25.00	
280	~~Op-yar-subby~~		0	0	0	0	12.50	0.00	
281	~~Wilson~~		0			0	12.50	0.00	
282	Wm. Armstrong	X	1	1	6	8	12.50	100.00	
283	Fuo Anderson	X	1			1	12.50	12.50	
284	Ish-tun-noah-tubby	X	1	1		2	12.50	25.00	
285	Ne-muh-amby	X	2	1	3	6	12.50	75.00	
286	Kannush	X	1		1	2	12.50	25.00	
287	Tah-sook	X	1			1	12.50	12.50	
288	An-sin	X	1			1	12.50	12.50	
289	Kul-lo-shar-cha	X	1	1	3	5	12.50	62.50	
290	I-yock-un-tubby	X	1	1	3	5	12.50	62.50	
291	Molsey	X		1	3	4	12.50	50.00	
292	Mah-ho-nah	X		1		1	12.50	12.50	
293	Ah-han-tah-tubby	X	1	1	3	5	12.50	62.50	
294	Il-lah-ish-tubby	X	1	1		2	12.50	25.00	
295	Im-mock-un-tubby	X	1	1	5	7	12.50	87.50	
296	Ale-sh-in	X	1	1	4	6	12.50	75.00	
297	Shah-wi-oka	X	1	2	1	4	12.50	50.00	
298	Elas (Missed 3 Annuities)	X	1	1	2	4	12.50	50.00	
299	O-nah-kun-tubby	X	1	2	5	8	12.50	100.00	
300	Fi-ook-la-cha	X	1	1	1	3	12.50	37.50	
301	On-te-mi-ya	X		1	1	2	12.50	25.00	
	Amount For'd		254	247	585	1086	12.50	13575.00	

1857 Chickasaw Annuity

Number	Capt Keel's Company Names	Marks	Males	Females	Children	Total	Amount Per Capita	Amount Total	Remarks
	Amount Bro't For'd		254	247	585	1086	12.50	13575.00	
302	Tsh-tam-by	X	1	2	1	4	12.50	50.00	
303	Ah-ho-tubby	X	2	3	1	6	12.50	75.00	
304	Ho-tim-ah-tubby		0	0	0	0	12.50	0.00	
305	Ah-fin		0			0	12.50	0.00	
306	Sem-sin Collin	X	1			1	12.50	12.50	
307	Iesh-tubby	X	1			1	12.50	12.50	
308	Ish-tink-lo	X	1		3	4	12.50	50.00	
309	Ah-ha-tubby	X	1	1	1	3	12.50	37.50	
310	Kasin Ah-no-la-tubby	X	1	1	3	5	12.50	62.50	
311	Wm. Wellington	X	1	1	2	4	12.50	50.00	
312	Lucy Ebar-ho-tubby	X		1	3	4	12.50	50.00	
313	Shuk-up-pah-la	X	2	1	6	9	12.50	112.50	
314	Ebi-ah-tubby	X	1	1	1	3	12.50	37.50	
315	Johnson	X	1	1		2	12.50	25.00	
316	Aur-tin	X	1	1	2	4	12.50	50.00	
317	Lewis (Bek Smith)	X	1			1	12.50	12.50	
318	Kah-tin	X	1			1	12.50	12.50	
319	Im-pah-tubby	X	1	1	1	3	12.50	37.50	
320	Tush-ki-ka	X	1	1		2	12.50	25.00	
321	She-me-tah	X		1	4	5	12.50	62.50	
322	Kush-o-ni-ya	X		1	1	2	12.50	25.00	
323	William (To be examined)	X	1	1	4	6	12.50	75.00	
324	Il-ah-cit-tubby	X	1	1	6	8	12.50	100.00	
325	Robinson	X	1			1	12.50	12.50	
326	Co-i-ha	X		1		1	12.50	12.50	
327	W. R. Guy	X			9	9	12.50	112.50	
328	Shu-mill	X	1	1	2	4	12.50	50.00	
329	[number omitted]								
330	Ol-yut-ta	X		1	2	3	12.50	37.50	
331	Tom Johnson	X	1	1	3	5	12.50	62.50	
332	Edmund McGee	X	1	1	3	5	12.50	62.50	
333	Jim Yah-ho-ka-che	X	1	1	2	4	12.50	50.00	
334	Edward Leader	X	1	1	1	3	12.50	37.50	
	Robert	X	1	0	0	1	12.50	12.50	
	Total		281	273	646	1200	12.50	15000.00	

1857 Chickasaw Annuity

Number	Capt Geo. D. James' Company Names	Marks	Males	Females	Children	Total	Amount Per Capita	Amount Total	Remarks
1	Geo. D. James	X	1	1	2	4	12.50	50.00	
2	Hamp Willis	X	1	1	11	13	12.50	162.50	
3	Wm. Bourland	X	1	1	1	3	12.50	37.50	
4	Geo. Criner	X	1	1	3	5	12.50	62.50	
5	T. G. Mitchell	X	1	2	3	6	12.50	75.00	
6	Calv. Love	X	1	1	3	5	12.50	62.50	
7	Jas. T. Gaines	X	1	1	2	4	12.50	50.00	
8	Rob't Love	X	1	1	2	4	12.50	50.00	
9	Immah-ho-ty	X		1		1	12.50	12.50	
10	Wilson Hawkins	X	3	1	2	6	12.50	75.00	
11	Josey	X	1	1	2	4	12.50	50.00	
12	Theodore Seely	X	1	1	6	8	12.50	100.00	
13	Wilson Seely	X	1	1		2	12.50	25.00	
14	Gabriel	X	1	2	3	6	12.50	75.00	
15	I-yer-harn-tah	X	1	1	5	7	12.50	87.50	
16	B. F. Allen	X	1		2	3	12.50	37.50	
17	Shuck-wai-ky	X		1	4	5	12.50	62.50	
18	Linsey	X		1	2	3	12.50	37.50	
19	Geo. Lavers	X	1	1	2	4	12.50	50.00	
20	Emin-ta-tubby	X	1	1	3	5	12.50	62.50	
21	Zachariah Taylor	X	1			1	12.50	12.50	
22	Ah-he-tunk-uby	X	1		2	3	12.50	37.50	
23	Shak-pi-yah-ky	X	1	2	2	5	12.50	62.50	
	Amount For'd		302	294	706	1302	12.50	16275.00	

1857 Chickasaw Annuity

Number	Capt Geo. D. James' Company Names	Marks	Males	Females	Children	Total	Amount Per Capita	Amount Total	Remarks
	Amount Bro't For'd		302	294	706	1302	12.50	16275.00	
24	Wilson & Cassey	X	1	1	2	4	12.50	50.00	
25	Ik-nook-wi-yo-ic-sho-kis-tuby	X	1	1	3	5	12.50	62.50	
26	I-yak-kutty	X	1	4	5	10	12.50	125.00	
27	Mah-ho-mutty	X		2	6	8	12.50	100.00	
28	Capt. Parker	X	1	2	3	6	12.50	75.00	
29	Tom Benton	X	1	1	3	5	12.50	62.50	
30	Johnson Pickens	X	1	1	2	4	12.50	50.00	
31	Edmund Pickens	X	1	1	2	4	12.50	50.00	
32	E-mo-qui-cha	X	1			1	12.50	12.50	
33	E-shar-tuby	X	1	1	4	6	12.50	75.00	
34	Benj. McLaughlin	X	1	2	2	5	12.50	62.50	
35	Ed McLaughlin	X	1			1	12.50	12.50	
36	Dr. Noosaker	X	1			1	12.50	12.50	
37	Nos-tok-char	X	1	1	3	5	12.50	62.50	
38	Won-key	X	1			1	12.50	12.50	
39	Ena-to-wa	X	1	1	5	7	12.50	87.50	
40	Jamis	X	1	1		2	12.50	25.00	
41	Ah-fah-lah-mo-tubby	X	1	1	2	4	12.50	50.00	
42	Lizzy Alberson	X		1	1	2	12.50	25.00	
43	Opa-yash-tuby	X	1		1	2	12.50	25.00	
44	Lah-pa-ler	X	1			1	12.50	12.50	
45	Tin-nai-ya	X		1	3	4	12.50	50.00	
46	I-yen-nea-yer	X	1	1	3	5	12.50	62.50	
47	Nah-po Waiter	X	1	1	3	5	12.50	62.50	
48	Ekah-ni-yut-uby	X	1	1		2	12.50	25.00	
	Amount For'd		325	321	761	1407	12.50	17587.50	[Note: totals are incorrect]

1857 Chickasaw Annuity

Number	Capt Geo. D. James' Company Names	Marks	Males	Females	Children	Total	Amount Per Capita	Amount Total	Remarks
	Amount Bro't For'd		325	321	761	1407	12.50	17587.50	
49	Levi Nea	X	1			1	12.50	12.50	
50	Ho-pai-ki	X	1		3	4	12.50	50.00	
51	Henry Tom	X	1	1		2	12.50	25.00	
52	Rob't Nea	X	1	1	3	5	12.50	62.50	
53	Tish-u-ish-tah-ah	X	1	3	7	11	12.50	137.50	
54	Tish-kah-nu-yer Love	X	1			1	12.50	12.50	
55	Sho-wai-ki	X	1	1		2	12.50	25.00	
56	Shah-cho-wai-ka	X	1	1		2	12.50	25.00	
57	James Porter	X	3	2	2	7	12.50	87.50	
58	Simon B. James	X	1	1	1	3	12.50	37.50	
59	Americus Oxberry	X	1			1	12.50	12.50	
60	Lush-un-ma	X	1			1	12.50	12.50	
61	Lewis L. Brown	X	2	3	3	8	12.50	100.00	
62	Roseller Cardell	X		1	2	3	12.50	37.50	
63	P. M. Fletcher	X	1	1	3	5	12.50	62.50	
64	Susan Burney	X		2		2	12.50	25.00	
65	Rachel Scott	X		2	5	7	12.50	87.50	
66	David Burney	X	1	1	6	8	12.50	100.00	
67	Charles Colbert	X	1	1		2	12.50	25.00	
68	Il-un-hin-cha	X	1	1	1	3	12.50	37.50	
69	J. Bussel	X	1	1	1	3	12.50	37.50	
70	Tush-kah-tubby	X	1	1	5	7	12.50	87.50	
71	Thlup-o-ni-yah	X	1	1	6	8	12.50	100.00	
72	Bob Wilson	X	1	1	3	5	12.50	62.50	
73	Her-a-cher	X	1	1	3	5	12.50	62.50	
74	Shah-cho-mi-cha	X	1	1	4	6	12.50	75.00	
	Amount For'd		351	349	819	1519	12.50	18987.50	

1857 Chickasaw Annuity

Number	Capt Geo. D. James' Company Names	Marks	Males	Females	Children	Total	Amount Per Capita	Amount Total	Remarks
	Amount Bro't For'd		351	349	819	1519	12.50	18987.50	
75	Illap-in-uth-lis-uby	X	1	1	2	4	12.50	50.00	
76	T. C. S. Boyd	X	2			2	12.50	25.00	
77	Unno-yer	X	1	1	2	4	12.50	50.00	
78	Ed McKinney	X	1			1	12.50	12.50	
79	Mississippi Jusang	X		1	3	4	12.50	50.00	
80	Adam Jimmy	X	3	3	13	19	12.50	237.50	
81	Benj. Ah-ho-ta-nubby	X	1			1	12.50	12.50	
82	Ah-bah-nup-lut-uby	X	1	1	3	5	12.50	62.50	
83	Vina Jimmy	X	1	2	1	4	12.50	50.00	
84	Morgan Pettigrove	X	1	1	5	7	12.50	87.50	
85	Ah-fah-mot-uby	X	1	1	3	5	12.50	62.50	
86	Johnson	X	1			1	12.50	12.50	
87	Joseph Colbert	X	1	2	5	8	12.50	100.00	
88	Henry Colbert	X	1	1	1	3	12.50	37.50	
89	James Boyd	X	2	2	6	10	12.50	125.00	
90	James Hardwick	X		1	3	4	12.50	50.00	
91	Pallam-my	X		1	2	3	12.50	37.50	
92	Im-uck- lamby	X	1	1	2	4	12.50	50.00	
93	Robt Coyle	X			1	1	12.50	12.50	
94	Ik-kah-yo-ho-mit-uby	X	1	1	3	5	12.50	62.50	
95	Wah-hai-cha	X	2	2	2	6	12.50	75.00	
96	Ont-tai-yut-uby	X	1	1	1	3	12.50	37.50	
97	Tith-ai-ot-uby	X	2	2	5	9	12.50	112.50	
98	Tick-fah-yut-uby	X	1	1	5	7	12.50	87.50	
99	Tuth-kit-uby	X	2	1		3	12.50	37.50	
100	Jimson Frazier	X	1	1	3	5	12.50	62.50	
	Amount For'd		380	377	890	1647	12.50	20587.50	

1857 Chickasaw Annuity

Number	Capt Geo. D. James' Company Names	Marks	Males	Females	Children	Total	Amount Per Capita	Amount Total	Remarks
	Amount Bro't For'd		380	377	890	1647	12.50	20587.50	
101	Gilbert Newbery	X	1	1		2	12.50	25.00	
102	Ah-chah-kah-lick-tuby	X	1	1	3	5	12.50	62.50	
103	Levi Newbery	X			5	5	12.50	62.50	
104	James Lewis	X	1	1	1	3	12.50	37.50	
105	Okah-yamby	X	1	1	4	6	12.50	75.00	
106	Ok-lin-hant-uby	X	1	1	4	6	12.50	75.00	
107	Pirt-ok-chah-ah	X	1	1	6	8	12.50	100.00	
108	Il-lap-tink-bat-uby	X	1	1		2	12.50	25.00	
109	Jefferson	X	1	1	1	3	12.50	37.50	
110	Eby-yo-nah	X	2	2	2	6	12.50	75.00	
111	Overton Keel	X	1	1		2	12.50	25.00	
112	Shim-ah-ta-cher	X		1	1	2	12.50	25.00	
113	Hai-tun-tubby	X	1	1	2	4	12.50	50.00	
114	To-wah-to-lar-chah	X	2	2	2	6	12.50	75.00	
115	Ah-no-wan-tubby	X	2	2	4	8	12.50	100.00	
116	Ish-fah-lah-mah	X	1	1	2	4	12.50	50.00	
117	Shah-pai-yah-ky	X	1	1	4	6	12.50	75.00	
118	Kai-yo-min-tah (Mik-o)	X	1	1		2	12.50	25.00	
119	Billy Bah-lah-chi	X	1	1		2	12.50	25.00	
120	Hork-ahm-by	X	1	1	2	4	12.50	50.00	
121	Booker James	X	1			1	12.50	12.50	
122	Susan Leflore	X	1		3	4	12.50	50.00	
123	Rutha James	X		1	1	2	12.50	25.00	
124	Vina McGee	X		1	3	4	12.50	50.00	
125	Anna Cavender	X		2		2	12.50	25.00	
126	Jane Wilson	X		1	3	4	12.50	50.00	
	Amount For'd		403	404	943	1750	12.50	21875.00	

1857 Chickasaw Annuity

Number	Capt Geo. D. James' Company Names	Marks	Males	Females	Children	Total	Amount Per Capita	Amount Total	Remarks
	Amount Bro't For'd		403	404	943	1750	12.50	21875.00	
127	Ellen Wilson	X		1	4	5	12.50	62.50	
128	Charles McGee	X	1			1	12.50	12.50	
129	Jane Grant	X	1	1	1	3	12.50	37.50	
130	Charlotte Choat	X		1		1	12.50	12.50	
131	Robt Turnbull	X	1	1	6	8	12.50	100.00	
132	Catherine Nail	X		1	2	3	12.50	37.50	
133	John H. Foster & Susan Came	X	1		1	2	12.50	25.00	she is cousin
134	David James, two sons	X			2	2	12.50	25.00	
135	Cornelia & Melvina	X		2		2	12.50	25.00	
136	Caroline McKinney	X		1		1	12.50	12.50	
137	Ish-tim-pon-no-ho-yo	X	1	1	1	3	12.50	37.50	
138	R. B. Willis	X			2	2	12.50	25.00	
139	Smith Paul	X	2	1	3	6	12.50	75.00	
140	Thos. Wade	X	1	1	2	4	12.50	50.00	
141	John Ellis	X	1	1	3	5	12.50	62.50	
142	Sam'l Colbert	X	1	1	2	4	12.50	50.00	
143	~~Lan-tubby~~		0	0	0	0	12.50	0.00	
144	Im-un-o-yer	X	2	4	4	10	12.50	125.00	
145	David Picken	X	2	1	1	4	12.50	50.00	
146	George	X	1	1	1	3	12.50	37.50	
147	Hetty Folsom	X		1	1	2	12.50	25.00	
148	Elias Harkins	X	1	2	4	7	12.50	87.50	
149	Martin	X	2	1	3	6	12.50	75.00	
150	Ish-tim-i-tol-kah	X	1			1	12.50	12.50	
151	Humphrey McGee	X	1			1	12.50	12.50	
152	Young Wash. kinney	X			1	1	12.50	12.50	
153	[number ommitted]								
154	Min-ta-haim-by	X	1			1	12.50	12.50	
	Amount For'd		424	427	987	1838	12.50	22975.00	

1857 Chickasaw Annuity

Number	Capt Geo. D. James' Company Names	Marks	Males	Females	Children	Total	Amount Per Capita	Amount Total	Remarks
	Amount Bro't For'd		953	935	2322	4210	12.50	52625.00	[*NOTE: the remainder of this
155	Hoy-ubby	X	1	1	3	5	12.50	62.50	roll was a continuation
156	Marshall Colbert	X	1	1		2	12.50	25.00	placed at the end of the
157	Eliza Spring	X		3	4	7	12.50	87.50	Capt. Hothliche's roll --
158	Jane Grierson	X		1	2	3	12.50	37.50	it has been "attached" here
159	James Porter	X	1			1	12.50	12.50	for continuity sake -- K.M.A.]
160	Johnson Perry	X	1	1	2	4	12.50	50.00	[Also note as this section
161	Isaac Perry	X	1			1	12.50	12.50	was at the end of the roll
162	Oliver Perry	X	1			1	12.50	12.50	the totals have been changed
163	Elizabeth Grierson	X		1	2	3	12.50	37.50	to reflect the sums as they
164	Joseph Colbert	X	1			1	12.50	12.50	appeared on the roll.]
165	Lotty James	X		1	1	2	12.50	25.00	
166	Molly Ainsworth	X		1		1	12.50	12.50	
167	Tecumseh Jefferson	X	1	1	3	5	12.50	62.50	
168	Robert Kemp	X	1	1	1	3	12.50	37.50	
169	Molbert	X	1	0	1	2	12.50	25.00	
	Amount For'd		963	947	2341	4251	12.50	53137.50	

1857 Chickasaw Annuity

Number	Capt Geo. D. James' Company Names	Marks	Males	Females	Children	Total	Amount Per Capita	Amount Total	Remarks
	Amount Bro't For'd		963	947	2341	4251	12.50	53137.50	
170	Dilia Perry	X		1	5	6	12.50	75.00	
171	Ebarfonker	X	1			1	12.50	12.50	
172	Up-pa-ler	X	1	1	6	8	12.50	100.00	
173	Showaky	X	1			1	12.50	12.50	
174	Vicy Showaky	X		1	2	3	12.50	37.50	
175	Rabon	X	1			1	12.50	12.50	
176	Noah-tubby	X	1	1	3	5	12.50	62.50	
177	Ginny Gillchrist	X	0	1	2	3	12.50	37.50	
178	Ish-te-ki-you-ka-tubby	X	1	1	4	6	12.50	75.00	
179	Robert Kntchubby	X	1	1	3	5	12.50	62.50	
180	Carnowa Gillchrist	X	1	1	4	6	12.50	75.00	
181	Nelson Gillchrist	X	1		1	2	12.50	25.00	
182	Arthur Gillchrist	X	1	1	2	4	12.50	50.00	
183	Harris	X	1			1	12.50	12.50	
184	Ish-tun-no-ka-char	X		1		1	12.50	12.50	
185	Morgan Robinson	X	1			1	12.50	12.50	
186	Molsy (Orphans)	X		4		4	12.50	50.00	
187	Abel Seely	X	1	1	3	5	12.50	62.50	
188	Cassy Henry	X		1	3	4	12.50	50.00	
189	Ish-te-yer-ha-yo	X		1	1	2	12.50	25.00	
190	Silvy Hoolatubby	X		1	1	2	12.50	25.00	
191	Levi Sealy	X	1			1	12.50	12.50	
192	Ah-nook-cha-tubby	X	1	1	5	7	12.50	87.50	
193	James Oxberry	X	1			1	12.50	12.50	
194	Ish-te-ko-no-tubby	X	1	1	2	4	12.50	50.00	
195	Pullumy	X	1			1	12.50	12.50	
	Amount For'd		981	967	2388	4336	12.50	54200.00	

1857 Chickasaw Annuity

Number	Capt Geo. D. James' Company Names	Marks	Males	Females	Children	Total	Amount Per Capita	Amount Total	Remarks
	Amount Bro't For'd		981	967	2388	4336	12.50	54200.00	
196	Cio-ne-wa	X	1	1	3	5	12.50	62.50	
197	Judson D. Collins	X	1	1	2	4	12.50	50.00	
198	Fim-mi-tubby	X	1	1	2	4	12.50	50.00	
199	Jesse	X	1	1	1	3	12.50	37.50	
200	Puller	X	1	2	4	7	12.50	87.50	
201	Alberson	X	1	1		2	12.50	25.00	
202	Ish-mi-uttubby	X	1	1	2	4	12.50	50.00	
203	Simon Wolf	X	1	1	2	4	12.50	50.00	
204	Shah-wah-no-chubby	X	1		1	2	12.50	25.00	
205	Ish-tun-nutty	X	1	1	1	3	12.50	37.50	
206	Fartish-cher	X	1	1	2	4	12.50	50.00	
207	Cullameaser	X	1	1	5	7	12.50	87.50	
208	Shah-chu-kikey	X	1	1	4	6	12.50	75.00	
209	George Lewis	X	1		3	4	12.50	50.00	
210	Benj. R. Lewis	X	1	1	3	5	12.50	62.50	
211	Ah-tilth-tha-fubby	X	1	1	4	6	12.50	75.00	
212	Ahu-tubby	X	1		7	8	12.50	100.00	
213	Sunney	X	1	1	1	3	12.50	37.50	
214	Puckner-tubby	X	1	1	4	6	12.50	75.00	
215	Tiyoky	X		1	3	4	12.50	50.00	
216	She-ho-tah-ky	X	1	1	8	10	12.50	125.00	
217	Robert Pearson	X	1			1	12.50	12.50	
218	Mary Moncrief	X		1	7	8	12.50	100.00	
219	Un-ha-cher	X	1	1	5	7	12.50	87.50	
220	Oni-yea	X		1	2	3	12.50	37.50	
221	David Colbert	X	1			1	12.50	12.50	
	Amount For'd		1004	989	2464	4457	12.50	55712.50	

1857 Chickasaw Annuity

Number	Capt Geo. D. James' Company Names	Marks	Males	Females	Children	Total	Amount Per Capita	Amount Total	Remarks
	Amount Bro't For'd		1004	989	2464	4457	12.50	55712.50	
222	A. B. Johnson	X	1		1	2	12.50	25.00	
223	Owa-tubby	X	1			1	12.50	12.50	
224	Nicky	X	1		1	2	12.50	25.00	
225	James Cheadle	X	1			1	12.50	12.50	
226	James Yowery	X	1	1	3	5	12.50	62.50	
227	Mining	X		1	3	4	12.50	50.00	
228	M. Kinney	X	1			1	12.50	12.50	
229	Salomon Ahnolatubby	X	1	1	4	6	12.50	75.00	
230	Billy Ish-tim-mer-ho-tuner	X	1	1	2	4	12.50	50.00	
231	Te-wah-tubby	X	1	1	2	4	12.50	50.00	
232	Ah-ho-na-cha-tubby	X	1	1	9	11	12.50	137.50	
233	Ish-te-fioky	X		1		1	12.50	12.50	
234	Wiley Sealy	X	1	1	1	3	12.50	37.50	
235	Un-haish-tubby	X	1	1	4	6	12.50	75.00	
236	~~Ah-kim-mahoty (Mr Keels Co)~~		0	0	0	0	12.50	0.00	
237	Nick-ar-powa	X	1	1	3	5	12.50	62.50	
238	On-ah-ty	X		1	2	3	12.50	37.50	
239	Yow-ah-lish-tubby	X	1	1	3	5	12.50	62.50	
240	Sh-aniha	X	1	1		2	12.50	25.00	
241	Kayubby	X	1	1	4	6	12.50	75.00	
242	Im-mo-nubby	X	1	1	2	4	12.50	50.00	
243	Carne	X	1			1	12.50	12.50	
244	Ah-kutch-it-tubby	X	1	1	3	5	12.50	62.50	
245	Te-ko-nubby	X	1	1	3	5	12.50	62.50	
246	Ah-no-la-tubby	X	1	1	1	3	12.50	37.50	
247	Lum-mer	X	1	1	4	6	12.50	75.00	
	Amount For'd		1026	1008	2519	4553	12.50	56912.50	

1857 Chickasaw Annuity

Number	Capt Geo. D. James' Company Names	Marks	Males	Females	Children	Total	Amount Per Capita	Amount Total	Remarks
	Amount Bro't For'd		1026	1008	2519	4553	12.50	56912.50	
248	Pa-lais-tubby	X	1	1	1	3	12.50	37.50	
249	Iyamio-tubby	X	1	1	5	7	12.50	87.50	
250	Sampson Kearney	X	1	1		2	12.50	25.00	
251	Robert Kearney	X	1			1	12.50	12.50	
252	Efah-larmer	X	1			1	12.50	12.50	
253	Shoom-mi-yea	X		1	2	3	12.50	37.50	
254	Ka-tok-ai	X		1	1	2	12.50	25.00	
255	Elah-noon-tubby	X	1	1		2	12.50	25.00	
256	Marthy	X		1		1	12.50	12.50	
257	Ith-co-chy	X	1	1	1	3	12.50	37.50	
258	Mar-ha-cher	X		1		1	12.50	12.50	
259	Jackson Perry	X	1	1		2	12.50	25.00	
260	Poniacher Perkins	X	1	1		2	12.50	25.00	
261	Shah-tah-wa	X	1	1	1	3	12.50	37.50	
262	She-won-ni-yea	X		1	4	5	12.50	62.50	
263	E-whar-tubby	X	1	1	8	10	12.50	125.00	
264	I-yer-hoker-tubby	X	1	1	3	5	12.50	62.50	
265	Hiyo-chetubby	X	1	1	2	4	12.50	50.00	
266	Haish-cher	X	1		1	2	12.50	25.00	
267	~~I-ai-mer~~			0	0	0	12.50	0.00	
268	~~In-me-lah-honer~~			0	0	0	12.50	0.00	
269	~~Dock Tickbon-tubby~~		0		0	0	12.50	0.00	
270	She-ho-ni-ash-cher	X		1	2	3	12.50	37.50	
271	Ish-te-yer-ho-yo	X		1	2	3	12.50	37.50	
272	Mollis	X			1	1	12.50	12.50	
273	Taylor	X	1	1		2	12.50	25.00	
	Amount For'd		1041	1027	2553	4621	12.50	57762.50	

1857 Chickasaw Annuity

Number	Capt Geo. D. James' Company Names	Marks	Males	Females	Children	Total	Amount Per Capita	Amount Total	Remarks
	Amount Bro't For'd		1041	1027	2553	4621	12.50	57762.50	
274	Easman Frazier	X	1		0	1	12.50	12.50	
275	Susan Wade	X	1		2	3	12.50	37.50	
276	Hun-nubby	X	1		0	1	12.50	12.50	
277	Ah-kah-no-tubby	X	1	1	1	3	12.50	37.50	
278	Ta-to-wah-key	X	1	1	3	5	12.50	62.50	
279	Rachel Gillchrist	X		1	1	2	12.50	25.00	
280	Ti-yars-tubby	X	1	1		2	12.50	25.00	
281	Fal-hoky Cass	X		1	4	5	12.50	62.50	
282	I-ya-nai-tubby	X	1	1	1	3	12.50	37.50	
283	Ah-thla-po-yar-hah-sha	X	1	1	10	12	12.50	150.00	
284	David Locklayer	X	1			1	12.50	12.50	
285	Nancy Shopick	X		1	1	2	12.50	25.00	
286	Molly	X		1	1	2	12.50	25.00	
287	Elah-frio-hah	X	1		6	7	12.50	87.50	
288	Daniel Davis	X	1		7	8	12.50	100.00	
289	Malinda Oxberry	X		1	1	2	12.50	25.00	
290	Wash	X	1			1	12.50	12.50	
291	Timpy	X		1	1	2	12.50	25.00	
292	Te-ho-tubby	X	1			1	12.50	12.50	
293	Edmund Perry	X	1		1	2	12.50	25.00	
294	Charles Strickland	X	1		1	2	12.50	25.00	
295	Carmon	X	1		1	2	12.50	25.00	
296	John R. Strickland	X	1	1		2	12.50	25.00	
297	Suky Hogan	X		1	1	2	12.50	25.00	
298	Giny	X		1	3	4	12.50	50.00	
299	Shin-ti-yeh-cher	X		1	3	4	12.50	50.00	
300	Anderson Porter	X	1			1	12.50	12.50	
301	Tammy	X	1		2	3	12.50	37.50	
302	Selina	X		1		1	12.50	12.50	
303	Andrew Jackson	X	1	1	2	4	12.50	50.00	
304	Isho-cah-yea	X		1	2	3	12.50	37.50	
305	Me-hah-tubby	X	1	1	2	4	12.50	50.00	
306	Frank Homer	X		1	1	2	12.50	25.00	
307	Stephen Perry	X	1	1	1	3	12.50	37.50	
308	Mitchell Jefferson	X	1			1	12.50	12.50	
309	Un-ti-yubby	X	1	1	1	3	12.50	37.50	
	Amount For'd		1065	1048	2614	4727	12.50	59087.50	[NOTE: these are the final totals for the 1857 Roll.]

1857 Chickasaw Annuity

Number	Capt Ned's Company Names	Marks	Males	Females	Children	Total	Amount Per Capita	Amount Total	Remarks
1	Capt. Ned	X	1	1	3	5	12.50	62.50	
2	Alexander	X	1	1	4	6	12.50	75.00	
3	James Patterson	X	1	1	5	7	12.50	87.50	
4	Pe-subbee	X	1	1	4	6	12.50	75.00	
5	Joseph Harris	X	1	1		2	12.50	25.00	
6	G. W. Thompson	X	1	1		2	12.50	25.00	
7	Nok-ish-ter-yer	X	1	1	11	13	12.50	162.50	
8	Te-yo-he	X		1	1	2	12.50	25.00	
9	Ish-te-ho-yoh-pe	X		1	6	7	12.50	87.50	
10	Mur-hih-cher	X	1	1	4	6	12.50	75.00	
11	Millard Filmore	X	1	1	10	12	12.50	150.00	
12	Emer-ho-ke	X		1	5	6	12.50	75.00	
13	Wesley Maytubbe	X	1	1	3	5	12.50	62.50	
14	Emir-lit-tubbee	X	1	1	3	5	12.50	62.50	
15	Donkin	X	1	1	3	5	12.50	62.50	
16	Sampson Siyihke	X	1	1	5	7	12.50	87.50	
17	William Cravatt	X	1		5	6	12.50	75.00	
18	Ar-to-ker-be	X	1			1	12.50	12.50	
19	Ker-ne-uttubbe	X	1			1	12.50	12.50	
20	No-werhoke	X		1	1	2	12.50	25.00	
21	Er-no-lit-tubbe	X	1		1	2	12.50	25.00	
22	Sellina	X		1		1	12.50	12.50	
23	Wilson Frazier	X	1	1	4	6	12.50	75.00	
24	Kum-mih-cher	X	1	1		2	12.50	25.00	
	Amount For'd		443	447	1065	1955	12.50	24437.50	

1857 Chickasaw Annuity

Number	Capt Ned's Company Names	Marks	Males	Females	Children	Total	Amount Per Capita	Amount Total	Remarks
	Amount Bro't For'd		443	447	1065	1955	12.50	24437.50	
25	Bin-ne-lubbee	X	1	1	4	6	12.50	75.00	
26	Cobbosh	X	1			1	12.50	12.50	
27	Nok-sho-per	X	1	1	4	6	12.50	75.00	
28	Heken	X	1	1	1	3	12.50	37.50	
29	Lewis	X	1	1	2	4	12.50	50.00	
30	Harris Greenwood	X	1	1	3	5	12.50	62.50	
31	Tillok	X	1	1	5	7	12.50	87.50	
32	On-te-yo-tubbee	X	1	1	5	7	12.50	87.50	
33	He-kot-tubbee	X	1	1	3	5	12.50	62.50	
34	Tik-fun-ke	X	1			1	12.50	12.50	
35	Put-hotlo	X	1			1	12.50	12.50	
36	Ho-yuttubbee	X	1	1	5	7	12.50	87.50	
37	Howard	X	1			1	12.50	12.50	
38	Emut-te-ke	X	1	1		2	12.50	25.00	
39	Mi-hok-te	X	1	1	2	4	12.50	50.00	
40	Wisturn	X	1	1	5	7	12.50	87.50	
41	Johnson	X	1	1	2	4	12.50	50.00	
42	Eho-you-tubby	X	1	1	3	5	12.50	62.50	
43	Shou-wi-ka	X	1			1	12.50	12.50	
44	Archibald McGee	X	1		3	4	12.50	50.00	
45	Caty	X		2		2	12.50	25.00	
46	Sou-ubby	X	2	2	6	10	12.50	125.00	
47	Te-wah-po-tubby	X	1			1	12.50	12.50	
48	Dau-ken (Blue)	X	1	2	3	6	12.50	75.00	
49	Yok-hum-ka	X	1	1	4	6	12.50	75.00	
50	Jerry	X	1		6	7	12.50	87.50	
	Amount For'd		469	468	1131	2068	12.50	25850.00	

1857 Chickasaw Annuity

Number	Capt Ned's Company Names	Marks	Males	Females	Children	Total	Amount Per Capita	Amount Total	Remarks
	Amount Bro't For'd		469	468	1131	2068	12.50	25850.00	
51	Wilson Wolf	X	1	1	5	7	12.50	87.50	
52	Oun-tah-yubby	X	1	1	3	5	12.50	62.50	
53	Ia-to-tubby	X	1	1	4	6	12.50	75.00	
54	Isey	X			2	2	12.50	25.00	
55	Th-li-cha-cha	X	1	1	4	6	12.50	75.00	
56	Sush-kee-tubby	X	1	1	6	8	12.50	100.00	
57	Yew-wea	X		1		1	12.50	12.50	
58	Tun-a-chah	X		1	5	6	12.50	75.00	
59	Te-ho-tubby	X	1	1		2	12.50	25.00	
60	Ah-wook-cha-tubby	X	1	1	3	5	12.50	62.50	
61	Our-ton-tubby	X	1	1	5	7	12.50	87.50	
62	Cole Folsom	X	1	1	2	4	12.50	50.00	
63	Jim	X	1	1	4	6	12.50	75.00	
64	Ho-tubby	X	1	1	2	4	12.50	50.00	
65	The-kiche	X	1		4	5	12.50	62.50	
66	Ben	X	1	1	4	6	12.50	75.00	
67	Te-me	X	1	1	5	7	12.50	87.50	
68	We-har-yer-nubby	X	1	1	4	6	12.50	75.00	
69	Lit-ho-ke	X		1	3	4	12.50	50.00	
70	Lecher	X	1	1	1	3	12.50	37.50	
71	Im-ulth-pe-sut-lubby	X	1	1		2	12.50	25.00	
72	Turner Bynum	X	1	1	8	10	12.50	125.00	
73	Akaney-arabs	X	1	1	1	3	12.50	37.50	
74	Socinda	X		1	1	2	12.50	25.00	
75	Johnson	X	1	0	1	2	12.50	25.00	
76	Aligater	X	1	1	7	9	12.50	112.50	
	Amount For'd		490	491	1215	2196	12.50	27450.00	

1857 Chickasaw Annuity

Number	Capt Ned's Company Names	Marks	Males	Females	Children	Total	Amount Per Capita	Amount Total	Remarks
	Amount Bro't For'd		490	491	1215	2196	12.50	27450.00	
77	Che-li-le	X	1	1	6	8	12.50	100.00	
78	Sampson Cole	X	1			1	12.50	12.50	
79	Dorathy Neal	X	1	1	3	5	12.50	62.50	
80	Yim-mi	X		1		1	12.50	12.50	
81	Williams	X	1	1		2	12.50	25.00	
82	Immi-ho-tubby	X	1	1	5	7	12.50	87.50	
83	Huel White	X	1	1	1	3	12.50	37.50	
84	Winny	X		1	1	2	12.50	25.00	
85	Robt Bell	X	1	1	2	4	12.50	50.00	
86	Ish-te-lih-cher	X	1			1	12.50	12.50	
87	Capt. Moshichee	X	1	2	2	5	12.50	62.50	
88	Ah-holh-te-nubbee	X	1	1	3	5	12.50	62.50	
89	It-bah-ai-yah	X	2	1	4	7	12.50	87.50	
90	Mar-ka-ho-yo	X		1	3	4	12.50	50.00	
91	Joseph Underwood	X	1			1	12.50	12.50	
92	Kar-ter-po-tubbee	X	1		1	2	12.50	25.00	
93	Eween Moore	X	1	1	2	4	12.50	50.00	
94	Po-chee	X	2	1	2	5	12.50	62.50	
95	Wutta	X	1			1	12.50	12.50	
96	Is-lar-po-nubbee	X	1		2	3	12.50	37.50	
97	Iyut-tam-bee	X	1	1		2	12.50	25.00	
98	Pis-sar-muck-in-tubbee	X	2	1	3	6	12.50	75.00	
99	Ke-yah-chee	X		2	2	4	12.50	50.00	
100	Ish-tim-mai-ya-cher	X	3	1		4	12.50	50.00	
	Amount For'd		515	511	1257	2283	12.50	28537.50	

1857 Chickasaw Annuity

Number	Capt Ned's Company Names	Marks	Males	Females	Children	Total	Amount Per Capita	Amount Total	Remarks
	Amount Bro't For'd		515	511	1257	2283	12.50	28537.50	
101	Wilson Colbert	X	1	2	1	4	12.50	50.00	
102	Oner-hun-tubbee	X		1		1	12.50	12.50	
103	Anderson Miller	X	1			1	12.50	12.50	
104	Im-mut-toon-tubbee	X	1			1	12.50	12.50	
105	Oak-lar-shin-ter	X	1	1	1	3	12.50	37.50	
106	I-kar-ne-yah	X	1	1		2	12.50	25.00	
107	Ik-il-lo-kit-tubbee	X	1			1	12.50	12.50	
108	Thlar-ko-fin-tubbee	X	1	1	4	6	12.50	75.00	
109	Im-mar-char-tubbee	X	1			1	12.50	12.50	
110	Shuck-hul-kee	X	2	2	4	8	12.50	100.00	
111	Sur-wut-cher	X		2	5	7	12.50	87.50	
112	Kar-ho-kee	X	0	1	2	3	12.50	37.50	
113	Ish-tim-muck-ka	X		1	1	2	12.50	25.00	
114	Nyco Colbert	X	1			1	12.50	12.50	
115	Morgan Colbert	X	1		1	2	12.50	25.00	
116	Tennessee Miller	X			1	1	12.50	12.50	
117	Davison Wesley	X	1	1	1	3	12.50	37.50	
118	Ish-mar-tubbee	X	1		1	2	12.50	25.00	
119	Luh-mer	X	1			1	12.50	12.50	
120	Ar-sho-la	X	1			1	12.50	12.50	
121	Kar-lush	X	1			1	12.50	12.50	
122	Icy	X		1		1	12.50	12.50	
123	Ish-te-chuck-kee	X	2		1	3	12.50	37.50	
124	Ho-mai-ya-cher	X	1	1	2	4	12.50	50.00	
125	An-ni-ca	X		1		1	12.50	12.50	
126	Luh-ma-tubbee	X	1	1	2	4	12.50	50.00	
	Amount For'd		536	528	1284	2348	12.50	29350.00	

1857 Chickasaw Annuity

Number	Capt Ned's Company Names	Marks	Males	Females	Children	Total	Amount Per Capita	Amount Total	Remarks
	Bro't forward		536	528	1284	2348	12.50	29350.00	
127	Shun-hee-kee	X		2	1	3	12.50	37.50	
128	Jackson Conaway	X	1	2	8	11	12.50	137.50	
129	Ho-tai-chee	X	1		2	3	12.50	37.50	
130	Ish-mul-la-tubbee	X	1	1	2	4	12.50	50.00	
131	Im-mer-him-ner	X	1	1	3	5	12.50	62.50	
132	Wal-den	X	1			1	12.50	12.50	
133	Oak-lar-kin-tubbee	X	1			1	12.50	12.50	
134	Che-pah-nee	X	1			1	12.50	12.50	
135	Pack-tai-ya-cher	X	1			1	12.50	12.50	
136	Kar-nine-o-nubbee	X	1	1	3	5	12.50	62.50	
137	Capt. John Riddles family	X			6	6	12.50	75.00	
138	Thomas Hase	X	1	1	2	4	12.50	50.00	
139	Tun-nup-ho-chubbee	X	1		3	4	12.50	50.00	
140	John Porter	X	1	1		2	12.50	25.00	
141	She-lih-bee	X	0	1	1	2	12.50	25.00	
142	Tai-yash-tubbee	X	1	1	2	4	12.50	50.00	
143	Kin-hee-chee	X	3	1	1	5	12.50	62.50	
144	Hush-cutch-ubbee	X	1			1	12.50	12.50	
145	~~We-har-yo-nubbee~~		0	0	0	0	12.50	0.00	
146	Ish-tim-mer-har-ya	X		1	2	3	12.50	37.50	
147	Chuf-fut-am-bee	X	1	2	2	5	12.50	62.50	
148	Uk-illo-hee	X		1	2	3	12.50	37.50	
149	Car-man	X	2	1	1	4	12.50	50.00	
150	Alexander McGee	X	1		1	2	12.50	25.00	
151	Isaac McGee	X	1	1	3	5	12.50	62.50	
152	Amos McGee	X	1	1	1	3	12.50	37.50	
	Amount For'd		559	547	1330	2436	12.50	30450.00	

1857 Chickasaw Annuity

Number	Capt Ned's Company Names	Marks	Males	Females	Children	Total	Amount Per Capita	Amount Total	Remarks
	Amount Bro't For'd		559	547	1330	2436	12.50	30450.00	
153	Cornelius McGee	X	1	1	3	5	12.50	62.50	
154	Kar-te-yo-tubbee	X	1			1	12.50	12.50	
155	Tush-ko-nah-tubbee	X	1			1	12.50	12.50	
156	Che-lan-ye	X	1	1	6	8	12.50	100.00	
157	M. Karney	X	1	1	5	7	12.50	87.50	
158	Mor-nin-tubbee	X	1	1		2	12.50	25.00	
159	Benjamin Harkins	X	1	2	3	6	12.50	75.00	
160	Sloan C. Williams	X	1	1	3	5	12.50	62.50	
161	*George Washington	X	2	2	3	7	12.50	87.50	
162	Kitty Kincaid	X	1	1		2	12.50	25.00	
163	Shim-mah-ho-kee	X	1	1		2	12.50	25.00	
164	George	X	1			1	12.50	12.50	
165	Roberson James	X	1	1	5	7	12.50	87.50	
166	Nancy Pusley	X	0	1	2	3	12.50	37.50	
167	Joseph James	X	1			1	12.50	12.50	
168	Ubbit-he-kah	X	1	1	2	4	12.50	50.00	
169	Jarvis Right	X	1	1		2	12.50	25.00	
170	Hiram Pitchlynn	X	1			1	12.50	12.50	
171	Far-lar-mo-tubbee	X	1		3	4	12.50	50.00	
172	Pitman Harlane	X			1	1	12.50	12.50	
173	Hetta Anderson	X	0	1	6	7	12.50	87.50	
174	Louiza	X		1	4	5	12.50	62.50	
175	Cornelius Lewis	X	1			1	12.50	12.50	
176	Ul-lar-wa-chee	X		1	2	3	12.50	37.50	
177	Ta-wa	X	1	1	1	3	12.50	37.50	
161	*Joseph Dunford	X	1			1	12.50	12.50	[*Note: two No. 161 entries]
	Amount For'd		581	567	1379	2527	12.50	31587.50	

1857 Chickasaw Annuity

Number	Capt Ned's Company Names	Marks	Males	Females	Children	Total	Amount Per Capita	Amount Total	Remarks
	Amount Bro't For'd		581	567	1379	2527	12.50	31587.50	
178	Wal-lis	X	1			1	12.50	12.50	
179	Eliza	X		1	1	2	12.50	25.00	
180	Ikar-chun-ar-chubbee	X	1	1	1	3	12.50	37.50	
181	McKinney	X	1			1	12.50	12.50	
182	She-mo-lai-ya-char	X		1	5	6	12.50	75.00	
183	James K. Polk	X	1	1	1	3	12.50	37.50	
184	Sealy Folsom	X		1	2	3	12.50	37.50	
185	Ley-o-ta	X		1	3	4	12.50	50.00	
186	Par-far-mo-tubbee	X	2		1	3	12.50	37.50	
187	Pis-ser-he-cubbee	X	3	2	5	10	12.50	125.00	
188	On-te-mar-ye	X		1	2	3	12.50	37.50	
189	Feletoner	X		1	3	4	12.50	50.00	
190	Chote	X		1	1	2	12.50	25.00	
191	On-non-nut-ubbee	X	1	1	3	5	12.50	62.50	
192	Alfred	X	1			1	12.50	12.50	
193	Tush-un-cher	X	1			1	12.50	12.50	
194	Te-hot-tubbee	X	1			1	12.50	12.50	
195	Thomas Benton	X	1	1	2	4	12.50	50.00	
196	Milsey	X		1	2	3	12.50	37.50	
197	Edward Steephen	X	1	1	1	3	12.50	37.50	
198	John Lewis	X	1	1	4	6	12.50	75.00	
199	Albert Brown	X	1	1	1	3	12.50	37.50	
200	On-tick-ah-noon-tubbee	X	1			1	12.50	12.50	
201	She-tah-we	X	1	1		2	12.50	25.00	
	Amount For'd		600	585	1417	2602	12.50	32525.00	

1857 Chickasaw Annuity

Number	Capt Joel Kemp's Company Names	Marks	Males	Females	Children	Total	Amount Per Capita	Amount Total	Remarks
1	Capt. Joel Kemp	X	1	1	4	6	12.50	75.00	
2	Jackson Kemp	X	1	1	9	11	12.50	137.50	
3	D. O. Fisher	X	1	1	2	4	12.50	50.00	
4	Benjamin Kemp	X	1			1	12.50	12.50	
5	Colbert Carter	X	1			1	12.50	12.50	
6	Dickson Frazier	X	1	1	5	7	12.50	87.50	
7	William McLish	X	1	1	2	4	12.50	50.00	
8	James McCoy	X	1	1	12	14	12.50	175.00	
9	Absalom McCoy	X	1	1	1	3	12.50	37.50	
10	Cornelius Cravat	X	1	1	1	3	12.50	37.50	
11	Efo-lo-mo-tubby	X	1	1		2	12.50	25.00	
12	Daniel	X	1			1	12.50	12.50	
13	Ish-tum-lubby	X	1			1	12.50	12.50	
14	Chook-nar-hacher	X	1	1	9	11	12.50	137.50	
15	Chester	X	1			1	12.50	12.50	
16	John Wade	X	1	1	2	4	12.50	50.00	
17	William Walner (Doc.t)	X	1	1	5	7	12.50	87.50	
18	Robert Colbert	X	1	1	3	5	12.50	62.50	
19	L. M. Reynolds	X	1	1	1	3	12.50	37.50	
20	Ah-thlish-tubby	X	1	1	1	3	12.50	37.50	
21	Amos	X	1	1	2	4	12.50	50.00	
22	Ho-ch-ubby	X	1	1	1	3	12.50	37.50	
23	Im-mo-ni-ka	X	1	1	1	3	12.50	37.50	
24	Chuffin	X	1	1	1	3	12.50	37.50	
25	Suffy	X		1	1	2	12.50	25.00	
26	Thomas Reynolds	X	1	1		2	12.50	25.00	
	Amount For'd		625	606	1480	2711	12.50	33887.50	

1857 Chickasaw Annuity

Number	Capt Joel Kemp's Company Names	Marks	Males	Females	Children	Total	Amount Per Capita	Amount Total	Remarks
	Amount Bro't For'd		625	606	1480	2711	12.50	33887.50	
27	Lemuel Reynolds	X	1	1	1	3	12.50	37.50	
28	Molly	X			1	1	12.50	12.50	
29	Henry Colbert	X	1	1	2	4	12.50	50.00	
30	Lemuel Colbert	X	1	1	3	5	12.50	62.50	
31	Geo. G. Allen	X	1	1	2	4	12.50	50.00	
32	Benjamin Colbert	X	1		2	3	12.50	37.50	
33	Isaac Love	X	1	1	2	4	12.50	50.00	
34	Wyatt Love	X	1	1	1	3	12.50	37.50	
35	Samuel Love	X	1	1	6	8	12.50	100.00	
36	William Lewis	X	1	1	4	6	12.50	75.00	
37	Ma-har-tubby	X	1	1	1	3	12.50	37.50	
38	Morgan Colbert	X	1	1	5	7	12.50	87.50	
39	Benson	X	1	1	4	6	12.50	75.00	
40	Abijah Colbert	X	1	1	4	6	12.50	75.00	
41	Ish-tim-up-pol-che	X		1	1	2	12.50	25.00	
42	Margaret McKinney	X		1		1	12.50	12.50	
43	Russell McKinney	X	1			1	12.50	12.50	
44	Huck-see-chit-tubby	X	1	1		2	12.50	25.00	
45	Immar-shar-tubby	X	1	1		2	12.50	25.00	
46	Allen James	X	1	1	4	6	12.50	75.00	
47	Willis Tah-uttubby	X	1	1		2	12.50	25.00	
48	Tush-cun-noyea	X	1		4	5	12.50	62.50	
49	Shearmer	X	1			1	12.50	12.50	
50	Elotubby	X	1	1	2	4	12.50	50.00	
51	Ah-no-yo-ka	X		1	2	3	12.50	37.50	
52	John Alberson	X	1	1	2	4	12.50	50.00	
	Amount For'd		647	627	1533	2807	12.50	35087.50	

1857 Chickasaw Annuity

Number	Capt Joel Kemp's Company Names	Marks	Males	Females	Children	Total	Amount Per Capita	Amount Total	Remarks
	Amount Bro't For'd		647	627	1533	2807	12.50	35087.50	
53	Parsh-ok-charby	X	1	1	4	6	12.50	75.00	
54	William Jackson	X	1	1	1	3	12.50	37.50	
55	Immi-arsh-tubby	X	1	1	2	4	12.50	50.00	
56	Rhoda Potts	X		1	4	5	12.50	62.50	
57	Sally Alberson	X		1	1	2	12.50	25.00	
58	Alexander McKinney	X	1	2		3	12.50	37.50	
59	Iy-uppa-hubby	X	1	1	3	5	12.50	62.50	
60	Simon Shou-ana	X	1		1	2	12.50	25.00	
61	Bob Shewarha	X	1		1	2	12.50	25.00	
62	Ok-kit-chit-tubby	X	2			2	12.50	25.00	
63	William McKinney	X	1	1		2	12.50	25.00	
64	F. C. McKarly	X	1	1		2	12.50	25.00	
65	B. F. Colbert	X	1	1	3	5	12.50	62.50	
66	Calvin Colbert	X	1	2		3	12.50	37.50	
67	William Harney	X	1	1	3	5	12.50	62.50	
68	Lewis Newberry	X	1	1	2	4	12.50	50.00	
69	Robert Newberry	X	2	1		3	12.50	37.50	
70	Aggy	X		1	3	4	12.50	50.00	
71	Carpenter	X	2			2	12.50	25.00	
72	Molsy	X		1	3	4	12.50	50.00	
73	Edmond Uncharhubby	X	1	1	2	4	12.50	50.00	
74	William Kemp	X	1	1	3	5	12.50	62.50	
75	Howard Duncan	X	1	1	1	3	12.50	37.50	
76	Un-no-yah	X	1	1	3	5	12.50	62.50	
77	Tush-ker-yar-hook-ta	X		1	1	2	12.50	25.00	
78	Samuel Daily	X	1	1	1	3	12.50	37.50	
	Amount For'd		671	651	1575	2897	12.50	36212.50	

1857 Chickasaw Annuity

Number	Capt Joel Kemp's Company Names	Marks	Males	Females	Children	Total	Amount Per Capita	Amount Total	Remarks
	Amount Bro't For'd		671	651	1575	2897	12.50	36212.50	
79	Tyler Sealy	X	1	1		2	12.50	25.00	
80	Sharcubby	X	1	1	1	3	12.50	37.50	
81	Tosh-to	X	1			1	12.50	12.50	
82	Wilson Gardner	X	1			1	12.50	12.50	
83	Martin Sheco	X	1	1	6	8	12.50	100.00	
84	Immilth-ar-tubby	X	1	1	1	3	12.50	37.50	
85	On-che-ubby	X	1	1		2	12.50	25.00	
86	James Factor	X	1	1	6	8	12.50	100.00	
87	Shup-pi-ih-ka	X	1	1	3	5	12.50	62.50	
88	Nuck-na-chubby	X	1	2		3	12.50	37.50	
89	Anderson	X	1	1	2	4	12.50	50.00	
90	Tah-ota	X	1	1		2	12.50	25.00	
91	To-wi-ka	X		1	1	2	12.50	25.00	
92	Nipka	X	1	1	2	4	12.50	50.00	
93	Milma	X		1		1	12.50	12.50	
94	Moontah	X	1	1	3	5	12.50	62.50	
95	Elar-ho-tubby	X	1	1	2	4	12.50	50.00	
96	Ish-fah-lah-mah	X	1	1	1	3	12.50	37.50	
97	Eliyea	X		1	3	4	12.50	50.00	
98	Lou-a-tubby	X	1	1	5	7	12.50	87.50	
99	Tun-ih-cher	X	1	1	3	5	12.50	62.50	
100	Lump-ka	X	1			1	12.50	12.50	
101	She-ho-ka	X		1	3	4	12.50	50.00	
102	Im-mun-moon-tubby	X	1		1	2	12.50	25.00	
103	Jackson Ponubby	X	1	1	2	4	12.50	50.00	
104	Elijah Ellis	X	1	1	3	5	12.50	62.50	
	Amount For'd		693	674	1623	2990	12.50	37375.00	

1857 Chickasaw Annuity

Number	Capt Joel Kemp's Company Names	Marks	Males	Females	Children	Total	Amount Per Capita	Amount Total	Remarks
	Amount Bro't For'd		693	674	1623	2990	12.50	37375.00	
105	Allen Greenwood	X	1	1	3	5	12.50	62.50	
106	Sher-ho-yih-cher	X		2	3	5	12.50	62.50	
107	Yuk-up-pih-cher	X	1	1	6	8	12.50	100.00	
108	Hoy-ah-ba	X	1	1	2	4	12.50	50.00	
109	Ah-no-la-tubby	X	1	1	3	5	12.50	62.50	
110	Hutch-on-ar-chubby	X	1	1	2	4	12.50	50.00	
111	John Holton	X	1			1	12.50	12.50	
112	Isaac Jefferson	X	1	1	2	4	12.50	50.00	
113	Isam Beams	X	1	1	5	7	12.50	87.50	
114	Charles Sheco	X	1	1	5	7	12.50	87.50	
115	Dickson Durant	X		2	1	3	12.50	37.50	
116	John Gooding	X	1	1	3	5	12.50	62.50	
117	Noah	X	1			1	12.50	12.50	
118	Jak-ar-tubby	X	1	1	4	6	12.50	75.00	
119	She-ubby	X	1			1	12.50	12.50	
120	Nook-chato	X	1	1	1	3	12.50	37.50	
121	Pershe-kah	X	1	1	5	7	12.50	87.50	
122	Reuben Kemp	X	1	1	6	8	12.50	100.00	
123	Mary Jane Colbert	X		1	1	2	12.50	25.00	
124	Isam Ish-hoy-opa	X	1	1	1	3	12.50	37.50	
125	Logan Ish-hoy-opa	X	1	1	2	4	12.50	50.00	
126	Lou-ih-cher	X		1	4	5	12.50	62.50	
127	Sarah Ann Ok-lo-hubby	X		1		1	12.50	12.50	
128	Immook-lo-nubby	X	1	1	2	4	12.50	50.00	
129	Jeferson Cravat	X	1		2	3	12.50	37.50	
130	William Ellis	X	1	1	3	5	12.50	62.50	
	Amount For'd		714	698	1689	3101	12.50	38762.50	

1857 Chickasaw Annuity

Number	Capt Joel Kemp's Company Names	Marks	Males	Females	Children	Total	Amount Per Capita	Amount Total	Remarks
	Amount Bro't For'd		714	698	1689	3101	12.50	38762.50	
131	Louiza Colbert	X		1	3	4	12.50	50.00	
132	John Guest	X	1	1		2	12.50	25.00	
133	Ish-hoy-opa	X	1		5	6	12.50	75.00	
134	John C. Calhoun	X	1	1	1	3	12.50	37.50	
135	Payson Wiliston	X	1	1		2	12.50	25.00	
136	Sholota	X	1	1	2	4	12.50	50.00	
137	Ah-bah-lah-tubby	X	1			1	12.50	12.50	
138	Ah-ho-o-tubby	X	1	1	2	4	12.50	50.00	
139	Immah-to-bah	X	1	1	5	7	12.50	87.50	
140	James Hillhouse	X	1	1		2	12.50	25.00	
141	Lydia	X		1	4	5	12.50	62.50	
142	Won-nah-yea	X		1	3	4	12.50	50.00	
143	Hick-ut-tubby	X	1	1	2	4	12.50	50.00	
144	Thomas Patch	X	1			1	12.50	12.50	
145	Edmonson Colbert	X	1			1	12.50	12.50	
146	Alison	X	1			1	12.50	12.50	
147	Lotson	X	1	1	1	3	12.50	37.50	
148	Simon Sealy	X	1	1		2	12.50	25.00	
149	William Peter Bahtah	X	1			1	12.50	12.50	
150	Immah-armby	X	1			1	12.50	12.50	
151	Joseph Shoua	X	1	1	2	4	12.50	50.00	
152	Calup	X	1	1		2	12.50	25.00	
153	Shimmon	X	1			1	12.50	12.50	
154	Logan Colbert	X	1	1	2	4	12.50	50.00	
155	Sally Cheak	X		2		2	12.50	25.00	
156	David Folsom	X		2	1	3	12.50	37.50	
	Amount For'd		735	718	1722	3175	12.50	39687.50	

1857 Chickasaw Annuity

Number	Capt Joel Kemp's Company Names	Marks	Males	Females	Children	Total	Amount Per Capita	Amount Total	Remarks
	Amount Bro't For'd		735	718	1722	3175	12.50	39687.50	
157	Morgan Perry	X	1	1	6	8	12.50	100.00	
158	On-ton-uby	X	1			1	12.50	12.50	
159	T. F. Cheadles	X	1	1	5	7	12.50	87.50	
160	Lovina	X		1	1	2	12.50	25.00	
161	Perry Eastman	X	1	1	2	4	12.50	50.00	
162	Charles Eastman	X	1	1	5	7	12.50	87.50	
163	Overton Love	X	1	1	3	5	12.50	62.50	
164	Henry Love	X	1			1	12.50	12.50	
165	Lotty Tyson	X		1	2	3	12.50	37.50	
166	Catherine Mitchell	X		1	2	3	12.50	37.50	
167	Edward Nelson Mrs	X		1	2	3	12.50	37.50	
168	Liny Nelson	X		1	2	3	12.50	37.50	
169	Rogers Parry	X	1			1	12.50	12.50	
170	Nok-o-wah	X	1			1	12.50	12.50	
171	Harvey Becon	X	1	1	5	7	12.50	87.50	
172	Kinha Factor	X		1	3	4	12.50	50.00	
173	Tosh-o-yo-tubby	X	1	2		3	12.50	37.50	
174	Lotty	X		1	1	2	12.50	25.00	
175	She-wi-yea	X		1	3	4	12.50	50.00	
176	Ful-hok-ka	X		1	2	3	12.50	37.50	
177	Ish-kar-nah	X	1			1	12.50	12.50	
178	Into-lubby	X			3	3	12.50	37.50	
179	Solomon Archibald	X		1	3	4	12.50	50.00	
180	Hotim-utt-ubby	X	1	1	2	4	12.50	50.00	
181	Loven Beaton	X	1	1	1	3	12.50	37.50	
182	Lup-pih-cher	X	1	1	1	3	12.50	37.50	
183	Nelson Frazier	X	1			1	12.50	12.50	
184	Puck-nuttubby	X	1			1	12.50	12.50	
185	Ah-fin	X	1			1	12.50	12.50	
	Amount For'd		753	739	1776	3268	12.50	40850.00	

1857 Chickasaw Annuity

Number	Capt Hothliche's Company Names	Marks	Males	Females	Children	Total	Amount Per Capita	Amount Total	Remarks
1	Capt. Holthliche	X	1	1	6	8	12.50	100.00	
2	Sampson McLish	X	1	1	1	3	12.50	37.50	
3	Govn. C. Harris	X	1	1	4	6	12.50	75.00	
4	Charley Thomas	X	1			1	12.50	12.50	
5	Sloan Thomas	X	1			1	12.50	12.50	
6	Duncan Ned	X	1	1	3	5	12.50	62.50	
7	~~Charles Thomas~~		0			0	12.50	0.00	
8	Robert Thomas	X	1	1	5	7	12.50	87.50	
9	~~Sloan Thomas~~		0			0	12.50	0.00	
10	William Thomas	X	1			1	12.50	12.50	
11	Isaac Thomas	X	1			1	12.50	12.50	
12	Levi Thomas	X	1			1	12.50	12.50	
13	Capt. Lewis	X	1	1	5	7	12.50	87.50	
14	Lo-tark-ka	X	1	1	3	5	12.50	62.50	
15	Cha-la-chah	X	1	1	4	6	12.50	75.00	
16	Levi	X	1	1	3	5	12.50	62.50	
17	Un-aha-ah	X	1	1	1	3	12.50	37.50	
18	Cha-lis	X	1	1	3	5	12.50	62.50	
19	Pail-ish-tubby	X	1	1	5	7	12.50	87.50	
20	Cun-ish-ma-tubby	X	1	1	2	4	12.50	50.00	
21	Nock-iro-itch-che	X	1	1	4	6	12.50	75.00	
	Amount For'd		772	753	1825	3350	12.50	41875.00	

1857 Chickasaw Annuity

Number	Capt Hothliche's Company Names	Marks	Males	Females	Children	Total	Amount Per Capita	Amount Total	Remarks
	Amount Bro't For'd		772	753	1825	3350	12.50	41875.00	
22	Nan-a-mah-tubby	X	1	1	3	5	12.50	62.50	
23	[number ommitted]								
24	Bi-yarn-tubby	X	1	1	1	3	12.50	37.50	
25	James McLish	X	1	1	7	9	12.50	112.50	
26	Gabriel Thomas	X	1			1	12.50	12.50	
27	Sut-ta-char	X	1	1		2	12.50	25.00	
28	Tah-ah-tubby	X	1	1	2	4	12.50	50.00	
29	Ah-tuk-lut-che	X	1	2	4	7	12.50	87.50	
30	Pul-lum-ma	X	1			1	12.50	12.50	
31	Tick-a	X	1	1	4	6	12.50	75.00	
32	Joel	X	1			1	12.50	12.50	
33	Wilson Love	X	1	1	2	4	12.50	50.00	
34	Lotty Brooks	X	0	1	3	4	12.50	50.00	
35	Ka-stin-na	X	1	1	4	6	12.50	75.00	
36	Lida Wolf	X		1		1	12.50	12.50	
37	John Nelson	X	1	1	4	6	12.50	75.00	
38	Cheagle	X	1	1	5	7	12.50	87.50	
39	Simon	X	1	1	1	3	12.50	37.50	
40	Peter Coatney	X	1	1	4	6	12.50	75.00	
41	Chock-in-tubby	X	1	1		2	12.50	25.00	
42	Hollot-la-tubby	X	1		1	2	12.50	25.00	
43	May-ha-chubby	X	1	1	3	5	12.50	62.50	
44	Kit-la-chah	X	1	1	2	4	12.50	50.00	
45	Charley Brown	X	1	1	2	4	12.50	50.00	
46	John Delaware	X	1	1	4	6	12.50	75.00	
47	Skelton McLish	X	1			1	12.50	12.50	
48	Im-pun-nah-tubby	X	1			1	12.50	12.50	
	Amount For'd		796	774	1881	3451	12.50	43137.50	

1857 Chickasaw Annuity

Number	Capt Hothliche's Company Names	Marks	Males	Females	Children	Total	Amount Per Capita	Amount Total	Remarks
	Amount Bro't For'd		796	774	1881	3451	12.50	43137.50	
49	Scott the Great	X	1	1	1	3	12.50	37.50	
50	Lam-tubby	X	1	1	5	7	12.50	87.50	
51	Adam Grey	X	1	1	2	4	12.50	50.00	
52	Lwoel	X	1			1	12.50	12.50	
53	I-youk-pah-tubby	X	1	1	2	4	12.50	50.00	
54	Inna-yah	X	1	1		2	12.50	25.00	
55	Davis	X	1	1	2	4	12.50	50.00	
56	Uin-nut-la	X	1	1	2	4	12.50	50.00	
57	In-na-qui-she, Gray	X	1		1	2	12.50	25.00	
58	Henry McKinney	X	1	1	3	5	12.50	62.50	
59	Doct Allen (Old time Doct)	X	1	1	5	7	12.50	87.50	
60	Tish-a-han-tubby	X	1	1	7	9	12.50	112.50	
61	La-no-la	X	1			1	12.50	12.50	
62	She-wah-ha	X	1			1	12.50	12.50	
63	Our-laish-tubby	X	1	1	2	4	12.50	50.00	
64	Kar-sha	X		1	1	2	12.50	25.00	
65	Ah-culch-an-tubby	X	1	1	3	5	12.50	62.50	
66	Jerry Brown	X	1			1	12.50	12.50	
67	Stephen Colbert	X	1	1	1	3	12.50	37.50	
68	R. J. Humphreys	X	1			1	12.50	12.50	
69	Kirstan Brown	X	1			1	12.50	12.50	
70	A. Malah	X	1			1	12.50	12.50	
71	John M. Johnson	X	1	1	1	3	12.50	37.50	
72	Nail-lubby	X	1	1		2	12.50	25.00	
73	Thomas Colbert	X	1	1	1	3	12.50	37.50	
74	Che-ear-la	X	1	1	6	8	12.50	100.00	
	Amount For'd		821	792	1926	3539	12.50	44237.50	

1857 Chickasaw Annuity

Number	Capt Hothliche's Company Names	Marks	Males	Females	Children	Total	Amount Per Capita	Amount Total	Remarks
	Amount Bro't For'd		821	792	1926	3539	12.50	44237.50	
75	On-na-yah-tubby	X	1	1	3	5	12.50	62.50	
76	Elappa-tubby	X	1	1	1	3	12.50	37.50	
77	[number ommitted]								
78	Ehoye-tubby	X	1	1		2	12.50	25.00	
79	Ah-fam-a-tubby		0	0	0	0	12.50		
80	William Bratton	X	1	1	2	4	12.50	50.00	
81	Kah-nah-ka	X	1	1	3	5	12.50	62.50	
82	Marshal	X	1			1	12.50	12.50	
83	Lila Wolf	X		1	6	7	12.50	87.50	
84	Ti-wah-ha	X	1	1	4	6	12.50	75.00	
85	Elizabeth Love	X		1	2	3	12.50	37.50	
86	Sarah Humphreys	X		1	5	6	12.50	75.00	
87	Andrew Colbert	X	1			1	12.50	12.50	
88	Holmes Colbert	X	1	1	1	3	12.50	37.50	
89	Hetty Frazier	X		1	4	5	12.50	62.50	
90	Mule Ash-tubby	X	1	2	2	5	12.50	62.50	
91	Ehi-art-ta-tubby	X	1	1	7	9	12.50	112.50	
92	Shuck-a-nia	X	1	1	2	4	12.50	50.00	
93	Che-mul-ta	X	1	1	5	7	12.50	87.50	
94	Ful-la-ta-chah	X	1	1		2	12.50	25.00	
95	Fitch-apora	X		1	1	2	12.50	25.00	
96	Bah-chick-eah-tubby	X	1	1	8	10	12.50	125.00	
97	Emoak-cher-tubby	X	1	1	1	3	12.50	37.50	
98	Jimersan E-shark-ka-san	X	1	1	4	6	12.50	75.00	
99	Daniel Harris	X	1	1	3	5	12.50	62.50	
100	John Pitchlyn	X	1	1	1	3	12.50	37.50	
101	A. V. Brown	X	1	1	1	3	12.50	37.50	
	Amount For'd		841	816	1992	3649	12.50	45612.50	

1857 Chickasaw Annuity

Number	Capt Hothliche's Company Names	Marks	Males	Females	Children	Total	Amount Per Capita	Amount Total	Remarks
	Amount Bro't For'd		841	816	1992	3649	12.50	45612.50	
102	Mary Van	X		1		1	12.50	12.50	
103	Ho-pah-kish-tubby	X	1		1	2	12.50	25.00	
104	Fim-mah-ho-yah	X		1	1	2	12.50	25.00	
105	Ok-leh-mah-hah	X		1	1	2	12.50	25.00	
106	Shuck-ah-not-ha	X	1	1	8	10	12.50	125.00	
107	Mah-ta-ha-ya	X		1	1	2	12.50	25.00	
108	Robison	X	1			1	12.50	12.50	
109	Ail-a-mah-tubby	X	1	1	6	8	12.50	100.00	
110	Lieuit	X	1			1	12.50	12.50	
111	Aith-lika	X	1	1	2	4	12.50	50.00	
112	Thomas Allen	X		1		1	12.50	12.50	
113	Levi Thomas	X	1	1	4	6	12.50	75.00	
114	James Gamble	X	1	1		2	12.50	25.00	
115	Benson Sealy	X	1		1	2	12.50	25.00	
116	Chish-ka-wan-ne	X	1			1	12.50	12.50	
117	Samuel Allen	X	1	1	3	5	12.50	62.50	
118	Archabal Hollen	X			2	2	12.50	25.00	
119	James Perry	X	1	1	4	6	12.50	75.00	
120	John Wilson	X	1			1	12.50	12.50	
121	William Roberson	X	1	1	1	3	12.50	37.50	
122	Johnson	X	1			1	12.50	12.50	
123	Daniel Saffrons	X	1	1	2	4	12.50	50.00	
124	Robert Colbert	X	1		4	5	12.50	62.50	
125	Aaron	X	1			1	12.50	12.50	
126	Can-eah-chubby	X	1			1	12.50	12.50	
127	Morening Frazier	X		1	1	2	12.50	25.00	
	Amount For'd		860	830	2035	3725	12.50	46562.50	

1857 Chickasaw Annuity

Number	Capt Hothliche's Company Names	Marks	Males	Females	Children	Total	Amount Per Capita	Amount Total	Remarks
	Amount Bro't For'd		860	830	2035	3725	12.50	46562.50	
128	Geo. F. McLish	X	1	1	2	4	12.50	50.00	
129	Nah-ko-che	X	1	1		2	12.50	25.00	
130	Willis Folsome	X	1	1	5	7	12.50	87.50	
131	Ko-sharp-la	X	1	1	2	4	12.50	50.00	
132	Caroline Colbert	X		1	4	5	12.50	62.50	
133	James Colbert	X	1	1	3	5	12.50	62.50	
134	George Moore	X	1	1	2	4	12.50	50.00	
135	Reubin Borlan	X	1	1	6	8	12.50	100.00	
136	Jack Bird	X	1	1	4	6	12.50	75.00	
137	Samuel Colbert	X	1	1	9	11	12.50	137.50	
138	Susan Colbert	X		1	2	3	12.50	37.50	
139	Molsey Colbert	X		1		1	12.50	12.50	
140	A. M. M. Upshaw	X	1	1	3	5	12.50	62.50	
141	Capt. John E. Anderson	X	1	1	7	9	12.50	112.50	
142	Thomas Anderson	X	1	1	3	5	12.50	62.50	
143	Kon-ul-la-chubby	X	1			1	12.50	12.50	
144	He-yau-ka-la-chah	X	1			1	12.50	12.50	
145	Ai-ut-tubby	X	1			1	12.50	12.50	
146	Ai-e-mah	X	1	1	2	4	12.50	50.00	
147	Thomas LeFlore	X	1			1	12.50	12.50	
148	Imme-lah-hi-mah	X	1	1	1	3	12.50	37.50	
149	Lewis John-e-co	X	1	1		2	12.50	25.00	
150	Doct Fich-lah-larm-bee	X	1	1		2	12.50	25.00	
151	Sam McGee	X	1			1	12.50	12.50	
152	Can-e-a-tubby	X	1			1	12.50	12.50	
153	It-til-low-a-tubby	X	1	1	2	4	12.50	50.00	
	Amount For'd		883	850	2092	3825	12.50	47812.50	

1857 Chickasaw Annuity

Number	Capt Hothliche's Company Names	Marks	Males	Females	Children	Total	Amount Per Capita	Amount Total	Remarks
	Amount Bro't For'd		883	850	2092	3825	12.50	47812.50	
154	James Pettigrive	X	1	1	6	8	12.50	100.00	
155	Lucy Long	X		1	3	4	12.50	50.00	
156	James Johnson	X	1	1	3	5	12.50	62.50	
157	Mitchel Johnson	X	1			1	12.50	12.50	
158	William Johnson	X	1			1	12.50	12.50	
159	May-sha-lin-che	X	1	1	5	7	12.50	87.50	
160	Cornelius	X	1	1	5	7	12.50	87.50	
161	Ish-stick-yau	X	1	1	2	4	12.50	50.00	
162	Oni-a	X	1	1	2	4	12.50	50.00	
163	Tush-coon-nah	X		1		1	12.50	12.50	
164	Sha-ni-a	X	1	1		2	12.50	25.00	
165	Che-a-gle-ho-yea	X		1		1	12.50	12.50	
166	Richmond	X	1	1	1	3	12.50	37.50	
167	Um-ma-shubby	X	1	1	5	7	12.50	87.50	
168	Ha-pah-ke-che-tubby	X	1		0	1	12.50	12.50	
169	William Brown	X	1			1	12.50	12.50	
170	~~James C. Johnson~~					0	12.50	0.00	
171	Shuck-hah-lup-ka	X	1	1	2	4	12.50	50.00	
172	Im-mah-hon-tubby	X	1		4	5	12.50	62.50	
173	Il-lah-ik-orsh-tubby	X	1	2	3	6	12.50	75.00	
174	Louis	X	2	1	1	4	12.50	50.00	
175	Iesh-stim-ah-ka-a-chah	X		1	7	8	12.50	100.00	
176	Sophia	X		1	3	4	12.50	50.00	
177	Yauk-ka-lubby	X	1	1	1	3	12.50	37.50	
178	Mr. Mepick	X	1	1	1	3	12.50	37.50	
179	Pi-ha-che	X	1			1	12.50	12.50	
	Amount For'd		904	870	2146	3920	12.50	49000.00	

1857 Chickasaw Annuity

Number	Capt Hothliche's Company Names	Marks	Males	Females	Children	Total	Amount Per Capita	Amount Total	Remarks
	Amount Bro't For'd		904	870	2146	3920	12.50	49000.00	
180	Horace Pratt	X	1	1	5	7	12.50	87.50	
181	Louise Perry & brother	X		1	1	2	12.50	25.00	
182	Pok-ah-che	X	1	1	4	6	12.50	75.00	
183	Sanders Wright	X	1	1	1	3	12.50	37.50	
184	Chun-nish-te	X	1	1	1	3	12.50	37.50	
185	Joshua	X	1			1	12.50	12.50	
186	Um-mah-lily	X	1	1	5	7	12.50	87.50	
187	Shim-i-a-pa	X		2	6	8	12.50	100.00	
188	Tip-po-ni-yea	X	1	1	2	4	12.50	50.00	
189	Ahart	X	1			1	12.50	12.50	
190	Toh-che-yea	X	1		1	2	12.50	25.00	
191	E-ah-comby	X	1	1	2	4	12.50	50.00	
192	She-houd-ty	X		1	5	6	12.50	75.00	
193	Palm-mi-che	X	1			1	12.50	12.50	
194	Poh-yoh-ky	X	1	1	2	4	12.50	50.00	
195	No-nook-ky-che	X	1	1	6	8	12.50	100.00	
196	Tah-yea	X		1	2	3	12.50	37.50	
197	Shah-chu-mi-che	X	1	1	2	4	12.50	50.00	
198	Tuvis	X	1			1	12.50	12.50	
199	Shim-mut-te-cher	X		1	1	2	12.50	25.00	
200	Garland	X	1	1	5	7	12.50	87.50	
201	Elijah	X	1	1	2	4	12.50	50.00	
202	William Simpson	X	1			1	12.50	12.50	
203	Tul-ho-ky	X		1		1	12.50	12.50	
204	Zachariah Colbert	X	1	1	1	3	12.50	37.50	
205	Sampson Folsom	X	1	1	6	8	12.50	100.00	
	Amount For'd		924	891	2206	4021	12.50	50262.50	

1857 Chickasaw Annuity

Number	Capt Hothliche's Company Names	Marks	Males	Females	Children	Total	Amount Per Capita	Amount Total	Remarks
	Amount Bro't For'd		924	891	2206	4021	12.50	50262.50	
206	H. N. Folsom	X			2	2	12.50	25.00	
207	Saymy	X		1	4	5	12.50	62.50	
207	Ah-willa-nah-ha	X	1	1	4	6	12.50	75.00	[number repeated]
208	Chaf-fort	X	1	1	4	6	12.50	75.00	
209	Ish-ho-yen-ne	X		1	1	2	12.50	25.00	
210	Tah-ho-com-by	X	2			2	12.50	25.00	
211	Chul-lut-ty	X		1	2	3	12.50	37.50	
212	Te-cum-sey	X	1			1	12.50	12.50	
213	Harrison	X	1	1	1	3	12.50	37.50	
214	Kan-che-him-mah	X		1	5	6	12.50	75.00	
215	Johnson Pisnubby	X	1	1		2	12.50	25.00	
216	Um-mo-sho-tubby	X	1			1	12.50	12.50	
217	Lon-na-chah & Mother	X	1	2	5	8	12.50	100.00	
218	Ish-tim-ah-li-key	X		1	1	2	12.50	25.00	
219	Pay-subby	X	1			1	12.50	12.50	
220	Nathaniel Folsom	X	1			1	12.50	12.50	
221	Ebenzer Pitchlyn	X	1			1	12.50	12.50	
222	William Goforth	X	1			1	12.50	12.50	
223	Solomon Goforth	X	1			1	12.50	12.50	
224	Susan McCoy	X		1	5	6	12.50	75.00	
225	Nancy Smallwood	X		1	5	6	12.50	75.00	
226	Malvina Goforth	X		1	5	6	12.50	75.00	
227	Isom Maytubby	X	1		0	1	12.50	12.50	
228	Illar-took-key	X		1		1	12.50	12.50	
229	Susan Jones	X		1	2	3	12.50	37.50	
230	Che-mar-la-ho-ke	X		1	7	8	12.50	100.00	
	Amount For'd		939	908	2259	4106	12.50	51325.00	

1857 Chickasaw Annuity

Number	Capt Hothliche's Company Names	Marks	Males	Females	Children	Total	Amount Per Capita	Amount Total	Remarks
	Amount Bro't For'd		939	908	2259	4106	12.50	51325.00	
231	Benitte Williams	X		1	4	5	12.50	62.50	
232	Ah-took-lan-tubby	X	1		2	3	12.50	37.50	
233	[number ommitted]								
234	J. A. Murray	X		2	2	4	12.50	50.00	
235	Molly	X		1	1	2	12.50	25.00	
236	Har-no-ley	X		1	2	3	12.50	37.50	
237	Ok-lah-cho-yut-tubby	X	1	1	9	11	12.50	137.50	
238	Ul-lut-te-ho-you	X	0	1	3	4	12.50	50.00	
239	In-kun-neah-ho-nah	X		1	1	2	12.50	25.00	
240	Ten-o-tubby	X			4	4	12.50	50.00	
241	Hollis	X			1	1	12.50	12.50	
242	Lucy	X			2	2	12.50	25.00	
243	Isom Maytubby Sr.	X	1	1	6	8	12.50	100.00	
244	Rhoda Nelson	X		1	3	4	12.50	50.00	
245	Abigail Davenport	X		1	1	2	12.50	25.00	
246	Ish-fah-lah-mah	X	1			1	12.50	12.50	
247	En-lensh-tubby	X	1			1	12.50	12.50	
248	Ok-lah-no-ubby	X	1			1	12.50	12.50	
249	Sillis	X		1		1	12.50	12.50	
250	Milly	X		1	3	4	12.50	50.00	
251	Ok-lah-che-yea	X	1			1	12.50	12.50	
252	Kubby	X	1	1	7	9	12.50	112.50	
253	Viney	X		1	1	2	12.50	25.00	
254	Gillum Moore	X	1			1	12.50	12.50	
255	Mariah Maytubby	X		1		1	12.50	12.50	
256	Selina Oxberry	X		1	2	3	12.50	37.50	
257	Ish-pah-nubby	X	1	1	1	3	12.50	37.50	
258	Tim-mun-no-yah	X	1	1	0	2	12.50	25.00	
259	Ma-ha-chah	X		1	3	4	12.50	50.00	
260	Chuffah	X	2	3	4	9	12.50	112.50	
261	Davidson Ah-no-chit-ubby	X	1	1	3	5	12.50	62.50	
262	Jane McLaughlin	X		1		1	12.50	12.50	
	Amount For'd		953	935	2322	4210	12.50	52625.00	

1857 Chickasaw Annuity

We Certify that we werw present at the payment of the fore going amounts on this   day and saw the diferent sums set opposite the names of the several Indians paid to them in specie, by Elias Rector, Superintendent of Indian Affairs, And, Also that their Marks or Signatures were affixed in our presence,

Captains	Keel	his X mark	{
	G.D. James		{
	Neo yub by	his X mark	{
	Capt Ned	his X mark	{ Captains
	Capt Moshai chee	his X mark	{
Capt Joel Kemp			{
Capt Hoth liche		his X mark	{
Capt Horace Pratt			{

1857 Chickasaw Annuity

    Received Tishomingo, C.N. November 5th 1857 of Elias Rector Superintendent of Indian Affairs, for the South Western Superintendency; Nine Hundred & Tewelve 50/100 dollars, (Amount of indivisible fractions) due the Chickasaw National Treasury, after paying, the Chickasaws Twelve dollars & fifty Cents each.

Joel Kemp
Treasurer of the Chickasaw Nation

    I, Cyrus Harris, Governor of the Chickasaws, Acknowledge the Correctness of the fore going receipts, and certify, that Joel Kemp, whose genuine signature, is subscribed to the fore going receipt, is the National Treasurer of the Chickasaws, and as such, is authorized to receive, and receipt for the above mentioned sum of Nine hundred and Twelve dollars and fifty cents, I further Certify the fore going Amounts opposite the names of the respective Indians, were severally paid to them in specie, by Elias Rector, Sup't In'd Affairs,

C. Harris
Governor of the Chickasaws

    We Certify that we were present at the payment of the fore goinig amounts, to the several Indians, that they were paid in specie, and that their marks or signatures, were affixed in our presence,

Douglas H. Cooper, U.S. Indian Agent
Jas. Gamble, U.S. Interpreter for Chickasaws

    I certify that I actually paid the amounts to the several Indians named on the fore going Roll, and that the same was done in accordance with the wishes of the Chickasaws.

1858 Chickasaw Annuity

December, 1858

1858 Chickasaw Annuity

We the undersigned, the Governor, Captains, Heads of families and individual without families; of the Chickasaw Tribe of Indians, Acknowledge the receipt from Douglas H. Cooper, U.S. Agent for the Choctaws and Chickasaws, Twenty Nine Thousand three hundred and fifty eight dollars in the sums placed opposite our respective Names, being the Amount paid as annuity for the year 1858, out of the interest arising from the Chickasaw funds invested by the Government of the United States for the benfit of the Chickasaws.

Tishimingo Chickasaw Nation
December 11th 1858

Number	Capt Martin Sheco Company Names	Marks	Males	Females	Children	Total	Amount Per Capita	Amount Total	Remarks
1	Captain Martin Sheco	X	1	1	6	8	6.00	48.00	
2	Joel Kemp	X	1	1	5	7	6.00	42.00	
3	Jackson Kemp	X	1	1	8	10	6.00	60.00	
4	William Kemp	X	1	1	5	7	6.00	42.00	
5	Reuben Kemp	X	1	1	7	9	6.00	54.00	
6	O. D. Fisher	X		1	4	5	6.00	30.00	
7	Morgan Colbert	X	1	1	6	8	6.00	48.00	
8	Benjamin Kemp	X	1	1	1	3	6.00	18.00	
9	Tish kar yah hok tah	X		1	1	2	6.00	12.00	
10	Betsey Tuquire	X		1	1	2	6.00	12.00	
11	Charles Shico	X	1	1	6	8	6.00	48.00	
12	Howard Duncan	X	1	1	2	4	6.00	24.00	
13	William McLish	X	1	1	2	4	6.00	24.00	
14	Nancy Factor	X		1	6	7	6.00	42.00	
15	Shuppi ik ka	X	1	1	3	5	6.00	30.00	
16	Simon Sealy	X	1	1	1	3	6.00	18.00	
17	Abijah Colbert	X	1		3	4	6.00	24.00	
18	Nipka	X	1	1	2	4	6.00	24.00	
19	Harrison	X	1			1	6.00	6.00	
20	Isaac Jefferson	X	1		2	3	6.00	18.00	
21	Lewis Newberry	X	1	1	3	5	6.00	30.00	
	Amount For'd		17	18	74	109	6.00	654.00	

1858 Chickasaw Annuity

Number	Capt Martin Sheco Company Names	Marks	Males	Females	Children	Total	Amount Per Capita	Amount Total	Remarks
	Amount Bro't For'd		17	18	74	109	6.00	654.00	[NOTE: Addition is incorrect]
22	William Harney	X	1	1	2	4	6.00	24.00	[on this page. - KMA]
23	Robert Newberry	X	1	1	1	3	6.00	18.00	
24	Willis Gaylort	X	1	1	1	3	6.00	18.00	
25	Homer Harka	X		1	5	6	6.00	36.00	
26	Ah ho tubby	X	1	1	2	4	6.00	6.00	
27	Polly	X		1	3	4	6.00	24.00	
28	Lydia	X		1	3	4	6.00	24.00	
29	To sho yo tubby	X	1	1	2	4	6.00	24.00	
30	Push i ker	X	1	1	6	8	6.00	48.00	
31	Tun ish char	X	1	1	3	5	6.00	30.00	
32	James Hillhouse	X	1	1		2	6.00	12.00	
33	John Albertson	X	1	1	1	3	6.00	18.00	
34	Yuch uppi cher	X	1	1	6	8	6.00	48.00	
35	Allan Greenwood	X	1	1	3	5	6.00	30.00	
36	Isom Ish ho yo pa	X	1	1	1	3	6.00	18.00	
37	Louisa Colbert	X		1	3	4	6.00	24.00	
38	Sher ho ye char	X		1	2	3	6.00	18.00	
39	Isaac Love	X	1	1	2	4	6.00	24.00	
40	Wyatt Love	X	1	1	1	3	6.00	18.00	
41	L. W. Lewis	X	1	1	4	6	6.00	36.00	
42	Lemuel Colbert	X	1	1	3	5	6.00	24.00	
43	Ish ho yo pa	X	1	1	1	3	6.00	18.00	
44	Amos Light	X	1	1	2	4	6.00	24.00	
45	Logan Ish ho yo pa	X	1	1	1	3	6.00	18.00	
46	John C. Calhoun	X	1	1		2	6.00	12.00	
47	Luppicher	X	1	1	2	4	6.00	24.00	
48	Ah ho tubby	X	1	1		2	6.00	12.00	
49	Dwight Folsom	X	1			1	6.00	6.00	
50	Alexander McKinney	X	1	1	1	3	6.00	18.00	
51	Colbert Carter	X	1		1	2	6.00	12.00	
52	Henry C. Colbert	X	1	1	2	4	6.00	24.00	
	Amount For'd		43	46	143	232	6.00	1392.00	

1858 Chickasaw Annuity

Number	Capt Martin Sheco Company Names	Marks	Males	Females	Children	Total	Amount Per Capita	Amount Total	Remarks
	Amount Bro't For'd		43	46	143	232	6.00	1392.00	
53	Ish tim up po cher	X		1	1	2	6.00	12.00	
54	Kin ha Factor	X		1	3	4	6.00	24.00	
55	Par shook chum bee	X	1	1	4	6	6.00	36.00	
56	Loren Benton	X	1	1		2	6.00	12.00	
57	B. F. Colbert	X	1	1	4	6	6.00	36.00	
58	Calvin Colbert	X	1	1		2	6.00	12.00	
59	Ullup picher	X	1			1	6.00	6.00	
60	John McKinney	X	1	1	2	4	6.00	24.00	
61	Wall	X	1			1	6.00	6.00	
62	John Wade	X	1	1	2	4	6.00	24.00	
63	Montgomery Reynolds	X	1	1	2	4	6.00	24.00	
64	Sally Albertson	X		2	2	4	6.00	24.00	
65	Rhoda Potts	X		1	4	5	6.00	30.00	
66	Susan Temples	X		1	1	2	6.00	12.00	
67	Elijah Ellis	X	1	1	4	6	6.00	36.00	
68	She ho po yah	X		1	1	2	6.00	12.00	
69	Henck pitch chit tubby	X	1	1		2	6.00	12.00	
70	Cun ish mar tubby	X	1			1	6.00	6.00	
71	William Jackson	X	1	1	2	4	6.00	24.00	
72	Robert Colbert	X	1	1	3	5	6.00	30.00	
73	George G. Allan	X	1	1	3	5	6.00	30.00	
74	Im nis ni kal	X	1	1	1	3	6.00	18.00	
75	Chuffin	X	1	1	2	4	6.00	24.00	
76	Tish cun no yea	X	1		4	5	6.00	30.00	
77	Dickson Frazier	X	1			1	6.00	6.00	
78	Ho chubby	X	1	1	3	5	6.00	30.00	
79	Im mon noon tubby	X	1		1	2	6.00	12.00	
80	Tish oh	X	1			1	6.00	6.00	
81	John Gooding	X	1	1	2	4	6.00	24.00	
82	In mar shar tubby	X	1			1	6.00	6.00	
	Amount For'd		67	69	194	330	6.00	1980.00	

1858 Chickasaw Annuity

Number	Capt Martin Sheco Company Names	Marks	Males	Females	Children	Total	Amount Per Capita	Amount Total	Remarks
	Amount Bro't For'd		67	69	194	330	6.00	1980.00	
83	Mary Jane Harris	X		1	1	2	6.00	12.00	
84	Ful ho ka	X		1	2	3	6.00	18.00	
85	She wi yea	X		1	3	4	6.00	24.00	
86	Molly	X		1		1	6.00	6.00	
87	Jacob Tish oh a mah	X	1	1	1	3	6.00	18.00	
88	Allan James	X	1	1	4	6	6.00	36.00	
89	Charles Mepix	X	1		1	2	6.00	12.00	
90	John Guest	X	1	1	1	3	6.00	18.00	
91	Overton Love	X	1	1	4	6	6.00	36.00	
92	Nathan Coffee	X	1	1	2	4	6.00	24.00	
93	Selby	X	1	1	3	5	6.00	30.00	
94	Henry C. Love	X	1	1		2	6.00	12.00	
95	Winchester	X	1	1		2	6.00	12.00	
96	Daniel Laly or Ellup no ubby	X	1			1	6.00	6.00	
97	Hali ah chok tah	X		1		1	6.00	6.00	
98	Larson	X	1	1	1	3	6.00	18.00	
99	Im mi arsh tubby	X	1	1	2	4	6.00	24.00	
100	E fo lo mo tubby	X	1	1		2	6.00	12.00	
101	E lo tubby	X	1	1	1	3	6.00	18.00	
102	Ah no yo ka	X		1	2	3	6.00	18.00	
103	Benson Kearney	X	1	1	4	6	6.00	36.00	
104	Lartin Tum ul a cher	X	1			1	6.00	6.00	
105	Robert	X	1	1	1	3	6.00	18.00	
106	Ho yun a cher	X		1	3	4	6.00	24.00	
107	Wilson Gardner	X	1		1	2	6.00	12.00	
108	Edmund Un char tubby	X	1	1	2	4	6.00	24.00	
109	Ton o lo	X	1			1	6.00	6.00	
110	Suffy	X		1	1	2	6.00	12.00	
111	Logan Colbert	X	1	1	2	4	6.00	24.00	
112	Ale shin	X	1	1	2	4	6.00	24.00	
	Amount For'd		89	94	238	421	6.00	2526.00	

1858 Chickasaw Annuity

Number	Capt Martin Sheco Company Names	Marks	Males	Females	Children	Total	Amount Per Capita	Amount Total	Remarks
	Amount Bro't For'd		89	94	238	421	6.00	2526.00	
113	Me ah mon tubby	X	1	1	2	4	6.00	24.00	
114	Ish fal lah mah	X	1	1	2	4	6.00	24.00	
115	E lah ho tubby	X	1	1	3	5	6.00	30.00	
116	Tah ho tah	X	1	1		2	6.00	12.00	
117	To wi kah	X		1	1	2	6.00	12.00	
118	Milma	X		1	1	2	6.00	12.00	
119	Dickson Durant	X		1	1	2	6.00	12.00	
120	Loui cher	X		1	4	5	6.00	30.00	
121	I ak ah tubby	X	1	1	4	6	6.00	36.00	
122	Nook chitte	X	1	1		2	6.00	12.00	
123	She nubby	X	1			1	6.00	6.00	
124	Cutch in ar chubby	X	1	1	2	4	6.00	24.00	
125	Ho yah ba	X	1	1	1	3	6.00	18.00	
126	Ah no la tubby	X	1	1	3	5	6.00	30.00	
127	John	X	1			1	6.00	6.00	
128	Jefferson Cravatt	X	1		2	3	6.00	18.00	
129	Benjamin Cravatt	X	1	1	3	5	6.00	30.00	
130	On tam bi	X	1		1	2	6.00	12.00	
131	She ho ka	X		1		1	6.00	6.00	
132	I yup pa hubby	X	1	1	2	4	6.00	24.00	
133	Im milth ar tubby	X	1	1	1	3	6.00	18.00	
134	Lunepka	X	1			1	6.00	6.00	
135	She mi yo cun na	X		1	1	2	6.00	12.00	
136	Bob Hul ut a cher	X				0	6.00	0.00	
137	Molay	X		1	3	4	6.00	24.00	
138	Shar cubby	X	1	1		2	6.00	12.00	
139	Joseph Shaua	X	1	1	3	5	6.00	30.00	
140	Im ma ham by	X	1			1	6.00	6.00	
141	Farmer	X	2			2	6.00	12.00	
142	Ah cun e ubby	X	1	1	5	7	6.00	42.00	
	Amount For'd		112	116	283	511	6.00	3066.00	

1858 Chickasaw Annuity

Number	Capt Martin Sheco Company Names	Marks	Males	Females	Children	Total	Amount Per Capita	Amount Total	Remarks
	Amount Bro't For'd		112	116	283	511	6.00	3066.00	
143	Nelson Frazier	X	1	1	1	3	6.00	18.00	
144	Sho la ta	X	1	1	2	4	6.00	24.00	
145	Simpson	X	1			1	6.00	6.00	
146	She ar nah	X	1			1	6.00	6.00	
147	Shimmon	X	1	1	1	3	6.00	18.00	
148	Gallop	X	1	1		2	6.00	12.00	
149	Thomas Byington	X	1	1		2	6.00	12.00	
150	Bah tah	X	1			1	6.00	6.00	
151	Joseph Jeffrey	X	1	1	3	5	6.00	30.00	
152	On che tubby	X	1	1	1	3	6.00	18.00	
153	Low a tubby	X	1	1	4	6	6.00	36.00	
154	Russell	X			2	2	6.00	12.00	
155	James McCoy	X	1	1	9	11	6.00	66.00	
156	Absalom McCoy	X	1	1	1	3	6.00	18.00	
157	Morgan Perry	X	1	1	6	8	6.00	48.00	
158	Cornelius Cravatt	X			3	3	6.00	18.00	
159	Rogers Perry	X	1	1		2	6.00	12.00	
160	Luisa Nelson	X		1	2	3	6.00	18.00	
161	Chuck nah hacher	X	1	1	8	10	6.00	60.00	
162	Ish taw tubby	X	1			1	6.00	6.00	
163	Im mi ish tubby	X	1			1	6.00	6.00	
164	Andrew Colbert	X	1	1		2	6.00	12.00	
165	Ish tim mul lubby	X	1	1	3	5	6.00	30.00	
166	Chaffer	X	1	1	5	7	6.00	42.00	
167	Ish tah kah ne yo tubby	X	1	1		2	6.00	12.00	
168	Ah ho nah che lubby	X	1	1	2	4	6.00	24.00	
169	Jake Mexican's wife	X		1		1	6.00	6.00	
170	Samuel Love	X	1	1	7	9	6.00	54.00	
171	Tosh to	X	1	1		2	6.00	12.00	
172	Simon Shuana	X			2	2	6.00	12.00	
	Amount For'd		137	138	345	620	6.00	3720.00	

1858 Chickasaw Annuity

Number	Capt Martin Sheco Company Names	Marks	Males	Females	Children	Total	Amount Per Capita	Amount Total	Remarks
	Amount Bro't For'd		137	138	345	620	6.00	3720.00	
173	Tash che yea	X	1	1	4	6	6.00	36.00	
174	Dr Warner	X	1	1	5	7	6.00	42.00	
175	Lemuel Reynolds	X	1	1	1	3	6.00	18.00	
176	Thomas Reynolds	X	1	1	1	3	6.00	18.00	
177	William Ellis	X	1		4	5	6.00	30.00	
178	No ko wa	X	1			1	6.00	6.00	
179	Benjamin Colbert	X	1		1	2	6.00	12.00	
180	Charles F. Eastman	X	1	1	6	8	6.00	48.00	
181	Perry Eastman	X	1	1	2	4	6.00	24.00	
182	Ish kar nar	X	1			1	6.00	6.00	
183	Ah cutch it tubby	X	1			1	6.00	6.00	
184	Hick is	X	1	1	1	3	6.00	18.00	
185	Lusa In to tubby	X			3	3	6.00	18.00	
186	Ho ma acht cher	X				0	6.00	0.00	
187	James Colbert	X	1			1	6.00	6.00	
188	J. R. Colbert	X	1			1	6.00	6.00	
189	Shar ko nar tar	X	1		7	8	6.00	48.00	
190	David Folsom	X		1		1	6.00	6.00	
191	Ah no lit tubby's child	X			1	1	6.00	6.00	
192	Ho tim ut tubby	X	1	1	2	4	6.00	24.00	
193	H. Bacon	X	1	2	5	8	6.00	48.00	
194	J. Bird	X	1	1	4	6	6.00	36.00	
195	R. Bourland	X	1	1	6	8	6.00	48.00	
196	Carney	X		1	3	4	6.00	24.00	
197	Sofy	X		1		1	6.00	6.00	
198	Isom Beams	X	1			1	6.00	6.00	
199	Morgan Perry's child	X			1	1	6.00	6.00	
200	James Hillhouse (Insane)	X	1			1	6.00	6.00	
201	Me ha tubbee's child	X			1	1	6.00	6.00	
202	Chester's child	X			1	1	6.00	6.00	
	Total		158	153	404	715	6.00	4290.00	

1858 Chickasaw Annuity

Number	Capt Hothliche's Company Names	Marks	Males	Females	Children	Total	Amount Per Capita	Amount Total	Remarks
1	Captain Hothliche	X	1	1	3	5	6.00	30.00	
2	George W. Allen	X	1	3	2	6	6.00	36.00	
3	Charles E. Gooding	X	1	2		3	6.00	18.00	
4	Caroline Louis	X		2	1	3	6.00	18.00	
5	Tush ka tarmby	X	1	1	1	3	6.00	18.00	
6	James N. McLish	X	1	1	6	8	6.00	48.00	
7	William Robinson	X	1	1	2	4	6.00	24.00	
8	G. Frazier McLish	X	1	1	2	4	6.00	24.00	
9	Sarah Humphreys	X		1	5	6	6.00	36.00	
10	Elizabeth Love	X		1	2	3	6.00	18.00	
11	Richard McLish	X	1	1		2	6.00	12.00	
12	Benjamin McLish	X	1			1	6.00	6.00	
13	Hetty Frazier	X		1	4	5	6.00	30.00	
14	Kah ne yah chubby	X	1			1	6.00	6.00	
15	Holmes Colbert	X	1	1	1	3	6.00	18.00	
16	Nah no mah tubby	X	3	1	2	6	6.00	36.00	
17	Felin	X	1			1	6.00	6.00	
18	Shu kin ah ty	X	1	1	8	10	6.00	60.00	
19	Levi	X	1	1	3	5	6.00	30.00	
20	Ah lin	X	1	1	3	5	6.00	30.00	
21	Puth kit tubby	X	1	1	4	6	6.00	36.00	
22	Go kah che	X	1	1	2	4	6.00	24.00	
23	Pay lish tubby	X	1	1	6	8	6.00	48.00	
24	Ho che fo tubby	X	1	1	4	6	6.00	36.00	
25	E bah eyert tybby	X	1	1	1	3	6.00	18.00	
26	Bob	X	1	1	1	3	6.00	18.00	
27	Marthy	X		2		2	6.00	12.00	
28	Ho pah kicho tubby	X	1	1	2	4	6.00	24.00	
29	Im ma shubby	X	2	1	3	6	6.00	36.00	
30	We nut le tubby	X	1	1	2	4	6.00	24.00	
31	Sho wah nah ha	X		1	2	3	6.00	18.00	
	Amount For'd		28	33	72	133	6.00	798.00	

1858 Chickasaw Annuity

Number	Capt Hothliche's Company Names	Marks	Males	Females	Children	Total	Amount Per Capita	Amount Total	Remarks
	Amount Bro't For'd		28	33	72	133	6.00	798.00	
32	Jimson E shah ky	X	1	2	3	6	6.00	36.00	
33	Hi yush it tibby	X	1	2	6	9	6.00	54.00	
34	Ah yok pah tubby	X	1	1	2	4	6.00	24.00	
35	Hah lut le tubby	X	2			2	6.00	12.00	
36	E no ki chee	X	1	1		2	6.00	12.00	
37	May yo chubby	X	1	1	2	4	6.00	24.00	
38	Charly Brown	X	1	1	2	4	6.00	24.00	
39	Shuk hah tup key	X	2	1	1	4	6.00	24.00	
40	Ah chah kun tubby	X	1	1	3	5	6.00	30.00	
41	In moke loo nubby	X	1	1	4	6	6.00	36.00	
42	Tah ya la	X	1	1		2	6.00	12.00	
43	Tickey	X	1	1	3	5	6.00	30.00	
44	Peter Courtney	X	1	1	4	6	6.00	36.00	
45	Kah she	X		1	1	2	6.00	12.00	
46	Sampson McLish	X	1	1	1	3	6.00	18.00	
47	Gilsey Brown	X		1	2	3	6.00	18.00	
48	Duncan Ned	X	1	1	4	6	6.00	36.00	
49	Ah no yah	X	1	1		2	6.00	12.00	
50	Davis	X	1	1	2	4	6.00	24.00	
51	Chomuttee	X	1	2	4	7	6.00	42.00	
52	Ha kut tubby	X	1	1	2	4	6.00	24.00	
53	Je lah po tubby	X	1	1	2	4	6.00	24.00	
54	Jerry	X	2			2	6.00	12.00	
55	Wilson Love	X	1	1	2	4	6.00	24.00	
56	Henry McKinney	X	1	1	3	5	6.00	30.00	
57	Lotty Brooks	X		1	1	2	6.00	12.00	
58	James Predy	X	1	1	3	5	6.00	30.00	
59	James Johnston	X				0	6.00	0.00	
60	Mitchel Johnston	X				0	6.00	0.00	
61	Em mo lah subby	X	1	1	1	3	6.00	18.00	
62	Soney	X		1	1	2	6.00	12.00	
	Amount For'd		56	63	131	250	6.00	1500.00	

1858 Chickasaw Annuity

Number	Capt Hothliche's Company Names	Marks	Males	Females	Children	Total	Amount Per Capita	Amount Total	Remarks
	Amount Bro't For'd		56	63	131	250	6.00	1500.00	
63	Pis sah ho tubby	X	1	2		3	6.00	18.00	
64	Ish tah ah	X	1			1	6.00	6.00	
65	In me lah	X	1			1	6.00	6.00	
66	Tow wile	X	1			1	6.00	6.00	
67	Hey yor ca la chah	X	1			1	6.00	6.00	
68	William Brown	X	1			1	6.00	6.00	
69	She wah ha	X	1			1	6.00	6.00	
70	Polly	X		1		1	6.00	6.00	
71	Tah he na la	X	1			1	6.00	6.00	
72	R. J. Humphreys	X	1			1	6.00	6.00	
73	Colberson Harris	X	1			1	6.00	6.00	
74	Ish te ki yo	X	1	1	3	5	6.00	30.00	
75	Russell McKinney	X	1	1		2	6.00	12.00	
76	William Johnston	X	1			1	6.00	6.00	
77	Adam Grey	X	1	1	2	4	6.00	24.00	
78	Tau tubby	X				0	6.00	0.00	
79	Lewis Yern e chit tubby	X	2	1	1	4	6.00	24.00	
80	Im ah hou tubby	X	1		3	4	6.00	24.00	
81	Kah sharply	X	1	1	2	4	6.00	24.00	
82	Syney	X		1	2	3	6.00	18.00	
83	Richmond	X	1	1		2	6.00	12.00	
84	Mish ah lish tubby	X	1	1	5	7	6.00	42.00	
85	Car na lis	X	1	2	5	8	6.00	48.00	
86	Gable	X	1	2	3	6	6.00	36.00	
87	Nah co che	X	1	1		2	6.00	12.00	
88	John Delaware	X	1	1	4	6	6.00	36.00	
89	It til lak wa	X	1	1		2	6.00	12.00	
90	Will	X	1	1		2	6.00	12.00	
91	Coastinay	X	1	1	1	3	6.00	18.00	
92	May hah ya	X		1	2	3	6.00	18.00	
	Amount For'd		83	84	164	331	6.00	1986.00	

1858 Chickasaw Annuity

Number	Capt Hothliche's Company Names	Marks	Males	Females	Children	Total	Amount Per Capita	Amount Total	Remarks
	Amount Bro't For'd		83	84	164	331	6.00	1986.00	
93	Ka le chah	X	1	2		3	6.00	18.00	
94	Ish to yer ho you	X		1	1	2	6.00	12.00	
95	Ah cut chun tubby	X	1	1	4	6	6.00	36.00	
96	Willis Folsom	X	1	1	7	9	6.00	54.00	
97	Pinkney	X		1	2	3	6.00	18.00	
98	Doctor Allan	X	1	1	6	8	6.00	48.00	
99	Tish o hon tubby	X	1	1	7	9	6.00	54.00	
100	Ah pi e chah	X	1	1	6	8	6.00	48.00	
101	Ah lah wa tubby	X	2	1	1	4	6.00	24.00	
102	John E. Anderson	X	1	1	6	8	6.00	48.00	
103	She met tah	X		1	2	3	6.00	18.00	
104	La che	X	1	1	1	3	6.00	18.00	
105	Ah wah lish tubby	X	2	2	3	7	6.00	42.00	
106	Wah ne chah	X	1	2		3	6.00	18.00	
107	Skelton	X	1	1	1	3	6.00	18.00	
108	Daniel Harris	X	1	1		2	6.00	12.00	
109	John Pitchlynn	X	1	1	1	3	6.00	18.00	
110	John Ellis	X	1	1	3	5	6.00	30.00	
111	E lo ma tubby	X	2	1	5	8	6.00	48.00	
112	Thomas Anderson	X	1	1	3	5	6.00	30.00	
113	Lilly	X		4	5	9	6.00	54.00	
114	Millissey	X		1	3	4	6.00	24.00	
115	Marshall	X	1			1	6.00	6.00	
116	Shah co na hah	X		1	3	4	6.00	24.00	
117	Kah nah wa chah	X	1	1		2	6.00	12.00	
118	En cons tiney Doctor	X	1	1		2	6.00	12.00	
119	Aaron Robinson	X	1	1		2	6.00	12.00	
120	Cyrus Harris	X	1	1	4	6	6.00	36.00	
121	William M. Guy	X			1	1	6.00	6.00	
122	Mary Angeline Guy	X			1	1	6.00	6.00	
	Amount For'd		108	117	240	465	6.00	2790.00	

1858 Chickasaw Annuity

Number	Capt Hothliche's Company Names	Marks	Males	Females	Children	Total	Amount Per Capita	Amount Total	Remarks
	Amount Bro't For'd		108	117	240	465	6.00	2790.00	
123	A. M. M. Upshaw	X	1	2	2	5	6.00	30.00	
124	Cheakly	X	2	3	1	6	6.00	36.00	
125	Lilly Wolf	X		1		1	6.00	6.00	
126	Nelson Cheakly	X	1	1		2	6.00	12.00	
127	Robinson Thomas	X	1	1	3	5	6.00	30.00	
128	Levi Thomas Sen'r	X	1	1	4	6	6.00	36.00	
129	John S. Nelson	X	2	1	3	6	6.00	36.00	
130	Slone Thomas	X	1			1	6.00	6.00	
131	Levi Thomas Jr.	X	1			1	6.00	6.00	
132	Charley Thomas	X	1			1	6.00	6.00	
133	Gabriel Thomas	X	1			1	6.00	6.00	
134	William Thomas	X	1			1	6.00	6.00	
135	Tah hah tubby	X	1		3	4	6.00	24.00	
136	Ah took lah che	X	2	3	1	6	6.00	36.00	
137	Pah lah me	X	1			1	6.00	6.00	
138	Pah kan che	X	1	1	4	6	6.00	36.00	
139	William McKinney	X	1	1	1	3	6.00	18.00	
140	Ish tim mah co ye chah	X	2	4	2	8	6.00	48.00	
141	Sophia	X		1	3	4	6.00	24.00	
142	Cheulla Brown	X	1	2	4	7	6.00	42.00	
143	Doctor Unnoyah	X	1	2	4	7	6.00	42.00	
144	Johnson Sealy	X	1			1	6.00	6.00	
145	En huck se tubby	X	1	2		3	6.00	18.00	
146	John Wilson	X	1			1	6.00	6.00	
147	Netuck in che	X	1	3	3	7	6.00	42.00	
148	Simon Sha kin ha	X	1	1	1	3	6.00	18.00	
149	Che ho tubby	X	1	1	2	4	6.00	24.00	
150	Ellah ik sar che	X	1	2	2	5	6.00	30.00	
151	James Gamble	X	1	1	2	4	6.00	24.00	
152	Eliza J. Guy	X		1		1	6.00	6.00	
	Amount For'd		139	152	285	576	6.00	3456.00	

1858 Chickasaw Annuity

Number	Capt Hothliche's Company Names	Marks	Males	Females	Children	Total	Amount Per Capita	Amount Total	Remarks
	Amount Bro't For'd		139	152	285	576	6.00	3456.00	
153	Serina J. Guy	X			4	4	6.00	24.00	
154	David Sealy	X			1	1	6.00	6.00	
155	T. Colbert	X	1		2	3	6.00	18.00	
156	Phillip	X	1			1	6.00	6.00	
157	Thomas Parch	X	1			1	6.00	6.00	
158	H. Pratt	X	1	1	5	7	6.00	42.00	
159	Louise Perry & Brother	X		1	1	2	6.00	12.00	
160	Sanders Wright	X	1	1	3	5	6.00	30.00	
161	Chun mash te	X	1	1	2	4	6.00	24.00	
162	Joshua	X	1	1	2	4	6.00	24.00	
163	Um mah lilly	X	1	1	5	7	6.00	42.00	
164	Shim i a py	X		1	4	5	6.00	30.00	
165	Chick il ho ya	X		1	2	3	6.00	18.00	
166	Tip po ni ya and Mother	X	1	1	2	4	6.00	24.00	
167	Ahart	X	1			1	6.00	6.00	
168	To che ya	X	1			1	6.00	6.00	
169	E ah corn by	X	1	1	3	5	6.00	30.00	
170	She hoady	X		1	6	7	6.00	42.00	
171	Pah me che	X	1			1	6.00	6.00	
172	In no ki che	X	1	1	6	8	6.00	48.00	
173	Pah yo key	X	1	1	2	4	6.00	24.00	
174	Tah ye	X		1	2	3	6.00	18.00	
175	Shah cho mi che	X	1	1	6	8	6.00	48.00	
176	Lewis	X	1			1	6.00	6.00	
177	Shim mut te chah	X		1	1	2	6.00	12.00	
178	Garland	X	1	1	6	8	6.00	48.00	
179	Elijah	X	1			1	6.00	6.00	
180	Syney	X		1	2	3	6.00	18.00	
181	William Simpson	X	1			1	6.00	6.00	
182	Fall ho key	X		1		1	6.00	6.00	
	Amount For'd		159	171	352	682	6.00	4092.00	

1858 Chickasaw Annuity

Number	Capt Hothliche's Company Names	Marks	Males	Females	Children	Total	Amount Per Capita	Amount Total	Remarks
	Amount Bro't For'd		159	171	352	682	6.00	4092.00	
183	Zachariah Colbert	X	1	1	1	3	6.00	18.00	
184	Sampson Folsom	X	1	1	6	8	6.00	48.00	
185	H. N. Folsom	X			2	2	6.00	12.00	
186	Saymy	X		1	3	4	6.00	24.00	
187	Ah wil le na cha	X	1	1	4	6	6.00	36.00	
188	Mi mey	X		1	4	5	6.00	30.00	
189	Ish ho yon ney	X		1	1	2	6.00	12.00	
190	Tah ho coneby and Brother	X	1		1	2	6.00	12.00	
191	Te cum sey	X	1			1	6.00	6.00	
192	Harrison	X	1	1	2	4	6.00	24.00	
193	Kai che him mah	X		1	5	6	6.00	36.00	
194	Um mo sho tubby	X	1			1	6.00	6.00	
195	Ish tim ah li ky	X		1	1	2	6.00	12.00	
196	Nathaniel Folsom	X	1			1	6.00	6.00	
197	Ebenezer Pitchlynn	X	1			1	6.00	6.00	
198	William Goforth	X	1			1	6.00	6.00	
199	Solomon Goforth	X	1			1	6.00	6.00	
200	Susan McCoy	X		1	5	6	6.00	36.00	
201	Nancy Smallwood	X			4	4	6.00	24.00	
202	Melvina Goforth	X		1	5	6	6.00	36.00	
203	il lah tookey	X	1			1	6.00	6.00	
204	Susan Jones	X		1	2	3	6.00	18.00	
205	Che mah la ho key	X				0	6.00	0.00	
206	Bennett Williams	X		1	4	5	6.00	30.00	
207	Ah took lan tubby	X	1	1	9	11	6.00	66.00	
208	J. A. N. Murray	X		2	2	4	6.00	24.00	
209	Har ne ley	X		1	2	3	6.00	18.00	
210	Ok lah che ah tubby	X	1		2	3	6.00	18.00	
211	Ul lut to ho yo	X		1	1	2	6.00	12.00	
212	Tah ne tubby	X			4	4	6.00	24.00	
	Amount For'd		173	189	422	784	6.00	4704.00	

1858 Chickasaw Annuity

Number	Capt Hothliche's Company Names	Marks	Males	Females	Children	Total	Amount Per Capita	Amount Total	Remarks
	Amount Bro't For'd		173	189	422	784	6.00	4704.00	
213	Hollis	X			1	1	6.00	6.00	
214	Isam May tubby	X	1	1	6	8	6.00	48.00	
215	En lush tubby	X	1			1	6.00	6.00	
216	Oke lah no ubby	X	1			1	6.00	6.00	
217	Sillis	X		1		1	6.00	6.00	
218	Rhoda Nelson	X				0	6.00	0.00	
219	Barnett Davenport	X				0	6.00	0.00	
220	Lucy	X		1	1	2	6.00	12.00	
221	Kubby	X	1	1	6	8	6.00	48.00	
222	Vine	X		1	1	2	6.00	12.00	
223	Gillum Moore	X	1			1	6.00	6.00	
224	Selina Oxberry	X		1	2	3	6.00	18.00	
225	Calvin Duncan	X	1			1	6.00	6.00	
226	James Petigrove	X	1	2	4	7	6.00	42.00	
227	Im mi nubby	X	2	1		3	6.00	18.00	
228	Elo co wak	X	1	1	1	3	6.00	18.00	
229	Kah nah ho yea	X		1	3	4	6.00	24.00	
230	Im map no yah	X	2	2	4	8	6.00	48.00	
231	Slone Hawkins	X	2	2		4	6.00	24.00	
232	Elious Hawkins	X	2	2	2	6	6.00	36.00	
233	Fo cho ho yea	X		1	1	2	6.00	12.00	
234	Jefferson Pitchlynn	X	1			1	6.00	6.00	
235	Fal loo te chah	X	2			2	6.00	12.00	
236	Green Thompson	X	1			1	6.00	6.00	
237	Doct Thompson	X	1			1	6.00	6.00	
238	William Bratton	X	2	2		4	6.00	24.00	
239	William Scott	X	1			1	6.00	6.00	
240	Kah nah ho tubby	X	1	1	3	5	6.00	30.00	
241	Bob Wilson	X	3	2		5	6.00	30.00	
242	Robinson Chenuette	X	1	1	2	4	6.00	24.00	
	Amount For'd		202	213	459	874	6.00	5244.00	

1858 Chickasaw Annuity

Number	Capt Hothliche's Company Names	Marks	Males	Females	Children	Total	Amount Per Capita	Amount Total	Remarks
	Amount Bro't For'd		202	213	459	874	6.00	5244.00	
243	Bob (half Creek)	X	1			1	6.00	6.00	
244	Lucy Long	X		1	3	4	6.00	24.00	
245	Che mah la ho key	X		1	8	9	6.00	54.00	
246	Sam Allan's Children	X			6	6	6.00	36.00	
247	John Bryant	X	1			1	6.00	6.00	
248	Mah tah ho yea	X		1	2	3	6.00	18.00	
249	George Moore	X	1			1	6.00	6.00	
250	Caroline Colbert	X		1	3	4	6.00	24.00	
251	Pis hah hon tubbee	X	3	4		7	6.00	42.00	
252	Ah yah hon ta tubbee	X	2	3		5	6.00	30.00	
253	Robert Colbert	X	1		4	5	6.00	30.00	
254	Doctor Murray's Child	X			1	1	6.00	6.00	
255	Susan Walker	X		1	2	3	6.00	18.00	
256	Peter Courtney's Child	X			1	1	6.00	6.00	
257	Adam Grey	X			1	1	6.00	6.00	
258	Siney (Near Doaksville)	X			1	1	6.00	6.00	
259	Dan'l Harris' Grand Children	X			3	3	6.00	18.00	
260	Sam'l Colbert	X	1	1	7	9	6.00	54.00	
261	Susan Colbert	X		2	2	4	6.00	24.00	
262	James Colbert	X	1	1	3	5	6.00	30.00	
	Total		213	229	506	948	6.00	5688.00	

1858 Chickasaw Annuity

Number	Capt G. D. James' Company Names	Marks	Males	Females	Children	Total	Amount Per Capita	Amount Total	Remarks
1	Captain G. D. James	X	1	2	3	6	6.00	36.00	
2	Samuel Colbert	X	1	1	3	5	6.00	30.00	
3	Col. E. Pickens	X	1	1	3	5	6.00	30.00	
4	Morgan Petigrove	X	1	1	5	7	6.00	42.00	
5	Johnson Pickens	X	1	1	3	5	6.00	30.00	
6	David Pickens	X	1	2		3	6.00	18.00	
7	Hetty Folsom	X		1	1	2	6.00	12.00	
8	In tok loyo Urinoyer	X	2	2	8	12	6.00	72.00	
9	C. S. Love	X	1	1	4	6	6.00	36.00	
10	Robt Love	X	1	2	2	5	6.00	30.00	
11	Thomas Mitchell	X	2	1	1	4	6.00	24.00	
12	Jane Bean	X		1	2	3	6.00	18.00	
13	James Boyd	X	1	2	6	9	6.00	54.00	
14	Jasey	X	1	1	2	4	6.00	24.00	
15	I ah hun ta	X	1	2	4	7	6.00	42.00	
16	John Hardwick	X		1	3	4	6.00	24.00	
17	Shuck rir key	X		1	4	5	6.00	30.00	
18	Tier sey	X		1	2	3	6.00	18.00	
19	George Towers	X	1	1	2	4	6.00	24.00	
20	Daniels	X	1			1	6.00	6.00	
21	On tai yubby	X	1	2	6	9	6.00	54.00	
22	Tish as yo tubby	X	2	2	5	9	6.00	54.00	
23	Henry Toombs	X	1	1		2	6.00	12.00	
24	Tash kut tubby	X	1	1	4	6	6.00	36.00	
25	Reuben Folsom	X	1	1	4	6	6.00	36.00	
26	Thomas Boyd	X	3			3	6.00	18.00	
27	Fah lah mush tubby	X	1	1	3	5	6.00	30.00	
28	Ah la tuuk ubby	X	1	1	2	4	6.00	24.00	
29	Feline	X				0	6.00	0.00	
30	Il lap tiook bah	X	1	1		2	6.00	12.00	
31	Ok loo harsh tubby	X	1	1	5	7	6.00	42.00	
32	Opi uash tubby	X	1	1	1	3	6.00	18.00	
33	Overton Keel	X	1	1	1	3	6.00	18.00	
34	Ebah choke wah tubby	X	1	1	8	10	6.00	60.00	
35	I yen ne yah	X	1	1	2	4	6.00	24.00	
36	Ir nok wah ik sho kit tubby	X	1	1	3	5	6.00	30.00	
	Amount For'd		35	41	102	178	6.00	1068.00	

1858 Chickasaw Annuity

Number	Capt G. D. James' Company Names	Marks	Males	Females	Children	Total	Amount Per Capita	Amount Total	Remarks
	Amount Bro't For'd		35	41	102	178	6.00	1068.00	[NOTE: Totals are incorrect]
37	Thomas Benton	X	1	1	1	3	6.00	18.00	[for this roll -- K.M.A]
38	E min te tubby	X	1	2	2	5	6.00	30.00	
39	Palumma	X	1	1		2	6.00	12.00	
40	Pal kah	X	1	1	2	4	6.00	24.00	
41	Ho gan to nah	X	2	2	2	6	6.00	36.00	
42	Adam Jimmy	X	3	4	11	18	6.00	108.00	
43	Ah bah nup lit tubby	X	1	1	3	5	6.00	30.00	
44	Wilson Hawkins	X	2	2	2	6	6.00	36.00	
45	Hi a cher	X	1	1	2	4	6.00	24.00	
46	Ki o mo ter	X	1	1	1	3	6.00	18.00	
47	El lim hin chi	X	1	2	3	6	6.00	36.00	
48	Bob Wilson					0	6.00	0.00	
49	Chi hin	X	1	2	2	5	6.00	30.00	
50	Ak yam bi	X	1	1	4	6	6.00	36.00	
51	Mar to ho yea	X		1	1	2	6.00	12.00	
52	Wilson & Sho ir key	X	2	2	3	7	6.00	42.00	
53	William Sealy	X	1	1	2	4	6.00	24.00	
54	Theodore Sealy	X	1	1	2	4	6.00	24.00	
55	James H. Willis	X	4	4	7	15	6.00	90.00	
56	William Bourland	X	1	1	2	4	6.00	24.00	
57	Ben McLaughlin	X	1	1	3	5	6.00	30.00	
58	Ed McLaughlin	X	1	1		2	6.00	12.00	
59	Isaac Cardell	X		1	1	2	6.00	12.00	
60	L. L. Brown	X	1	2	5	8	6.00	48.00	
61	Mrs. E. E. Fletcher	X		1		1	6.00	6.00	
62	E shar tubby	X	1	2	4	7	6.00	42.00	
63	Nah po wai ter	X	1	1	3	5	6.00	30.00	
64	Nah wan tubby	X	2	2	3	7	6.00	42.00	
65	Fillater	X	1	1	1	3	6.00	18.00	
66	Cowain	X	1			1	6.00	6.00	
	Amount For'd		70	83	175	331	6.00	1986.00	

1858 Chickasaw Annuity

Number	Capt G. D. James' Company Names	Marks	Males	Females	Children	Total	Amount Per Capita	Amount Total	Remarks
	Amount Bro't For'd		70	83	175	331	6.00	1986.00	
67	Taih subby	X	1	1	3	5	6.00	30.00	
68	Tinneyea	X		1	3	4	6.00	24.00	
69	Il lai yah ty	X	2	2	6	10	6.00	60.00	
70	Simon James	X	1	1	1	3	6.00	18.00	
71	Thlup o ni yea	X	1	1	7	9	6.00	54.00	
72	Jefferson	X	1	2	6	9	6.00	54.00	
73	Giffy	X	1	1	2	4	6.00	24.00	
74	Rosanna Coyle	X	1	1	5	7	6.00	42.00	
75	Rachel Newberry	X		2	5	7	6.00	42.00	
76	Wah ho nubby	X		1	2	3	6.00	18.00	
77	Charlin Colbert	X	2	1	1	4	6.00	24.00	
78	Dr. Nu sa ker	X	1	1	1	3	6.00	18.00	
79	Polly	X		1	2	3	6.00	18.00	
80	D. Burney	X	1	1	7	9	6.00	54.00	
81	Booker James	X	1	1		2	6.00	12.00	
82	Eno ki che	X	1			1	6.00	6.00	
83	Tish ish tai yer	X	1	1		2	6.00	12.00	
84	Shar chi mi chy	X	1			1	6.00	6.00	
85	Jas. King	X	1	1	1	3	6.00	18.00	
86	Nous tok cher	X	1	1	3	5	6.00	30.00	
87	Bob Ned	X	1	1	4	6	6.00	36.00	
88	E bah yo nah	X	2	2	2	6	6.00	36.00	
89	Tash killo	X	1	2	1	4	6.00	24.00	
90	Ah fah mo tubby	X	1	1	3	5	6.00	30.00	
91	Capt. Parker	X	1	2	4	7	6.00	42.00	
92	Jas. T. Gaines	X	1	1	2	4	6.00	24.00	
93	Billy	X	1	1		2	6.00	12.00	
94	Ish fal la mah	X	1	1	2	4	6.00	24.00	
95	Ahah cho mi chi	X	1	1	4	6	6.00	36.00	
96	Americus Oxberry	X	1			1	6.00	6.00	
	Amount For'd		99	116	255	470	6.00	2820.00	

1858 Chickasaw Annuity

Number	Capt G. D. James' Company Names	Marks	Males	Females	Children	Total	Amount Per Capita	Amount Total	Remarks
	Amount Bro't For'd		99	116	255	470	6.00	2820.00	
97	Tah pa ler	X	1			1	6.00	6.00	
98	Pos took cha yer	X	1	1	6	8	6.00	48.00	
99	B. F. Allan	X	1	1	2	4	6.00	24.00	
100	Mrs. Choat	X		1		1	6.00	6.00	
101	Jane Grant	X		1	2	3	6.00	18.00	
102	G. A. Criner	X	1	1	3	5	6.00	30.00	
103	Joseph Colbert	X	2	2	3	7	6.00	42.00	
104	Nelly Dyer	X		1		1	6.00	6.00	
105	Nelly Tautubby	X	1	2	4	7	6.00	42.00	
106	Wash shi Kinneys' Son					0	6.00	0.00	
107	Charles Percy	X	1	1	1	3	6.00	18.00	
108	Susan Burney	X		1		1	6.00	6.00	
109	Susan Leflore	X		1	2	3	6.00	18.00	
110	Ellen Wilson	X		1		1	6.00	6.00	
111	Jane Wilson	X		1	2	3	6.00	18.00	
112	Anna Cavender	X		1	1	2	6.00	12.00	
113	Vina Bonds	X		1	4	5	6.00	30.00	
114	R. B. Willis	X			2	2	6.00	12.00	
115	Davis James' 2 Sons	X			2	2	6.00	12.00	
116	Tich bah yut tubby	X	1	1	5	7	6.00	42.00	
117	Ah char kah lish tubby	X	1	2	7	10	6.00	60.00	
118	Pulh kit tubby	X	1	1		2	6.00	12.00	
119	Gilbert Newberry	X	1	2	2	5	6.00	30.00	
120	Jimson Fraizer	X	1	1	2	4	6.00	24.00	
121	E na to wa	X	1	1	6	8	6.00	48.00	
122	Ah fal lah mo tubby	X	1	1	2	4	6.00	24.00	
123	Elizabeth Albertson	X		1	1	2	6.00	12.00	
124	Hi ton tubby	X	1	1	2	4	6.00	24.00	
125	To wah to lee cher	X	2	2	2	6	6.00	36.00	
126	Charles McGee	X	1			1	6.00	6.00	
	Amount For'd		118	146	318	582	6.00	3492.00	

1858 Chickasaw Annuity

Number	Capt G. D. James' Company Names	Marks	Males	Females	Children	Total	Amount Per Capita	Amount Total	Remarks
	Amount Bro't For'd		118	146	318	582	6.00	3492.00	
127	John Foster	X	1	1		2	6.00	12.00	
128	Robert Turnbull	X		1	6	7	6.00	42.00	
129	Smith Paul	X	2	1	3	6	6.00	36.00	
130	Thomas Wade or Waite	X	1	1	2	4	6.00	24.00	
131	J. Bussell	X	1	1	1	3	6.00	18.00	
132	Hash am by	X	1	1	2	4	6.00	24.00	
133	Wan key	X	1			1	6.00	6.00	
134	Josiah Brown	X	1	1	1	3	6.00	18.00	
135	John Rule	X	1			1	6.00	6.00	
136	Jonathan Nail	X	1	1	1	3	6.00	18.00	
137	Capt. Ho yubby	X	1	1	8	10	6.00	60.00	
138	Nitter he cher	X	1			1	6.00	6.00	
139	Morgan Robinson	X	1			1	6.00	6.00	
140	Po nia cher Perkins	X	1	1		2	6.00	12.00	
141	Shah tah wa	X	1	1	1	3	6.00	18.00	
142	James Lowry	X	1		3	4	6.00	24.00	
143	James Porter	X	1	1	1	3	6.00	18.00	
144	Sho mi yea	X		1	2	3	6.00	18.00	
145	Ke to yea	X		1	1	2	6.00	12.00	
146	John Porter	X	1	1	1	3	6.00	18.00	
147	Thomas Miller	X	1		3	4	6.00	24.00	
148	Anderson Porter	X	1			1	6.00	6.00	
149	Robert Carney	X	1	1	2	4	6.00	24.00	
150	Pa lais lubby	X	1	1	1	3	6.00	18.00	
151	John E wah tubby	X	1			1	6.00	6.00	
152	Jackson Perry	X	1	1	1	3	6.00	18.00	
153	Meer ne cher	X		1		1	6.00	6.00	
154	Un ne cher	X	1	1	4	6	6.00	36.00	
155	Im mo nubby	X	1	1	2	4	6.00	24.00	
156	Sam Sealy	X	1	1	1	3	6.00	18.00	
	Amount For'd		145	168	365	678	6.00	4068.00	

1858 Chickasaw Annuity

Number	Capt G. D. James' Company Names	Marks	Males	Females	Children	Total	Amount Per Capita	Amount Total	Remarks
	Amount Bro't For'd		145	168	365	678	6.00	4068.00	
157	Ah no la tubby	X	1	1	1	3	6.00	18.00	
158	Ah took o nubby	X	1		4	5	6.00	30.00	
159	Wash	X	1			1	6.00	6.00	
160	Ful ho key	X		1	5	6	6.00	36.00	
161	Ah kutch it tubby	X	1	1	3	5	6.00	30.00	
162	Marshall Colbert	X	1	1	1	3	6.00	18.00	
163	Sampson Carney	X	1			1	6.00	6.00	
164	O nah te	X		1	2	3	6.00	18.00	
165	El lah fin ha	X	1	1	5	7	6.00	42.00	
166	She nah ha	X	1			1	6.00	6.00	
167	Ter wil lais tubby	X	1	1	3	5	6.00	30.00	
168	On te mi yea	X		1	2	3	6.00	18.00	
169	She wan ni yea	X		1	4	5	6.00	30.00	
170	Ah co ys ho key	X		1	4	5	6.00	30.00	
171	E la ye mi tubby	X	1			1	6.00	6.00	
172	She ho tar key	X	1			1	6.00	6.00	
173	McKinney	X	1			1	6.00	6.00	
174	Ul lo co ky	X	1			1	6.00	6.00	
175	Nick ka	X	1			1	6.00	6.00	
176	Tar yait tubby	X	1			1	6.00	6.00	
177	Hun nub by	X	1	1	2	4	6.00	24.00	
178	Carmin Mon ter	X	1	2	6	9	6.00	54.00	
179	Hi yo che tubby	X	1		3	4	6.00	24.00	
180	E bar yuk lut tubby	X	1		3	4	6.00	24.00	
181	Elth co chy	X	1	1	1	3	6.00	18.00	
182	La tow a ky	X	1	1	2	4	6.00	24.00	
183	I yer ho ker tubby	X	1	1	3	5	6.00	30.00	
184	Sirmme	X	1	1	2	4	6.00	24.00	
185	Puck nut tubby	X	1	1	4	6	6.00	36.00	
186	Carmon	X	1			1	6.00	6.00	
	Amount For'd		170	186	425	781	6.00	4686.00	

1858 Chickasaw Annuity

Number	Capt G. D. James' Company Names	Marks	Males	Females	Children	Total	Amount Per Capita	Amount Total	Remarks
	Amount Bro't For'd		170	186	425	781	6.00	4686.00	
187	Keyubby	X	1	1	3	5	6.00	30.00	
188	Tum mi tubby	X	1	1	1	3	6.00	18.00	
189	Turner	X	1	1	3	5	6.00	30.00	
190	Rabon	X	1			1	6.00	6.00	
191	Charles Strickland	X	1	1		2	6.00	12.00	
192	J. R. Strickland	X	1	1		2	6.00	12.00	
193	Ah hin ner che tubby	X	1	1	7	9	6.00	54.00	
194	Ish te fi a key	X		1	2	3	6.00	18.00	
195	Un hais tubby	X	1	1	4	6	6.00	36.00	
196	Wiley Sealy	X	1	1	1	3	6.00	18.00	
197	Billy Eays	X	1	1	1	3	6.00	18.00	
198	Jesse	X	1	1	2	4	6.00	24.00	
199	Sho wa ky	X	1			1	6.00	6.00	
200	Willy	X	1			1	6.00	6.00	
201	Ah noak che tubby	X	1	1	5	7	6.00	42.00	
202	Shar wah no chubby	X	1			1	6.00	6.00	
203	Cassy Henry	X		1	3	4	6.00	24.00	
204	Jackson	X	1			1	6.00	6.00	
205	Cin ne wak	X	1	1	2	4	6.00	24.00	
206	Molly	X		1	1	2	6.00	12.00	
207	Ish to ko no tubby	X	1	1	4	6	6.00	36.00	
208	Ish ter yer ho yo	X		1	1	2	6.00	12.00	
209	James Oxberry	X	1	1		2	6.00	12.00	
210	To wah tubby	X	1	1	2	4	6.00	24.00	
211	Ish mi ut tubby	X	1	1	2	4	6.00	24.00	
212	Simon Wolf	X	1	2	3	6	6.00	36.00	
213	Ah thla po yer har cho	X	1	1	10	12	6.00	72.00	
214	Abel Sealy	X	1	1	4	6	6.00	36.00	
215	Levi Sealy	X	1			1	6.00	6.00	
216	Silvey Sealy	X		1	1	2	6.00	12.00	
	Amount For'd		195	211	487	893	6.00	5358.00	

1858 Chickasaw Annuity

Number	Capt G. D. James' Company Names	Marks	Males	Females	Children	Total	Amount Per Capita	Amount Total	Remarks
	Amount Bro't For'd		195	211	487	893	6.00	5358.00	
217	Armstrong	X	1			1	6.00	6.00	
218	Molsy	X		1	3	4	6.00	24.00	
219	Ne ca pow a	X	1	1	3	5	6.00	30.00	
220	John Bull	X	1	1	4	6	6.00	36.00	
221	Uppales	X	1	1	8	10	6.00	60.00	
222	Mitchell Jefferson	X	1			1	6.00	6.00	
223	Tecum seh Jefferson	X	1	1	3	5	6.00	30.00	
224	Abel Jefferson	X	1			1	6.00	6.00	
225	Robert Kemp	X	1	1	3	5	6.00	30.00	
226	Lily	X		1	4	5	6.00	30.00	
227	Arthur Gillchrist	X	1	1	1	3	6.00	18.00	
228	Ah tith thla fubby	X	1	1	4	6	6.00	36.00	
229	Ish tun nubby	X	1	1	1	3	6.00	18.00	
230	Ebar fron ker	X	1			1	6.00	6.00	
231	N. Colbert	X	1		1	2	6.00	12.00	
232	Ahu tubby	X	1		5	6	6.00	36.00	
233	Shin ti e cher	X		1	1	2	6.00	12.00	
234	E fah lar mer	X		1		1	6.00	6.00	
235	James Hicho chia	X	1	1		2	6.00	12.00	
236	Martha Ann	X		1	3	4	6.00	24.00	
237	Oliver Perry	X	1			1	6.00	6.00	
238	Elizabeth Greirson	X		1	3	4	6.00	24.00	
239	Stephen Perry	X	1			1	6.00	6.00	
240	Isaac Perry	X	1			1	6.00	6.00	
241	Molly Ainsworth	X		1		1	6.00	6.00	
242	Walton James	X	1			1	6.00	6.00	
243	Eliza Spring	X		1	9	10	6.00	60.00	
244	Mary Moncrief	X		1	8	9	6.00	54.00	
245	Johnson Perry	X	1	1	2	4	6.00	24.00	
246	On ni yea	X		1	2	3	6.00	18.00	
	Amount For'd		215	231	555	1001	6.00	6006.00	

1858 Chickasaw Annuity

Number	Capt G. D. James' Company Names	Marks	Males	Females	Children	Total	Amount Per Capita	Amount Total	Remarks
	Amount Bro't For'd		215	231	555	1001	6.00	6006.00	
247	David Colbert	X	1			1	6.00	6.00	
248	Miney	X		1	3	4	6.00	24.00	
249	Solomon Ah no la tubby	X	1	1	4	6	6.00	36.00	
250	David Locklyn	X	1			1	6.00	6.00	
251	Nancy Shopick	X		1	1	2	6.00	12.00	
252	Daniel Davis					0	6.00	0.00	
253	Eastman Frazier	X	1			1	6.00	6.00	
254	Mollis Jones	X			1	1	6.00	6.00	
255	Susan Wade	X		1	2	3	6.00	18.00	
256	Pul lin ney	X	1			1	6.00	6.00	
257	Robert Peirson	X	1			1	6.00	6.00	
258	Is tim ah tok ah	X	1			1	6.00	6.00	
259	Chick ash ah chi	X				0	6.00	0.00	
260	James Porter	X	2	1		3	6.00	18.00	
261	J. Bussell (Child)	X			1	1	6.00	6.00	
262	Ah chah ka lish tubby	X			1	1	6.00	6.00	
263	Ah fa la mo tubby	X			1	1	6.00	6.00	
264	Anna Wade	X		1	1	2	6.00	12.00	
265	Un onah tubby	X	1	1	3	5	6.00	30.00	
266	Pullar					0	6.00	0.00	
267	Un na cher	X			1	1	6.00	6.00	
268	Im mo nubby	X			1	1	6.00	6.00	
269	Fin ma tubby	X			1	1	6.00	6.00	
270	Tah pa ler	X	1			1	6.00	6.00	
271	E fah la mer's Wife & Mother	X		1	1	2	6.00	12.00	
272	Mary	X		1		1	6.00	6.00	
273	Mak tah ho yea's Child	X			1	1	6.00	6.00	
274	Capt. Mo sai che	X	1	2	2	5	6.00	30.00	
275	Ah hoek to nubbee	X	1	1	4	6	6.00	36.00	
276	Eb bah ai yah	X	2	1	4	7	6.00	42.00	
	Amount For'd		230	244	588	1062	6.00	6372.00	

1858 Chickasaw Annuity

Number	Capt G. D. James' Company Names	Marks	Males	Females	Children	Total	Amount Per Capita	Amount Total	Remarks
	Amount Bro't For'd		230	244	588	1062	6.00	6372.00	
277	Mar ka ho yo	X		1	3	4	6.00	24.00	
278	Po chee	X	1		2	3	6.00	18.00	
279	Willie	X	1			1	6.00	6.00	
280	Watta	X	1			1	6.00	6.00	
281	Er lar po nubbee	X	1		2	3	6.00	18.00	
282	I yut tam bee	X	1	1		2	6.00	12.00	
283	Pi sar muck in tubbee	X	1	1	2	4	6.00	24.00	
284	Kerya chee	X		2	2	4	6.00	24.00	
285	On ner hun tubbee	X	1			1	6.00	6.00	
286	Anderson Miller	X	1			1	6.00	6.00	
287	Wilson Colbert	X	1	2	1	4	6.00	24.00	
288	Im mut toon tubbee	X	1			1	6.00	6.00	
289	James Cheadle	X	1			1	6.00	6.00	
290	I kar ne yah	X	1	2		3	6.00	18.00	
291	I kil lo ke tubbee	X	1			1	6.00	6.00	
292	Hlar ka fin tubbee	X	1	1	3	5	6.00	30.00	
293	In mar char tubbee	X	1			1	6.00	6.00	
294	Shuck hul kee	X	1	3	4	8	6.00	48.00	
295	Sar unt cher	X		2	5	7	6.00	42.00	
296	Kar ho kee	X		2	1	3	6.00	18.00	
297	Ish tun mucker	X		1	1	2	6.00	12.00	
298	Nyco Colbert	X	1	1		2	6.00	12.00	
299	Morgan Colbert	X	1		1	2	6.00	12.00	
300	Davison Wesley	X	1	1	1	3	6.00	18.00	
301	Ish mar tubbee	X	1	1		2	6.00	12.00	
302	Luh mer	X	1			1	6.00	6.00	
303	Ar sho lish tubbee	X	1			1	6.00	6.00	
304	Kar lush	X	1			1	6.00	6.00	
305	Icy	X		1		1	6.00	6.00	
306	Ish te cuck er	X	2		2	4	6.00	24.00	
	Amount For'd		255	266	618	1139	6.00	6834.00	

1858 Chickasaw Annuity

Number	Capt G. D. James' Company Names	Marks	Males	Females	Children	Total	Amount Per Capita	Amount Total	Remarks
	Amount Bro't For'd		255	266	618	1139	6.00	6834.00	
307	Luk mu tubbee	X	1	1	2	4	6.00	24.00	
308	Shum he kee	X		1	1	2	6.00	12.00	
309	Out he ke yut tubbee	X	1	1		2	6.00	12.00	
310	Ho tai chee	X	1		2	3	6.00	18.00	
311	Ish mul la tubbee	X	1		2	3	6.00	18.00	
312	Musko gee's Children	X			3	3	6.00	18.00	
313	Im mer hin ner	X	1	1	4	6	6.00	36.00	
314	Walden	X	1			1	6.00	6.00	
315	Oak lar kin tubbee	X	1			1	6.00	6.00	
316	Che par nee	X	1			1	6.00	6.00	
317	Kar nim o nubbee	X	1	1	4	6	6.00	36.00	
318	Capr. Jno. Riddle's family	X			6	6	6.00	36.00	
319	Thomas Hare	X	1	1	2	4	6.00	24.00	
320	Kin hih chee	X	1	1	3	5	6.00	30.00	
321	Hush kutch ubbee	X	1			1	6.00	6.00	
322	We har ye nubbee	X	1	1	4	6	6.00	36.00	
323	Ish tero oner har ya	X		1	2	3	6.00	18.00	
324	Chuf fret tano bee	X	1	1	3	5	6.00	30.00	
325	Uk il lo hee	X		1	2	3	6.00	18.00	
326	Carman	X	2	1	2	5	6.00	30.00	
327	Benjamin Harkin	X	1	1	3	5	6.00	30.00	
328	Sloan C. William	X	1	1	2	4	6.00	24.00	
329	George Washington	X	2	2	3	7	6.00	42.00	
330	Joseph Dunford	X	1			1	6.00	6.00	
331	Kitty Kincade	X		1	1	2	6.00	12.00	
332	She mah ho ke	X		1	3	4	6.00	24.00	
333	George Brown	X	1			1	6.00	6.00	
334	Reuben James	X	1	1	5	7	6.00	42.00	
335	Joseph James	X	1			1	6.00	6.00	
336	Ubbut he kah	X	1	1	2	4	6.00	24.00	
	Amount For'd		280	286	678	1244	6.00	7464.00	

1858 Chickasaw Annuity

Number	Capt G. D. James' Company Names	Marks	Males	Females	Children	Total	Amount Per Capita	Amount Total	Remarks
	Amount Bro't For'd		280	286	678	1244	6.00	7464.00	
337	Jarvis Wright	X	1	1	1	3	6.00	18.00	
338	Hiram Pitchlynn	X	1			1	6.00	6.00	
339	Tar lar mo tubbee	X	1		3	4	6.00	24.00	
340	Pitman Harland	X			1	1	6.00	6.00	
341	Ul lar wa chee	X		1	3	4	6.00	24.00	
342	Leyo ta	X		1	3	4	6.00	24.00	
343	Pis sar he chubbee	X	3	2	4	9	6.00	54.00	
344	He le to ner	X		1	4	5	6.00	30.00	
345	Judy	X		1	1	2	6.00	12.00	
346	Alfred	X	1			1	6.00	6.00	
347	Tush shau cher	X	1			1	6.00	6.00	
348	Te ho tubbee	X	1			1	6.00	6.00	
349	She tah we	X	1			1	6.00	6.00	
350	She mo tai ya cher	X		1	5	6	6.00	36.00	
351	Jackson Conoway	X	1	1	5	7	6.00	42.00	
352	Silvy	X		1	5	6	6.00	36.00	
353	Ewen Moore	X	1	1	1	3	6.00	18.00	
354	Kar tar po tubbee	X	1		1	2	6.00	12.00	
355	Oak lar dhin tubbee	X	1	1	1	3	6.00	18.00	
356	O nar ya	X		2	1	3	6.00	18.00	
357	She he cher	X		1	2	3	6.00	18.00	
358	Em me shit tubbee	X	1			1	6.00	6.00	
359	Lidy	X		1	1	2	6.00	12.00	
360	Siny	X		1	1	2	6.00	12.00	
361	Hicher	X	1	1	3	5	6.00	30.00	
362	Cob	X	1	1		2	6.00	12.00	
363	Iky	X		1	2	3	6.00	18.00	
364	Nust oak chubby	X	1			1	6.00	6.00	
365	Tar far mo tubby	X	2	1		3	6.00	18.00	
366	Sealy Folsom	X		1	3	4	6.00	24.00	
	Amount For'd		300	308	729	1337	6.00	8022.00	

1858 Chickasaw Annuity

Number	Capt G. D. James' Company Names	Marks	Males	Females	Children	Total	Amount Per Capita	Amount Total	Remarks
	Amount Bro't For'd		300	308	729	1337	6.00	8022.00	
367	Hetty Folsom	X		1	1	2	6.00	12.00	
368	Liza	X		1	1	2	6.00	12.00	
369	Milsy	X		2	1	3	6.00	18.00	
370	John Ellis	X	1	3	2	6	6.00	36.00	
371	Wilson Miller	X	1	1	2	4	6.00	24.00	
372	Siney Pickens	X	1	1	1	3	6.00	18.00	
373	Dixon Ward	X			1	1	6.00	6.00	
374	Pasubbee	X	1			1	6.00	6.00	
375	Johnson Pasubbee	X	1	1		2	6.00	12.00	
376	Susan Turnbull	X		1		1	6.00	6.00	
377	Mullee	X		1	1	2	6.00	12.00	
378	Margaret Murray	X		1	1	2	6.00	12.00	
379	Dorothy Neel	X		1	4	5	6.00	30.00	
380	In keen neah he mah	X		1	1	2	6.00	12.00	
381	Yim me	X		1		1	6.00	6.00	
382	Ish ful lah mah	X	1			1	6.00	6.00	
	Total		306	324	745	1375	6.00	8250.00	

1858 Chickasaw Annuity

Number	Capt Ned's Company Names	Marks	Males	Females	Children	Total	Amount Per Capita	Amount Total	Remarks
1	Captain Ned	X	1	1	2	4	6.00	24.00	
2	Pas ubby	X	1	1	4	6	6.00	36.00	
3	Wm. Cravatt	X	1	1	3	5	6.00	30.00	
4	James Patterson	X	1	1	5	7	6.00	42.00	
5	Eliza Daily	X		1	1	2	6.00	12.00	
6	Tone	X	1		3	4	6.00	24.00	
7	Sally	X		1	2	3	6.00	18.00	
8	Sampson Tiych ke	X	1	1	5	7	6.00	42.00	
9	Lewis	X	1	1	1	3	6.00	18.00	
10	Ah shah lah tubby	X	1	1	2	4	6.00	24.00	
11	W. Harrison	X	1	4	4	9	6.00	54.00	
12	Harris	X	1			1	6.00	6.00	
13	Nok sho per	X	1	1	6	8	6.00	48.00	
14	Joseph D. Harris	X	1	1		2	6.00	12.00	
15	Kun ne yut tubby	X	1	1	2	4	6.00	24.00	
16	Ne nuk am by	X	1	1	2	4	6.00	24.00	
17	Che li ye	X	1	1	3	5	6.00	30.00	
18	M. Kinney	X	1		4	5	6.00	30.00	
19	Chi yun ni	X		3		3	6.00	18.00	
20	Ah to cubby	X	1		1	2	6.00	12.00	
21	Millard Filmore	X	1	1	9	11	6.00	66.00	
22	Wesley Maytubby	X	1	1	4	6	6.00	36.00	
23	Em mer ho ky	X	1	1	4	6	6.00	36.00	
24	Em moke cut tubby	X	1	1	2	4	6.00	24.00	
25	I cha co chee	X	1		4	5	6.00	30.00	
26	Ie a lou a cho	X		1	3	4	6.00	24.00	
27	Winsey	X		1	1	2	6.00	12.00	
28	Cornelius	X	1			1	6.00	6.00	
29	James K. Polk	X	1	1	1	3	6.00	18.00	
30	Te way	X	1	1	1	3	6.00	18.00	
31	Wallace	X	1		1	2	6.00	12.00	
32	Cale Nelson	X		1	4	5	6.00	30.00	
33	Barnett Davenport	X			2	2	6.00	12.00	
34	Mins	X	1	1	1	3	6.00	18.00	
35	I yut tubby	X	1		3	4	6.00	24.00	
36	Thomas Leflore	X	1	1	4	6	6.00	36.00	
37	Lewis	X		1	1	2	6.00	12.00	
38	Samuel McGee	X		1	1	2	6.00	12.00	
39	Joseph	X	1	1	3	5	6.00	30.00	
	Amount For'd		30	35	99	164	6.00	984.00	

1858 Chickasaw Annuity

Number	Capt Ned's Company Names	Marks	Males	Females	Children	Total	Amount Per Capita	Amount Total	Remarks
	Amount Bro't For'd		30	35	99	164	6.00	984.00	
40	Ah kun ni ya	X	1	1	2	4	6.00	24.00	
41	Ah bin it tubby	X	1	1	1	3	6.00	18.00	
42	Ah pah lah	X	1	1	3	5	6.00	30.00	
43	Ah no la tubby	X	1			1	6.00	6.00	
44	Chis tah na	X	1	1	3	5	6.00	30.00	
45	Charley	X	1	1	1	3	6.00	18.00	
46	Tiney	X	1	1	2	4	6.00	24.00	
47	Chuk ah tubby	X	1	1	2	4	6.00	24.00	
48	Benjamin Frazier	X	1	1	2	4	6.00	24.00	
49	I wah tubby	X	1	1	1	3	6.00	18.00	
50	Bin ni tubby	X	1	1	4	6	6.00	36.00	
51	Tebun	X	1	1		2	6.00	12.00	
52	Lecher	X	1	1	2	4	6.00	24.00	
53	Jim	X	1	1	4	6	6.00	36.00	
54	Tit ho ka	X		1	3	4	6.00	24.00	
55	Huck ne chubby	X	1	1	2	4	6.00	24.00	
56	Ath lish tubby	X	1	1		2	6.00	12.00	
57	Ah bit tak yah	X	1	1	6	8	6.00	48.00	
58	Elli yim me to nak	X	1	1		2	6.00	12.00	
59	Sila	X	1	1	2	4	6.00	24.00	
60	Hinney	X	1	1	1	3	6.00	18.00	
61	She mak ka ka	X	1	1		2	6.00	12.00	
62	She fol ku	X	1	1		2	6.00	12.00	
63	E mi hut tubby	X	1	1	4	6	6.00	36.00	
64	James She wah ha	X	1	1	3	5	6.00	30.00	
65	Henry	X	1	1	2	4	6.00	24.00	
66	Al e ga ter	X		1	10	11	6.00	66.00	
67	Til look	X	1	1	3	5	6.00	30.00	
68	Yaw wa	X		1		1	6.00	6.00	
69	Hlck ah tubby	X	1	1	5	7	6.00	42.00	
	Amount For'd		57	64	167	288	6.00	1728.00	

1858 Chickasaw Annuity

Number	Capt Ned's Company Names	Marks	Males	Females	Children	Total	Amount Per Capita	Amount Total	Remarks
	Amount Bro't For'd		57	64	167	288	6.00	1728.00	
70	Un te ah tubby	X	1	1	5	7	6.00	42.00	
71	Hi yon tubby	X	1	1	2	4	6.00	24.00	
72	Husten	X	1	1	2	4	6.00	24.00	
73	Wilsten	X	1			1	6.00	6.00	
74	Int ho lo	X	1			1	6.00	6.00	
75	Tick fun ka	X	1			1	6.00	6.00	
76	Ish til le chah	X	1			1	6.00	6.00	
77	Thluck a chah	X	1	1	6	8	6.00	48.00	
78	Im mok cut tubby	X	1	1	1	3	6.00	18.00	
79	Wilson Wolf	X	1	1	7	9	6.00	54.00	
80	Ah nook cha tubby	X	1	1	2	4	6.00	24.00	
81	Uke ish tah	X	1	1	6	8	6.00	48.00	
82	Cyrus	X	1	1		2	6.00	12.00	
83	Shar ned	X	1	1	2	4	6.00	24.00	
84	Morris	X	1	1	5	7	6.00	42.00	
85	Duncan	X	1	1	1	3	6.00	18.00	
86	Kun ish mah tubby	X	1	1	2	4	6.00	24.00	
87	Ah but e she	X	1	1	1	3	6.00	18.00	
88	Che pah ne	X	1	1	1	3	6.00	18.00	
89	Ah cho le chah	X	1	1	3	5	6.00	30.00	
90	Eastman	X	1	1	1	3	6.00	18.00	
91	Phillip	X	1	1	2	4	6.00	24.00	
92	Tu a ha	X	1	1	2	4	6.00	24.00	
93	George	X	1	1	2	4	6.00	24.00	
94	Sampson	X	1	1	1	3	6.00	18.00	
95	Thomas Cheadle	X	1	1	6	8	6.00	48.00	
96	Turner Bynum	X	1	1	8	10	6.00	60.00	
97	Taylor	X	1	1		2	6.00	12.00	
98	Cheslin	X	1	1		2	6.00	12.00	
99	Me hut tubby	X	1	1	5	7	6.00	42.00	
	Amount For'd		87	90	240	417	6.00	2502.00	

1858 Chickasaw Annuity

Number	Capt Ned's Company Names	Marks	Males	Females	Children	Total	Amount Per Capita	Amount Total	Remarks
	Amount Bro't For'd		87	90	240	417	6.00	2502.00	
100	E mul lah tubby	X	1	1	4	6	6.00	36.00	
101	Aaron	X	1	1	4	6	6.00	36.00	
102	Benj. R. Lewis	X	1	1	3	5	6.00	30.00	
103	No ubby	X	1		2	3	6.00	18.00	
104	Isaac McGee	X	1	1	2	4	6.00	24.00	
105	Archy McGee	X	1		2	3	6.00	18.00	
106	Alex McGee	X	1		1	2	6.00	12.00	
107	Cornelius McGee	X	1	1	3	5	6.00	30.00	
108	Kah te yo tubby	X	1			1	6.00	6.00	
109	Selina Cha fan tubby	X		1		1	6.00	6.00	
110	Tah te chah	X		1	2	3	6.00	18.00	
111	Hugh L. White	X	1	1		2	6.00	12.00	
112	Suky Hogan	X		1	3	4	6.00	24.00	
113	John The yo hubby	X	1			1	6.00	6.00	
114	Daniel Davis	X	1		7	8	6.00	48.00	
115	Dr. Tick bon tah yah	X	1		1	2	6.00	12.00	
116	Mah kin tubby	X	1	1	2	4	6.00	24.00	
117	Ben Ja co che	X	1	1	4	6	6.00	36.00	
118	Hotubby	X	1	1	2	4	6.00	24.00	
119	Heh chah	X	1	1	3	5	6.00	30.00	
120	Ah to he you Anderson	X		1	6	7	6.00	42.00	
121	Louisa	X		1	5	6	6.00	36.00	
122	Thomas Benton	X	1		1	2	6.00	12.00	
123	Wat tin tubby	X	1	1	5	7	6.00	42.00	
124	May he chah	X		1	2	3	6.00	18.00	
125	Thli cha cha	X	1	1	5	7	6.00	42.00	
126	Howard	X	1	1	3	5	6.00	30.00	
127	Johnson	X	1	1	2	4	6.00	24.00	
128	Archibald Alexander	X	1	1	4	6	6.00	36.00	
129	In mi wi ka	X	1			1	6.00	6.00	
	Amount For'd		111	111	318	540	6.00	3240.00	

1858 Chickasaw Annuity

Number	Capt Ned's Company Names	Marks	Males	Females	Children	Total	Amount Per Capita	Amount Total	Remarks
	Amount Bro't For'd		111	111	318	540	6.00	3240.00	
130	Daniel Saffarans	X	1	1	2	4	6.00	24.00	
131	Wilson	X	1	1	7	9	6.00	54.00	
132	Bi tah nah tubby	X		1	2	3	6.00	18.00	
133	Te wah po tubby	X	1			1	6.00	6.00	
134	Chil la	X	1			1	6.00	6.00	
135	Sampson Burris	X	1	1	1	3	6.00	18.00	
136	Toe chubby	X	1	1	3	5	6.00	30.00	
137	Ho ta la	X		1		1	6.00	6.00	
138	No wa chubby	X	1	1	5	7	6.00	42.00	
139	Im ok law tubby	X	1	1		2	6.00	12.00	
140	John Lewis	X	1	1	3	5	6.00	30.00	
141	Chuf fah tubby	X	1	1		2	6.00	12.00	
142	Davy	X	1	1	1	3	6.00	18.00	
143	Ish tino no ah tubby	X	1		1	2	6.00	12.00	
144	Min tubby	X	1	1	2	4	6.00	24.00	
145	Henry	X	1			1	6.00	6.00	
146	Amy	X		1	2	3	6.00	18.00	
147	Jinny	X		1	2	3	6.00	18.00	
148	Sho mi yea	X		1	3	4	6.00	24.00	
149	Robinson	X	1	1		2	6.00	12.00	
150	Im mon tubby	X	1	1	5	7	6.00	42.00	
151	Kun eah tubby	X	1	1		2	6.00	12.00	
152	I ah to tubby	X	1	1	3	5	6.00	30.00	
153	Te ho tubby	X	1	1		2	6.00	12.00	
154	Tun ne chah	X	1	1	4	6	6.00	36.00	
155	John Tah bert	X	1			1	6.00	6.00	
156	E ho yin tubby	X	1	1	3	5	6.00	30.00	
157	He a chit tubby	X	1			1	6.00	6.00	
158	Chah lot ta	X		1	1	2	6.00	12.00	
159	Lush kah tubby	X	1	1	6	8	6.00	48.00	
160	Capt. Jerry	X	1	1	2	4	6.00	24.00	
	Amount For'd		136	136	376	648	6.00	3888.00	

1858 Chickasaw Annuity

Number	Capt Ned's Company Names	Marks	Males	Females	Children	Total	Amount Per Capita	Amount Total	Remarks
	Amount Bro't For'd		136	136	376	648	6.00	3888.00	
161	Ik ah cheu nah tubby	X	1			1	6.00	6.00	
162	Cole Folsom	X	1	1	3	5	6.00	30.00	
163	Wilson Frazier	X	1	1	8	10	6.00	60.00	
164	Can nush	X	1			1	6.00	6.00	
165	Jackson Ah to way	X	1	1	2	4	6.00	24.00	
166	Kul lush shah che	X	1	1	4	6	6.00	36.00	
167	John Wilson	X	1	1		2	6.00	12.00	
168	Ta mah	X	1	1	3	5	6.00	30.00	
169	Amos McGee	X	1	1	1	3	6.00	18.00	
170	Winsey James	X		1	3	4	6.00	24.00	
171	Pis sah moon tubby	X	1	1		2	6.00	12.00	
172	Ut ha tah	X	1			1	6.00	6.00	
173	Hum ma chah	X	1		2	3	6.00	18.00	
174	Katy	X		1	1	2	6.00	12.00	
175	On tum ah no yah	X	1	1	1	3	6.00	18.00	
176	Mary Ann	X		1	2	3	6.00	18.00	
177	Harris' Daughter Sofy	X			1	1	6.00	6.00	
178	Albert Brown	X	1		2	3	6.00	18.00	
179	Jim my	X	1		4	5	6.00	30.00	
180	William	X	1	1	4	6	6.00	36.00	
181	Tush co nah	X	1			1	6.00	6.00	
182	William Cravat	X			1	1	6.00	6.00	
183	Lewis	X			1	1	6.00	6.00	
184	Duncan	X			1	1	6.00	6.00	
185	Choke wi oke	X		1		1	6.00	6.00	
186	Louiza Anderson	X			1	1	6.00	6.00	
187	Chish ka to ke	X		1	2	3	6.00	18.00	
188	Jackson	X	1			1	6.00	6.00	
189	Salina	X		1	1	2	6.00	12.00	
190	Carmon	X	1			1	6.00	6.00	
191	William Glover	X	1	1	2	4	6.00	24.00	
192	Un ne tubbee	X	1	1	1	3	6.00	18.00	
193	E wah tubbee	X	1	1	2	4	6.00	24.00	
	Total Amount		158	155	429	742	6.00	4452.00	

1858 Chickasaw Annuity

Number	Capt Keel's Company Names	Marks	Males	Females	Children	Total	Amount Per Capita	Amount Total	Remarks
1	Captain Keel	X	1		6	7	6.00	42.00	
2	Ish te ful lah mah	X	2	1	3	6	6.00	36.00	
3	David Keel	X	1	1	2	4	6.00	24.00	
4	Isom Keel	X	1	1	3	5	6.00	30.00	
5	William Kearney	X	1	1	4	6	6.00	36.00	
6	Capt W. Colbert	X	1	1	12	14	6.00	84.00	
7	Lucy Colbert	X	1		2	3	6.00	18.00	
8	Nancy Frazier	X	1		4	5	6.00	30.00	
9	Edward Leader	X	1	1	1	3	6.00	18.00	
10	Ick i tar no	X	1	1	4	6	6.00	36.00	
11	Elmry	X	1		6	7	6.00	42.00	
12	To ah thla	X	1			1	6.00	6.00	
13	Ah ko yo thla	X	1		1	2	6.00	12.00	
14	On te me ah shubby	X	1			1	6.00	6.00	
15	Ne you a	X	1			1	6.00	6.00	
16	Ter ba in tubby	X	1	1	2	4	6.00	24.00	
17	Kun er ho ter	X	1	1		2	6.00	12.00	
18	Sloan Leader	X	1	1	1	3	6.00	18.00	
19	Young Brown	X	1	1	4	6	6.00	36.00	
20	Kun noow tubby	X	1			1	6.00	6.00	
21	William	X	1			1	6.00	6.00	
22	Kah ha	X	1	1	6	8	6.00	48.00	
23	Ahu thla tubby	X	1	1	2	4	6.00	24.00	
24	I ak kam ba	X	1	1	7	9	6.00	54.00	
	Amount For'd		25	14	70	109	6.00	654.00	

1858 Chickasaw Annuity

Number	Capt Keel's Company Names	Marks	Males	Females	Children	Total	Amount Per Capita	Amount Total	Remarks
	Amount Bro't For'd		25	14	70	109	6.00	654.00	
25	Christopher Columbus	X	1	1	5	7	6.00	42.00	
26	Benj. Fe sho la	X	1	1	7	9	6.00	54.00	
27	Pul le yir	X	1		2	3	6.00	18.00	
28	I yer ho tubby	X	1			1	6.00	6.00	
29	Lit ka	X	1	1	1	3	6.00	18.00	
30	D. Colbert	X	1	1	2	4	6.00	24.00	
31	Weaver	X	1	1	4	6	6.00	36.00	
32	Pah na cher	X	1			1	6.00	6.00	
33	Tush co ner	X	1			1	6.00	6.00	
34	Robert She wak cha	X	1		2	3	6.00	18.00	
35	Im mi ar che tubby	X	1		1	2	6.00	12.00	
36	Molsy	X		1	3	4	6.00	24.00	
37	On ti tubby	X	1	1	1	3	6.00	18.00	
38	Ke yan tubby	X	1	1	3	5	6.00	30.00	
39	Fah ta cher	X	1	1	3	5	6.00	30.00	
40	Mike	X	1	1	2	4	6.00	24.00	
41	Hallis	X	1	1	2	4	6.00	24.00	
42	Tick ber tar po la	X	1			1	6.00	6.00	
43	P. Thomson	X	1	1	6	8	6.00	48.00	
44	I ya na tubby	X	1	1	1	3	6.00	18.00	
45	Noah Leader	X	1	1	4	6	6.00	36.00	
46	Ish tim i cher	X	1	1	2	4	6.00	24.00	
47	Hock lo chubby	X	1	1	3	5	6.00	30.00	
48	Un nar ka	X		1	1	2	6.00	12.00	
49	I ar kar tubby	X	1	1	3	5	6.00	30.00	
50	I ho ya	X		1	6	7	6.00	42.00	
51	Im mo nat tubby	X	1	1	1	3	6.00	18.00	
52	Capt. Mah ho ti cha	X	1	1	2	4	6.00	24.00	
53	Betsey	X		1	2	3	6.00	18.00	
54	Ti arsh tubby	X	1	1	2	4	6.00	24.00	
	Amount For'd		51	37	141	229	6.00	1374.00	

1858 Chickasaw Annuity

Number	Capt Keel's Company Names	Marks	Males	Females	Children	Total	Amount Per Capita	Amount Total	Remarks
	Amount Bro't For'd		51	37	141	229	6.00	1374.00	
55	Onut tubby	X	1	1	5	7	6.00	42.00	
56	Ah char nat tubby	X	1	1	4	6	6.00	36.00	
57	Robert	X	1	1	2	4	6.00	24.00	
58	Luffui	X	1	1	1	3	6.00	18.00	
59	William	X	1	1	1	3	6.00	18.00	
60	Luke	X	1	1	3	5	6.00	30.00	
61	Sloan Emerhotiche	X	1	1		2	6.00	12.00	
62	Claburn Emerhotiche	X	1	1	5	7	6.00	42.00	
63	Powel	X	1	1	1	3	6.00	18.00	
64	Kisson	X	1	1	3	5	6.00	30.00	
65	Wm. Wellington	X	1			1	6.00	6.00	
66	Lucy	X		1	4	5	6.00	30.00	
67	Hallis Lookey	X	1			1	6.00	6.00	
68	Parsh im no yer	X	1	1	3	5	6.00	30.00	
69	Ish to nubby	X	1		3	4	6.00	24.00	
70	Carman Brown	X	1	1	2	4	6.00	24.00	
71	Betsey Brown	X		1	2	3	6.00	18.00	
72	Te cum sey Brown	X	1	1		2	6.00	12.00	
73	Anthony O. Reid	X	1		6	7	6.00	42.00	
74	James Yar ka cha	X	1	1	2	4	6.00	24.00	
75	Edmund McGee	X	1	1	6	8	6.00	48.00	
76	Nah co chee	X	1	1	2	4	6.00	24.00	
77	Im moon tubby	X	1	1	3	5	6.00	30.00	
78	Booker James	X	1	1	6	8	6.00	48.00	
79	Reuben James	X	1	1	2	4	6.00	24.00	
80	John James	X	1		1	2	6.00	12.00	
81	Uppa san tubby	X	1	1	1	3	6.00	18.00	
82	Pah lish tubby	X	1	1		2	6.00	12.00	
83	Shar cho me cha	X	1	1	1	3	6.00	18.00	
84	Seney	X			6	6	6.00	36.00	
	Amount For'd		78	61	216	355	6.00	2130.00	

1858 Chickasaw Annuity

Number	Capt Keel's Company Names	Marks	Males	Females	Children	Total	Amount Per Capita	Amount Total	Remarks
	Amount Bro't For'd		78	61	216	355	6.00	2130.00	
85	Ish min lie ubby	X	1	1	1	3	6.00	18.00	
86	Chilley	X	1	1		2	6.00	12.00	
87	Mullen chubby	X	1			1	6.00	6.00	
88	I ki ka	X	1	1	4	6	6.00	36.00	
89	Im un nom po lit tubby	X	1	1	9	11	6.00	66.00	
90	Ho pi a tybby	X	1	1	4	6	6.00	36.00	
91	Im oak lo hubby	X	1	1	3	5	6.00	30.00	
92	Il lar moon tubby	X	1	1	5	7	6.00	42.00	
93	Fo ho lut ka	X	1	1	1	3	6.00	18.00	
94	I yer ho kut ubby	X	1			1	6.00	6.00	
95	Nar ha cher	X	1	1	4	6	6.00	36.00	
96	Kun ner ho tubby	X	1	1	3	5	6.00	30.00	
97	Roberson	X	1			1	6.00	6.00	
98	Lacher	X	1	1	1	3	6.00	18.00	
99	Wright	X	1	1		2	6.00	12.00	
100	Ish te ki yo	X	1	1	3	5	6.00	30.00	
101	Charley	X	1	1	1	3	6.00	18.00	
102	Coneway Kilchrist	X	1	1	5	7	6.00	42.00	
103	Ko lop sha	X	1	1		2	6.00	12.00	
104	Chi ya	X		1		1	6.00	6.00	
105	John Leader Sen.	X	1			1	6.00	6.00	
106	Ish tim on tubby	X	1		1	2	6.00	12.00	
107	Bob Kutch ubby	X	1	1	1	3	6.00	18.00	
108	Edmund	X	1	1	2	4	6.00	24.00	
109	E. Pulse	X	1	1	2	4	6.00	24.00	
110	Susa Lewis	X	1	1	3	5	6.00	30.00	
111	She mar la	X	1	1		2	6.00	12.00	
112	I yer tubby	X	1			1	6.00	6.00	
113	Un nook fil lit tubby	X	1	1		2	6.00	12.00	
114	Ish tin cha yo	X	1	1	2	4	6.00	24.00	
	Amount For'd		107	85	271	463	6.00	2778.00	

1858 Chickasaw Annuity

Number	Capt Keel's Company Names	Marks	Males	Females	Children	Total	Amount Per Capita	Amount Total	Remarks
	Amount Bro't For'd		107	85	271	463	6.00	2778.00	
115	She ful ka	X	1	1		2	6.00	12.00	
116	Ick lun ubby	X	1	1	2	4	6.00	24.00	
117	Sher chu ki ka	X	1	1	4	6	6.00	36.00	
118	Tisho to but ubby	X	1	1	1	3	6.00	18.00	
119	Dr. Lewis	X	1	1	3	5	6.00	30.00	
120	Me har moon tubby	X	1	1	1	3	6.00	18.00	
121	Allison	X	1		1	2	6.00	12.00	
122	Eli Mitchell	X			2	2	6.00	12.00	
123	Thomas Johnston	X	1	1	2	4	6.00	24.00	
124	I esh tubby	X	1	1	7	9	6.00	54.00	
125	Karm	X	1			1	6.00	6.00	
126	Moon tubby	X	1			1	6.00	6.00	
127	Hoper Kish tubby	X	1	1	2	4	6.00	24.00	
128	Chim mi na	X	1		1	2	6.00	12.00	
129	Chi ki ka	X	1	1	4	6	6.00	36.00	
130	Dudson	X	1			1	6.00	6.00	
131	Liza	X		2	2	4	6.00	24.00	
132	Te cumsey Johnston	X	2			2	6.00	12.00	
133	Rachel Gilchrist	X		1		1	6.00	6.00	
134	Shumill	X	1	1	3	5	6.00	30.00	
135	Nelson Gilchrist	X	1		1	2	6.00	12.00	
136	Owa tubby	X	1	1	2	4	6.00	24.00	
137	Hoper Kin tubby	X	1	1		2	6.00	12.00	
138	Madison	X	1	1	1	3	6.00	18.00	
139	Sampson Sealy	X	1	1		2	6.00	12.00	
140	Shar yo ta	X		1		1	6.00	6.00	
141	Il lar ho tubby	X	1			1	6.00	6.00	
142	B. F. Perry	X	1			1	6.00	6.00	
143	Loren Moore	X	1	1	1	3	6.00	18.00	
144	Cha ta ha Camey	X	1	1	4	6	6.00	36.00	
	Amount For'd		134	106	315	555	6.00	3330.00	

1858 Chickasaw Annuity

Number	Capt Keel's Company Names	Marks	Males	Females	Children	Total	Amount Per Capita	Amount Total	Remarks
	Amount Bro't For'd		134	106	315	555	6.00	3330.00	
145	John Yo chubby	X	1	2	2	5	6.00	30.00	
146	Mo kin tubby	X	1	1	2	4	6.00	24.00	
147	Asom	X	2			2	6.00	12.00	
148	Shar ma	X	1	1	6	8	6.00	48.00	
149	Ah fom mit tubby	X	1			1	6.00	6.00	
150	Sho war ma	X	1			1	6.00	6.00	
151	Yum mak in tubby	X	1	1	2	4	6.00	24.00	
152	Pino mah ko	X		1		1	6.00	6.00	
153	Ok lah nah nubby	X	1	1	4	6	6.00	36.00	
154	Ish pah nubby	X	1	1	1	3	6.00	18.00	
155	Onah ti ha	X	1	1	3	5	6.00	30.00	
156	Hick kis	X				0	6.00	0.00	
157	Robert Peirson	X	1	1	3	5	6.00	30.00	
158	Ah fin	X	1			1	6.00	6.00	
159	Kun on tubby	X	1			1	6.00	6.00	
160	E me o nah	X	1	1	5	7	6.00	42.00	
161	Ok chan tubby	X	1	1	1	3	6.00	18.00	
162	Im pah tubby	X	1	1	1	3	6.00	18.00	
163	Wall Folsom	X	1		3	4	6.00	24.00	
164	Alen	X	1			1	6.00	6.00	
165	George Waters	X	1			1	6.00	6.00	
166	Ebenezer Folsom	X		1	3	4	6.00	24.00	
167	Ib i ah tubby	X	1	1	1	3	6.00	18.00	
168	William Armstrong	X	1	1	6	8	6.00	48.00	
169	E ho yah tubby	X	1	1	2	4	6.00	24.00	
170	Ah fah mah tubby	X	1	1	2	4	6.00	24.00	
171	Fo lo ta	X	1	1		2	6.00	12.00	
172	Ben Pika	X	1			1	6.00	6.00	
173	Ce vas ti ua	X				0	6.00	0.00	
174	Thomas Underwood	X	1	1	2	4	6.00	24.00	
	Amount For'd		161	126	364	651	6.00	3906.00	

1858 Chickasaw Annuity

Number	Capt Keel's Company Names	Marks	Males	Females	Children	Total	Amount Per Capita	Amount Total	Remarks
	Amount Bro't For'd		161	126	364	651	6.00	3906.00	
175	Meshah					0	6.00	0.00	
176	Alison	X	1	1	4	6	6.00	36.00	
177	Shah wi oka	X		1	1	2	6.00	12.00	
178	Mesh tubby	X	1	1	1	3	6.00	18.00	
179	Booker Keel	X	1	1	6	8	6.00	48.00	
180	Kan ah ta	X	1	1	6	8	6.00	48.00	
181	Im aeh pa sah tubby	X			2	2	6.00	12.00	
182	Shocky	X	1	1	2	4	6.00	24.00	
183	Shumill	X	1	1	2	4	6.00	24.00	
184	Harkin	X	1	1		2	6.00	12.00	
185	Moon tubby	X		1	3	4	6.00	24.00	
186	Easter	X		1		1	6.00	6.00	
187	Taffy	X		1	3	4	6.00	24.00	
188	Chul u o am by	X	1	1	1	3	6.00	18.00	
189	Tup pa ham by	X	1	1	2	4	6.00	24.00	
190	Such cum	X	1	1	1	3	6.00	18.00	
191	I k lan nah tubby	X	1	1	1	3	6.00	18.00	
192	Ish tink lo kit ubby	X	1			1	6.00	6.00	
193	Milton Brown	X	1	1	2	4	6.00	24.00	
194	Benjamin Ennumby	X	1			1	6.00	6.00	
195	Malla tun tubby	X	1			1	6.00	6.00	
196	To sho ma	X		1		1	6.00	6.00	
197	Washington	X	1	1	3	5	6.00	30.00	
198	Ah fah ma tubby	X	1		1	2	6.00	12.00	
199	Chi ho ka	X		1	1	2	6.00	12.00	
200	Davis	X	1			1	6.00	6.00	
201	Pah lah	X	1	1	5	7	6.00	42.00	
202	Pah lin cha	X	2			2	6.00	12.00	
203	Ah nom po lat tubby	X	1	1	2	4	6.00	24.00	
204	Fah is tubby	X	1	1		2	6.00	12.00	
	Amount For'd		184	148	413	745	6.00	4470.00	

1858 Chickasaw Annuity

Number	Capt Keel's Company Names	Marks	Males	Females	Children	Total	Amount Per Capita	Amount Total	Remarks
	Amount Bro't For'd		184	148	413	745	6.00	4470.00	
205	Benton Sealy	X	1	1	4	6	6.00	36.00	
206	Dickson	X	1			1	6.00	6.00	
207	Tah chuk	X	1	1	2	4	6.00	24.00	
208	Alexander	X		1	4	5	6.00	30.00	
209	Shok ah pah la	X	1	1	8	10	6.00	60.00	
210	Theodore Wadkins	X	1	1	7	9	6.00	54.00	
211	Mush e la ka	X	1			1	6.00	6.00	
212	Ish to nubby	X	1	1		2	6.00	12.00	
213	Misha	X	1			1	6.00	6.00	
214	Polly	X		1	4	5	6.00	30.00	
215	Stim ah tote kah	X				0	6.00	0.00	
216	Wah tah	X	1	1	3	5	6.00	30.00	
217	Sha chu nuka	X	1			1	6.00	6.00	
218	Kaw nun cha tubby	X	1	1	4	6	6.00	36.00	
219	Po Nah chi tubby	X	1	1	4	6	6.00	36.00	
220	Stephen (Alberson)	X	1			1	6.00	6.00	
221	Bah no wah tubby	X	1	1	3	5	6.00	30.00	
222	Bah pe sah tubby	X	1	1		2	6.00	12.00	
223	Lon mi ka	X		1	1	2	6.00	12.00	
224	Richard	X	1	1	2	4	6.00	24.00	
225	Rufus	X	1	1	2	4	6.00	24.00	
226	Pissah moon tubby	X	1	1	5	7	6.00	42.00	
227	Ahu ha tubby	X	1	1	7	9	6.00	54.00	
228	Ta kin tubby	X	1	1	5	7	6.00	42.00	
229	Sitty	X		1	3	4	6.00	24.00	
230	Hambey	X	1			1	6.00	6.00	
231	Chuf fi cha	X	1	1	6	8	6.00	48.00	
232	Che ho mah	X		1	1	2	6.00	12.00	
233	Shulla	X		1	5	6	6.00	36.00	
234	Kush o ni yea	X		1	1	2	6.00	12.00	
235	On ock in tubby	X	1	1	3	5	6.00	30.00	
	Amount For'd		207	172	497	876	6.00	5256.00	

1858 Chickasaw Annuity

Number	Capt Keel's Company Names	Marks	Males	Females	Children	Total	Amount Per Capita	Amount Total	Remarks
	Amount Bro't For'd		207	172	497	876	6.00	5256.00	
236	Ti uke la cha	X	1	1	1	3	6.00	18.00	
237	I yock an tubby	X	1	1	4	6	6.00	36.00	
238	To nah	X	1	1	3	5	6.00	30.00	
239	Hul lut le tubby	X	1	1	4	6	6.00	36.00	
240	Alus	X	1	1	2	4	6.00	24.00	
241	Elah che tubby	X	1	1	5	7	6.00	42.00	
242	Josey	X	1	1	2	4	6.00	24.00	
243	I yah mo nubby	X	1	1		2	6.00	12.00	
244	Betsey	X		1	3	4	6.00	24.00	
245	Ki oka	X	1	1	2	4	6.00	24.00	
246	Johnson	X	1	1	1	3	6.00	18.00	
247	Tisho hon tubby	X	1	1		2	6.00	12.00	
248	Ki ash tubby	X	1	1	2	4	6.00	24.00	
249	Ah han ta tubby	X	1	1	2	4	6.00	24.00	
250	Mish ow turn by	X	1	1	2	4	6.00	24.00	
251	Hotim ah tubby	X	1	1	3	5	6.00	30.00	
252	Harris	X			2	2	6.00	12.00	
253	Molsey	X		1	3	4	6.00	24.00	
254	Robert Camp	X	1			1	6.00	6.00	
255	Mah ho nah	X		1		1	6.00	6.00	
256	John Anderson	X	1			1	6.00	6.00	
257	Elsi la	X		1	5	6	6.00	36.00	
258	Ho yo ka	X	1	1	5	7	6.00	42.00	
259	Tah hubby	X	1	1	3	5	6.00	30.00	
260	Im mock in tubby	X	1	1	6	8	6.00	48.00	
261	Ful lo am by	X	1	1	2	4	6.00	24.00	
262	Henry	X	1	1	1	3	6.00	18.00	
263	Molsy	X		1	5	6	6.00	36.00	
264	Louisa	X		1		1	6.00	6.00	
265	Ish tauo by	X	1	1	2	4	6.00	24.00	
	Amount For'd		230	199	567	996	6.00	5976.00	

1858 Chickasaw Annuity

Number	Capt Keel's Company Names	Marks	Males	Females	Children	Total	Amount Per Capita	Amount Total	Remarks
	Amount Bro't For'd		230	199	567	996	6.00	5976.00	
266	Jerry Fletcher	X		1	4	5	6.00	30.00	
267	Cyrus Folsom	X	1			1	6.00	6.00	
268	Eva Bohanan	X		1	4	5	6.00	30.00	
269	Delia	X		1	2	3	6.00	18.00	
270	Col. Isaac Folsom	X	1	1	2	4	6.00	24.00	
271	John McIntosh	X			2	2	6.00	12.00	
272	Tul li yea	X		1	1	2	6.00	12.00	
273	Kun ne oun tubby	X	1	1	5	7	6.00	42.00	
274	Opi am by	X	2			2	6.00	12.00	
275	Che ah lusta	X		1		1	6.00	6.00	
276	Aho lik wah	X	1		1	2	6.00	12.00	
277	Homo i a chah	X	1	1	1	3	6.00	18.00	
278	Mah ta you	X		1		1	6.00	6.00	
279	Tah sook	X	1			1	6.00	6.00	
280	Sloan Colbert	X	1			1	6.00	6.00	
281	Jim Persons	X	1	1	2	4	6.00	24.00	
282	Momin tubby	X	1			1	6.00	6.00	
283	Joseph Sealy	X	1	1	6	8	6.00	48.00	
284	Theodore Sealy	X	1	1	6	8	6.00	48.00	
285	F. McKearly	X	1			1	6.00	6.00	
286	Tush ki u kal	X	1	1	2	4	6.00	24.00	
287	Mymey	X		1	1	2	6.00	12.00	
288	Ah thlo po thla tubby	X	2			2	6.00	12.00	
289	Iu look lo tubby	X	1	1	2	4	6.00	24.00	
290	Sho pi ka	X	1		3	4	6.00	24.00	
291	Joseph Davis	X	1	1	2	4	6.00	24.00	
292	Alfred Griffith	X	1			1	6.00	6.00	
293	Pis sar took ubby	X	1	1	7	9	6.00	54.00	
294	D. Colbert (child)	X			1	1	6.00	6.00	
295	Ish nun ta tubbee	X			1	1	6.00	6.00	
	Amount For'd		252	216	622	1090	6.00	6540.00	

1858 Chickasaw Annuity

Number	Capt Keel's Company Names	Marks	Males	Females	Children	Total	Amount Per Capita	Amount Total	Remarks
	Amount Bro't For'd		252	216	622	1090	6.00	6540.00	
296	Ish tah bah wah tubbee	X	1			1	6.00	6.00	
297	David Keel	X			1	1	6.00	6.00	
298	On hick un moon tubbee	X	1			1	6.00	6.00	
299	Misey	X		1	4	5	6.00	30.00	
300	Shop Kinney Frazier	X		1	2	3	6.00	18.00	
301	Tush coon tah	X	1			1	6.00	6.00	
302	Patsy (Shucky's Daughter)	X		1	1	2	6.00	12.00	
303	Parthinna Bradford	X		1		1	6.00	6.00	
304	San ah tubbee	X	1	1	3	5	6.00	30.00	
305	Joseph Davis' Wife	X		1		1	6.00	6.00	
306	On tim ah yea	X		1	1	2	6.00	12.00	
	Total Amount		256	223	634	1113	6.00	6678.00	

1858 Chickasaw Annuity

Number	Recapitulation	Marks	Males	Females	Children	Total	Amount Per Capita	Amount Total	Remarks
Cap	Martin Sheco's Company		158	153	404	715	6.00	4290.00	
"	Hothliche's "		213	229	506	948	6.00	5688.00	
"	G. D. James' "		306	324	745	1375	6.00	8250.00	
"	Ned's "		158	155	429	742	6.00	4452.00	
"	Keel's "		256	223	634	1113	6.00	6678.00	
	Total Amount		1091	1084	2718	4893	6.00	29358.00	
	Amount paid to Chickasaw National Treasurer								

1859 Chickasaw Annuity
November, 1859

1859 Chickasaw Annuity

We the undersigned, Governor, Captains, Heads of families and or individual members [of] families. Members of the Chickasaw Tribe of Indians, acknowledge the receipt from Douglas H. Cooper, U.S. Indian Agent for the Choctaw and Chickasaw Tribes of Indians, in the Amounts set opposite our respective names or marks, being our Distributive Share of Twenty Seven Thousand and forty two and 90/100 dollars, the Amount paid as annuity for the year A.D. 1859, out of the Interest Arising from funds invested for the Chickasaws by the Government of the United States, under the Head of "Carrying into effect Treaties with Chickasaws."

Number	Capt Geo. D. James Company Names	Marks	Males	Females	Children	Total	Amount Per Capita	Amount Total	Remarks
1	Geo D James	X	1	1	1	3	5.45	16.35	
2	Bertha Jones	X		1	2	3	5.45	16.35	
3	Hi ton tubby	X	2		2	4	5.45	21.80	
4	To wah to la cha	X	2	2	2	6	5.45	32.70	
5	Jimson Frazier	X	1	1	2	4	5.45	21.80	
6	William Colbert	X	2			2	5.45	10.90	
7	On toi zubby	X	2	2	4	8	5.45	43.60	
8	Ho tai yuten	X	1	2	4	7	5.45	38.15	
9	David Burney	X	1	1	7	9	5.45	49.05	
10	Rebecca & Susan Burney	X		2		2	5.45	10.90	
11	James T Gaines	X	1	1	2	4	5.45	21.80	
12	T. C. S. Boyd	X	2			2	5.45	10.90	
13	Robert Love	X	1	2	3	6	5.45	32.70	
14	Wilson Hawkins	X	1	1	2	4	5.45	21.80	
15	Simon James	X	1	1	2	4	5.45	21.80	
16	Richard McLish	X	1	1		2	5.45	10.90	
17	Susan LeFlore	X		1	3	4	5.45	21.80	
18	Ellen Wilson	X		1	5	6	5.45	32.70	
19	Nina Bonds	X		1	5	6	5.45	32.70	
20	Charles McGee	X	1			1	5.45	5.45	
21	John Rule	X	1			1	5.45	5.45	
22	Ed McLaughlin	X	3	1		4	5.45	21.80	
23	Benj McLaughlin	X	1	1	3	5	5.45	27.25	
24	Henry Love	X	1	1		2	5.45	10.90	
25	Calvin S Love	X	1	1	4	6	5.45	32.70	
26	C Percy	X	1	1	1	3	5.45	16.35	
27	Overton Keel	X	1	1	4	6	5.45	32.70	
28	William Bourland	X		2	1	3	5.45	16.35	
29	Capt Parker	X	1	2	4	7	5.45	38.15	
30	Tick bah zat ubby	X	1	2	3	6	5.45	32.70	
31	Chah kah lish tubby	X	1	1	9	11	5.45	59.95	
32	James H Willis	X	2	1	10	13	5.45	70.85	
33	Willis Dickerson	X	1	1	1	3	5.45	16.35	
34	Thomas L Mitchell	X	1	1	1	3	5.45	16.35	
	Amount For'd		36	37	87	160	5.45	872.00	

1859 Chickasaw Annuity

Number	Capt Geo. D. James Company Names	Marks	Males	Females	Children	Total	Amount Per Capita	Amount Total	Remarks
35	James Bean	X			2	2	5.45	10.90	
36	Jane Grant	X		1	2	3	5.45	16.35	
37	Charlotte Choate	X		1	2	3	5.45	16.35	
38	Nok wah zo ikeho kit tubby	X	1	1	2	4	5.45	21.80	
39	D Ka zam by	X	1	1	4	6	5.45	32.70	
40	Hosh am by	X	1	1	2	4	5.45	21.80	
41	Ao wan tubby	X	2	2	4	8	5.45	43.60	
42	Fillater	X	1	1		2	5.45	10.90	
43	Fah lah mish tubby	X	1	1	1	3	5.45	16.35	
44	Waukey	X		1		1	5.45	5.45	
45	Wah to ni zo	X		2		2	5.45	10.90	
46	Ki zo mo tah	X	1			1	5.45	5.45	
47	Izah kut to	X	1	1	1	3	5.45	16.35	
48	Izen ne zah	X	1	1	2	4	5.45	21.80	
49	Jefferson	X	1	2	6	9	5.45	49.05	
50	William Sealy	X	1	1		2	5.45	10.90	
51	Bird Baker	X	2	1		3	5.45	16.35	
52	Amy Sha cho mi cha	X	1	1	3	5	5.45	27.25	
53	Tin ne zea	X		1	2	3	5.45	16.35	
54	Henry Tombs	X	1	1	1	3	5.45	16.35	
55	Ish tim ma to kah	X		1		1	5.45	5.45	
56	Onah hin tubby	X	1		2	3	5.45	16.35	
57	Hi eash ches	X	1	1	2	4	5.45	21.80	
58	Mah hah hokey	X		1		1	5.45	5.45	
59	El lap tink bah tubby	X	1	1		2	5.45	10.90	
60	Theodore Sealy	X	1	1	4	6	5.45	32.70	
61	En tuk lo	X	1	1	4	6	5.45	32.70	
62	Emin to tubby	X	1	1	4	6	5.45	32.70	
63	Unnozer Iskanno	X	1	1	2	4	5.45	21.80	
64	Epi zash tubby	X		1	2	3	5.45	16.35	
65	Ok loo harsh tubby	X	1	1	5	7	5.45	38.15	
66	Ah fah lah mo tubby	X	1		2	3	5.45	16.35	
67	Ena towa	X	1	1	6	8	5.45	43.60	
68	Elizabeth Alberson	X		1	1	2	5.45	10.90	
69	James Poter	X	1			1	5.45	5.45	
70	Wilson Caney	X	1	1	4	6	5.45	32.70	
71	Belindey	X		1	1	2	5.45	10.90	
72	Eno gin cha	X	1			1	5.45	5.45	
73	Nas tok cha	X	1	1	3	5	5.45	27.25	
74	James the King	X	1	1	1	3	5.45	16.35	
75	Gilbert Newberry	X	1	1	4	6	5.45	32.70	
	Amount For'd		32	38	81	151	5.45	822.95	

1859 Chickasaw Annuity

Number	Capt Geo. D. James Company Names	Marks	Males	Females	Children	Total	Amount Per Capita	Amount Total	Remarks
76	Puh kit tubby	X	1	1		2	5.45	10.90	
77	Thlip po ni ya	X	1	1	8	10	5.45	54.50	
78	Stif fa	X	1	1	4	6	5.45	32.70	
79	Ish tumi to yo ky	X	1	2	7	10	5.45	54.50	
80	Bob Ned	X	1	1	4	6	5.45	32.70	
81	Mary	X	1	1		2	5.45	10.90	
82	Eba ho yo nah	X	1	1	5	7	5.45	38.15	
83	Shar cho mi key	X	1			1	5.45	5.45	
84	Billy Bar Cush chi	X	1	1	1	3	5.45	16.35	
85	Homah ta cher	X		1	2	3	5.45	16.35	
86	Charles Colbert	X	1	1	1	3	5.45	16.35	
87	Thomas H Benton	X	1	1	3	5	5.45	27.25	
88	Pul lum mi	X	1	1		2	5.45	10.90	
89	Smith Paul	X	1	1	4	6	5.45	32.70	
90	Nah po waiter	X	1	1	3	5	5.45	27.25	
91	Han tut tubby	X	1	1	2	4	5.45	21.80	
92	Il lap im neh lit tubby	X	1	1	1	3	5.45	16.35	
93	Tush kah tubby	X	1	1	3	5	5.45	27.25	
94	Reuben Folsom	X	1	1		2	5.45	10.90	
95	Nina	X		1		1	5.45	5.45	
96	Cun ni yut tubby	X	1	1		2	5.45	10.90	
97	Cun ont ish hick a ubby	X	1			1	5.45	5.45	
98	Tan tubby	X	1	3	2	6	5.45	32.70	
99	Nelly Dyer	X		1		1	5.45	5.45	
100	Tee yo ko mo tubby	X	1	1	4	6	5.45	32.70	
101	Bond James	X	1	1	1	3	5.45	16.35	
102	Tush kah tubby	X	1	1	3	5	5.45	27.25	
103	Ebah cho ko wah tubby	X	1		7	8	5.45	43.60	
104	Ti yubby or Ah lick chi	X	1	1	2	4	5.45	21.80	
105	George Laver	X	1	1	3	5	5.45	27.25	
106	Booker James	X	1	1		2	5.45	10.90	
107	Mrs R. Turnbull	X		1	8	9	5.45	49.05	
108	John Foster & L. Carnell	X	2			2	5.45	10.90	
109	Shuck wi key	X		1	4	5	5.45	27.25	
110	Edmund Pickens	X	1	1	2	4	5.45	21.80	
111	John Hardwick	X	1	1	3	5	5.45	27.25	
112	James Boyd	X	2	2	5	9	5.45	49.05	
113	Josey	X	1	1	2	4	5.45	21.80	
114	Ma ho mutty	X		2	3	5	5.45	27.25	
115	Polly Ma ho mutty	X		1	2	3	5.45	16.35	
116	Pis tok cha yea	X	1	1	6	8	5.45	43.60	
	Amount For'd		36	42	105	183	5.45	997.35	

1859 Chickasaw Annuity

Number	Capt Geo. D. James Company Names	Marks	Males	Females	Children	Total	Amount Per Capita	Amount Total	Remarks
117	Edward Colbert	X	1	2	1	4	5.45	21.80	
118	Henry Colbert	X	1	1	1	3	5.45	16.35	
119	Joseph Colbert	X	1	1	5	7	5.45	38.15	
120	B. F. Overton	X	1			1	5.45	5.45	
121	Jane Wilson	X		1	4	5	5.45	27.25	
122	Thomas Wade	X	1	1	4	6	5.45	32.70	
123	E Bussell	X	1	1	1	3	5.45	16.35	
124	I yah hau tah	X	1	2	4	7	5.45	38.15	
125	Jefferson Pickens	X	1		3	4	5.45	21.80	
126	Bennett Williams	X	1	1	2	4	5.45	21.80	
127	Lucy	X		1	2	3	5.45	16.35	
128	Chi ma li ho ka	X		1	7	8	5.45	43.60	
129	Ish fah lah mah	X	1			1	5.45	5.45	
130	In kun nish ho nah	X		1	3	4	5.45	21.80	
131	Milly	X		1	1	2	5.45	10.90	
132	Dorothy Neel	X		1	4	5	5.45	27.25	
133	Pe subby	X	1			1	5.45	5.45	
134	Johnson Pesubby	X	1	1		2	5.45	10.90	
135	Ah tuto las tubby	X	1			1	5.45	5.45	
136	Doctor Musaker	X	1	1	2	4	5.45	21.80	
137	Jonathan Nail	X		1	3	4	5.45	21.80	
138	[THIS NUMBER OMITTED]	X				0	5.45	0.00	
139	Ah bah nut lit tubby	X	1	1	3	5	5.45	27.25	
140	Charles E Gooding	X	1	1	2	4	5.45	21.80	
141	Malindy Brown	X		1	1	2	5.45	10.90	
142	Nina Shucko nahity	X		1	3	4	5.45	21.80	
143	Billy Jimmy	X	2	2	3	7	5.45	38.15	
144	Lewis S Brown	X	1	2	5	8	5.45	43.60	
145	Isiah Brown	X	1	1	1	3	5.45	16.35	
146	Morgan Petigrove	X	1	1	6	8	5.45	43.60	
147	Dixon Ward	X			2	2	5.45	10.90	
148	B F Allen	X	1		2	3	5.45	16.35	
149	Robert Selby	X	1	1	2	4	5.45	21.80	
150	Adam Jimmy	X	4	2	11	17	5.45	92.65	
151	Rosanna Coyle	X	1	1	2	4	5.45	21.80	
152	Gilsy	X	1	1		2	5.45	10.90	
153	J. H. A. Murray	X		1	4	5	5.45	27.25	
154	Margaret Murray	X		1	3	4	5.45	21.80	
155	Samuel Colbert	X	1	1	3	5	5.45	27.25	
156	Molsey	X	1	1	2	4	5.45	21.80	
157	Mis sho pick	X		1	2	3	5.45	16.35	
158	No wah tubby	X	1	1	4	6	5.45	32.70	
	Amount For'd		32	39	108	179	5.45	975.55	

1859 Chickasaw Annuity

Number	Capt Geo. D. James Company Names	Marks	Males	Females	Children	Total	Amount Per Capita	Amount Total	Remarks
159	Susy Porter	X		1	4	5	5.45	27.25	
160	Stephen Perry	X	1			1	5.45	5.45	
161	Ah nook cha tubby	X	1	1	5	7	5.45	38.15	
162	Cin ne wa	X	1	1	1	3	5.45	16.35	
163	Un haish tubby	X	1	1	5	7	5.45	38.15	
164	Abel Sealy	X	1	1	4	6	5.45	32.70	
165	Robert Kemp	X	1	1	2	4	5.45	21.80	
166	Alberson	X	1	1	2	4	5.45	21.80	
167	Molly	X		1	2	3	5.45	16.35	
168	David Socklayer	X	1			1	5.45	5.45	
169	Cun nim mater	X	1		5	6	5.45	32.70	
170	Silvy	X		1	1	2	5.45	10.90	
171	Sevy Sealy	X	1			1	5.45	5.45	
172	James Oxberry	X	1	1	1	3	5.45	16.35	
173	Cassey Henney	X		1	3	4	5.45	21.80	
174	Ish tee zer ho yo	X		1	1	2	5.45	10.90	
175	Ish te kono	X	1	1	3	5	5.45	27.25	
176	Ish to fi aka	X		1	3	4	5.45	21.80	
177	Wily Sealy	X	1	1	2	4	5.45	21.80	
178	Jackson	X	1	1	1	3	5.45	16.35	
179	Molbert	X		1	1	2	5.45	10.90	
180	On to mi yea	X		1	3	4	5.45	21.80	
181	Amos	X	1			1	5.45	5.45	
182	Simon Wolf	X	1	1	2	4	5.45	21.80	
183	Ish mi ut tubby	X	1	1	4	6	5.45	32.70	
184	Mimy	X		1	3	4	5.45	21.80	
185	Onata	X		1	2	3	5.45	16.35	
186	Ah tilth thta fubby	X	1	1	5	7	5.45	38.15	
187	Puck ner tubby	X	1	1	5	7	5.45	38.15	
188	Wash	X	1	1		2	5.45	10.90	
189	James Unechee	X	1	1	4	6	5.45	32.70	
190	Jackson Perry	X	1	1	1	3	5.45	16.35	
191	Tem fy	X		1	1	2	5.45	10.90	
192	Ho we ner	X		1	1	2	5.45	10.90	
193	Lummy	X	1		1	2	5.45	10.90	
194	Te hee cher	X	1			1	5.45	5.45	
195	She ho tah ky	X	1			1	5.45	5.45	
196	McKinney	X	1			1	5.45	5.45	
197	Elle yin me tubby	X	1			1	5.45	5.45	
198	Siney	X		1	1	2	5.45	10.90	
199	Ti ah ho ka	X		1	2	3	5.45	16.35	
	Amount For'd		27	31	81	139	5.45	757.55	

1859 Chickasaw Annuity

Number	Capt Geo. D. James Company Names	Marks	Males	Females	Children	Total	Amount Per Capita	Amount Total	Remarks
200	Ne car po wa	X	1	1	4	6	5.45	32.70	
201	Carmon	X	1	1		2	5.45	10.90	
202	Ka zubby	X	1	1	2	4	5.45	21.80	
203	Mee hah to ner	X		1	1	2	5.45	10.90	
204	John Eya ha tubby	X	1	1	2	4	5.45	21.80	
205	Ono ut ubby	X	1		1	2	5.45	10.90	
206	Elah fia har	X	1	1	5	7	5.45	38.15	
207	She im hai	X	1			1	5.45	5.45	
208	Anderson Porter	X	1			1	5.45	5.45	
209	John Porter	X	1	1	1	3	5.45	16.35	
210	Morgan Robertson	X	1			1	5.45	5.45	
211	Arthur Gilchrist	X	1	1	1	3	5.45	16.35	
212	Ruban	X	1			1	5.45	5.45	
213	Mary Perry	X		1		1	5.45	5.45	
214	Sily Perry	X		1	4	5	5.45	27.25	
215	Eliza Spring	X		1	8	9	5.45	49.05	
216	Mitchel Jefferson	X	1			1	5.45	5.45	
217	Shom mi yea	X		1	2	3	5.45	16.35	
218	Capt Hoyubby	X	1	1	5	7	5.45	38.15	
219	Sho wa ka	X	1		1	2	5.45	10.90	
220	Tecumsy Jefferson	X	1		2	3	5.45	16.35	
221	Abel Jefferson	X	1			1	5.45	5.45	
222	Elah ho tubby	X	1			1	5.45	5.45	
223	Jesse	X	1	1	2	4	5.45	21.80	
224	Uppala	X	1	1	8	10	5.45	54.50	
225	Arlis	X	1			1	5.45	5.45	
226	Ah thlo po zer hubby	X	1	1	11	13	5.45	70.85	
227	Capt Billy	X	1	1	2	4	5.45	21.80	
228	Wesley	X	1		1	2	5.45	10.90	
229	Sa tow ah ky	X	1		2	3	5.45	16.35	
230	To wah tubby	X	1	1	2	4	5.45	21.80	
231	Ah him ner che tubby	X	1	1	5	7	5.45	38.15	
232	Anne Wade	X		1	1	2	5.45	10.90	
233	Susan Wade	X		1	2	3	5.45	16.35	
234	Easman Frazier	X	1			1	5.45	5.45	
235	Isaac Perry	X	1			1	5.45	5.45	
236	Edmund Perry	X	1			1	5.45	5.45	
237	Oliver Perry	X	1			1	5.45	5.45	
238	Johnson Perry	X	1	1	3	5	5.45	27.25	
239	Mary Muncrief	X		1	7	8	5.45	43.60	
240	Walton James	X	1			1	5.45	5.45	
	Amount For'd		33	23	85	141	5.45	768.45	

1859 Chickasaw Annuity

Number	Capt Geo. D. James Company Names	Marks	Males	Females	Children	Total	Amount Per Capita	Amount Total	Remarks
241	Elizabeth Grisson	X		1	3	4	5.45	21.80	
242	Ter mi lish tubby	X	1	1	3	5	5.45	27.25	
243	Soomer	X	1	1	3	5	5.45	27.25	
244	Tulhokey Cass	X		1	4	5	5.45	27.25	
245	Im mo nubby	X	1	1	3	5	5.45	27.25	
246	Sooko ner	X	1		3	4	5.45	21.80	
247	Sampson Carney	X	1	1		2	5.45	10.90	
248	Onah ka	X		1	2	3	5.45	16.35	
249	Ah co ha tubby	X	1	1	3	5	5.45	27.25	
250	Tim me tubby	X	1	1	2	4	5.45	21.80	
251	She mah	X		1	2	3	5.45	16.35	
252	James Porter	X	1		1	2	5.45	10.90	
253	Tenny or James Sowey	X	1		2	3	5.45	16.35	
254	Sheo ni ah	X		1	5	6	5.45	32.70	
255	Po ni a cher	X	1	1		2	5.45	10.90	
256	Sho tar wa	X	1	1	1	3	5.45	16.35	
257	Thomas Miller	X	1		3	4	5.45	21.80	
258	Molly Ainsworth	X		1		1	5.45	5.45	
259	Nickey	X	1			1	5.45	5.45	
260	Ar lo co chy	X	1			1	5.45	5.45	
261	Ehi zo che tubby	X	1	1	2	4	5.45	21.80	
262	I zer ho ker tubby	X	1	1	3	5	5.45	27.25	
263	Jam Sealy	X	1	1	1	3	5.45	16.35	
264	Ah no la tubby	X	1	1	1	3	5.45	16.35	
265	Show ti a cher	X		1	1	2	5.45	10.90	
266	O ni ah	X	1		2	3	5.45	16.35	
267	Marshal Colbert	X	1	1	1	3	5.45	16.35	
268	Ki to zea	X		1	2	3	5.45	16.35	
269	Liley Carney	X		1	3	4	5.45	21.80	
270	Ahu tubby	X	1		4	5	5.45	27.25	
271	Pul lum my	X	1			1	5.45	5.45	
272	Mah ha cher	X			1	1	5.45	5.45	
273	John Bull	X	1	1	4	6	5.45	32.70	
274	Elcy Jones	X			1	1	5.45	5.45	
275	Charles Strickland	X	1	1		2	5.45	10.90	
276	John R. Strickland	X	1	1		2	5.45	10.90	
277	Robt Pearson	X	1			1	5.45	5.45	
278	Hun nub by	X	1	1	3	5	5.45	27.25	
279	Bill Tiash tubby	X	1	1		2	5.45	10.90	
280	Ah kutch ut tubby	X	1	1	4	6	5.45	32.70	
281	Armstrong	X	1			1	5.45	5.45	
	Amount For'd		30	28	73	131	5.45	713.95	

1859 Chickasaw Annuity

Number	Capt Geo. D. James Company Names	Marks	Males	Females	Children	Total	Amount Per Capita	Amount Total	Remarks
282	Shar war no chubby	X	1			1	5.45	5.45	
283	Vina Sash Killy	X		1	1	2	5.45	10.90	
284	Tuel McLish	X	1	1	3	5	5.45	27.25	
285	Ely Perry	X	1			1	5.45	5.45	
286	Ned McKinney	X	1			1	5.45	5.45	
287	Robert Coyle	X	1			1	5.45	5.45	
			5	2	4	11	5.45	59.95	
	Amount from Page 1st		36	37	87	160	5.45	872.00	
	Amount from Page 2nd		32	38	81	151	5.45	822.95	
	Amount from Page 3rd		36	42	105	183	5.45	997.35	
	Amount from Page 4th		32	39	108	179	5.45	975.55	
	Amount from Page 5th		27	31	81	139	5.45	757.55	
	Amount from Page 6tht		33	23	85	141	5.45	768.45	
	Amount from Page 7th		30	28	73	131	5.45	713.95	
	Total		231	240	624	1095	5.45	5967.75	

1859 Chickasaw Annuity

Number	Capt Hothliche's Company Names	Marks	Males	Females	Children	Total	Amount Per Capita	Amount Total	Remarks
1	Hothliche (Capt)	X	1	1	1	3	5.45	16.35	
2	James P Priddy	X		2	2	4	5.45	21.80	
3	Mary Johnson	X		1	3	4	5.45	21.80	
4	Wm M Johnson	X	1		2	3	5.45	16.35	
5	W. C. M. Johnson	X	1		3	4	5.45	21.80	
6	Jno M. Johnson	X	1	1	1	3	5.45	16.35	
7	Gabriel Thomas	X	1			1	5.45	5.45	
8	Wm Thomas	X	1			1	5.45	5.45	
9	Eliza Guy	X		1		1	5.45	5.45	
10	Serena Guy	X		1		1	5.45	5.45	
11	Mary A Guy	X		1		1	5.45	5.45	
12	Wm M Guy	X	1			1	5.45	5.45	
13	C Harris	X	1	1	6	8	5.45	43.60	
14	Hetty Frazier	X		1	4	5	5.45	27.25	
15	Sloan Thomas	X	1			1	5.45	5.45	
16	Catherine Nelson	X		1	3	4	5.45	21.80	
17	Levi Thomas Sr	X	1	1	2	4	5.45	21.80	
18	Jerome Nelson	X	1			1	5.45	5.45	
	Amount For'd		11	12	27	50	5.45	272.50	

1859 Chickasaw Annuity

Number	Capt Hothliche's Company Names	Marks	Males	Females	Children	Total	Amount Per Capita	Amount Total	Remarks
			11	12	27	50		272.50	
19	Wilson Love	X	1	1	3	5	5.45	27.25	
20	Holmes Colbert	X	1	1	2	4	5.45	21.80	
21	Sarah Humphreys	X		1	4	5	5.45	27.25	
22	Lotty Brooks	X		1		1	5.45	5.45	
23	James N. McLish	X	1	1	6	8	5.45	43.60	
24	G. F. McLish	X	1	1	2	4	5.45	21.80	
25	Wm Robinson	X	1	1	2	4	5.45	21.80	
26	James Colbert	X	1	1	4	6	5.45	32.70	
27	Caroline Colbert	X		1	4	5	5.45	27.25	
28	Saul Colbert	X	2	2	6	10	5.45	54.50	
29	George Colbert	X	1		1	2	5.45	10.90	
30	Susan Colbert	X		2	1	3	5.45	16.35	
31	Malsy Colbert	X		1		1	5.45	5.45	
32	George Moore	X	1			1	5.45	5.45	
33	Ah cha kin tubby	X	1	1	3	5	5.45	27.25	
34	Henry McKinney	X	1	1	4	6	5.45	32.70	
35	Ar kut chan tubby	X	1	1	4	6	5.45	32.70	
36	James Petigrew	X	1	1	5	7	5.45	38.15	
37	Elar po tubby	X	1	1	2	4	5.45	21.80	
38	Huston Brown	X			2	2	5.45	10.90	
39	Elah ho zah	X		1		1	5.45	5.45	
40	Tik ka	X	1	1	3	5	5.45	27.25	
41	Simon Keel	X	1	1		2	5.45	10.90	
42	Nit tak kin chee	X	2	2	3	7	5.45	38.15	
43	Lewis Eyin ma chit tubby	X	1			1	5.45	5.45	
44	To ma ra	X			1	1	5.45	5.45	
45	Aba uit tubby	X	1			1	5.45	5.45	
46	Sha kah tuph pa	X	1	1	2	4	5.45	21.80	
47	Harris	X	1	1		2	5.45	10.90	
48	Charlie Brown	X	1	1	3	5	5.45	27.25	
49	Gabriel	X	1	2	5	8	5.45	43.60	
50	Nei yosh it tubby	X	1	1	7	9	5.45	49.05	
51	Kas ta na	X	1	1	2	4	5.45	21.80	
52	Ish to yah ho ho	X		1	1	2	5.45	10.90	
53	Nie hi yea	X		1	2	3	5.45	16.35	
54	Nar lit tubby	X	1			1	5.45	5.45	
55	Nelson Chickley	X	1	1	1	3	5.45	16.35	
56	Chickley	X	2	1	3	6	5.45	32.70	
57	Lucy Upshaw	X		1	1	2	5.45	10.90	
58	Lila	X		1		1	5.45	5.45	
59	Robert Thomas	X	1	1	3	5	5.45	27.25	
	Amount For'd		43	50	119	212	5.45	1155.40	

1859 Chickasaw Annuity

Number	Capt Hothliche's Company Names	Marks	Males	Females	Children	Total	Amount Per Capita	Amount Total	Remarks
			43	50	119	212		1155.40	
60	Ah yok pah tubby	X	1	1	2	4	5.45	21.80	
61	Tush kah tarmby	X	1	1	2	4	5.45	21.80	
62	Shueco narta	X	1	4	5	10	5.45	54.50	
63	Nellie	X		1		1	5.45	5.45	
64	Ah pi kash tubby	X	1	3	3	7	5.45	38.15	
65	Ah bit oh hik ah	X	1	1	1	3	5.45	16.35	
66	Jimson Eshah kah	X	1	2	3	6	5.45	32.70	
67	Martha	X		1	1	2	5.45	10.90	
68	Pa lash tubby	X	1	1	5	7	5.45	38.15	
69	Puth kih tubby	X	1	3	3	7	5.45	38.15	
70	Ko tah kah	X		3	2	5	5.45	27.25	
71	Ehuck sich it tubby	X	1	2		3	5.45	16.35	
72	Wah na cher	X	1	1		2	5.45	10.90	
73	Kil la cher	X	1	1		2	5.45	10.90	
74	Thomas Perch	X	1			1	5.45	5.45	
75	Hick ant tubby	X	1	1	2	4	5.45	21.80	
76	Ha chit tubby	X	2	1	3	6	5.45	32.70	
77	See quah	X	1	1		2	5.45	10.90	
78	E mo nub bee	X	2	1		3	5.45	16.35	
79	Ah nu art tubby	X	1	1		2	5.45	10.90	
80	Tar she war hea	X	2		1	3	5.45	16.35	
81	J. T. Davis	X	2	1	2	5	5.45	27.25	
82	T. J. Thompson	X	1			1	5.45	5.45	
83	John Sequiah	X	1	1	2	4	5.45	21.80	
84	Che ullah Brown	X	1	2	4	7	5.45	38.15	
85	Kun nar wa char	X	1	1	5	7	5.45	38.15	
86	Ek noke ha to	X	1	2	5	8	5.45	43.60	
87	Ebah zah tubby	X	1	1	1	3	5.45	16.35	
88	James Alberson	X	2	1	2	5	5.45	27.25	
89	Adam Gray	X	1	1	3	5	5.45	27.25	
90	Isaac McGee	X	1	1	2	4	5.45	21.80	
91	Archie McGee	X	2		1	3	5.45	16.35	
92	Cornelius McGee	X	1	1	4	6	5.45	32.70	
93	Allick McGee	X	2			2	5.45	10.90	
94	Edmund McGee	X	1	1	6	8	5.45	43.60	
95	Kutego tubby	X	1			1	5.45	5.45	
96	Lottie McGee	X		1	1	2	5.45	10.90	
97	Tush Kan nart tubby	X	1			1	5.45	5.45	
98	Et til lo waia	X	1	1		2	5.45	10.90	
99	Ah lak wah cher	X		1	3	4	5.45	21.80	
100	Skelton McLish	X	1			1	5.45	5.45	
	Amount For'd		86	96	193	375	5.45	2043.75	

1859 Chickasaw Annuity

Number	Capt Hothliche's Company Names	Marks	Males	Females	Children	Total	Amount Per Capita	Amount Total	Remarks
			86	96	193	375		2043.75	
101	James McGee	X	1	1	1	3	5.45	16.35	
102	Nina	X		1		1	5.45	5.45	
103	Lumart tubby	X	2	1	5	8	5.45	43.60	
104	R. D. Humphreys	X	1			1	5.45	5.45	
105	Me ke tiphen	X	1	1	2	4	5.45	21.80	
106	Murphey	X	1	1	1	3	5.45	16.35	
107	Me ho zo chubby	X	1		1	2	5.45	10.90	
108	Tish a to bast tubby	X	1			1	5.45	5.45	
109	It tah be ni li	X	1			1	5.45	5.45	
110	Ah pah ish cher	X	1	2	4	7	5.45	38.15	
111	Ah lon a tubby	X	1	1		2	5.45	10.90	
112	En nah utto spa sat tubby	X	1	1	2	4	5.45	21.80	
113	Pul lum ma	X	1			1	5.45	5.45	
114	Pe kin na	X		2	1	3	5.45	16.35	
115	John Wilson	X	1			1	5.45	5.45	
116	Jennie Frazier	X		4	1	5	5.45	27.25	
117	Charlie Davis	X	1			1	5.45	5.45	
118	Aaron	X	1			1	5.45	5.45	
119	Artok lar cher	X	1	2	1	4	5.45	21.80	
120	Ebi ok le har	X	1	1	1	3	5.45	16.35	
121	Emo lar lubbee	X	1	1	2	4	5.45	21.80	
122	Soona	X		1	1	2	5.45	10.90	
123	Thomas	X	1	2		3	5.45	16.35	
124	Cush Shea	X	1	1		2	5.45	10.90	
125	Duncan Ned	X	1		2	3	5.45	16.35	
126	Chu mutta	X	1	2	5	8	5.45	43.60	
127	Cwa eah chubby	X	1			1	5.45	5.45	
128	Dr Allen	X	1	1	5	7	5.45	38.15	
129	Tisho un tubby	X	1	1	7	9	5.45	49.05	
130	She min tah	X		1	2	3	5.45	16.35	
131	Pallia	X		1		1	5.45	5.45	
132	Izea nit tubby	X	1		1	2	5.45	10.90	
133	She wah nee	X	1			1	5.45	5.45	
134	It ti no la	X	1			1	5.45	5.45	
135	Ah war las tubby	X	1	1	2	4	5.45	21.80	
136	Malinda	X		1		1	5.45	5.45	
137	Tah hut tubby	X	1		3	4	5.45	21.80	
138	Tila Sealy	X	1	1		2	5.45	10.90	
139	Bob Wilson	X	2	2	2	6	5.45	32.70	
140	Thomas Anderson	X	1		2	3	5.45	16.35	
141	Geo W. Allen	X	1	2	1	4	5.45	21.80	
	Amount For'd		122	132	248	502	5.45	2735.90	

1859 Chickasaw Annuity

Number	Capt Hothliche's Company Names	Marks	Males	Females	Children	Total	Amount Per Capita	Amount Total	Remarks
			122	132	248	502		2735.90	
142	Giley Brown	X		1	2	3	5.45	16.35	
143	Betsey	X		4	1	5	5.45	27.25	
144	Tich a pa yea	X		1		1	5.45	5.45	
145	I yo kil cher	X	1			1	5.45	5.45	
146	Marshall	X	1			1	5.45	5.45	
147	Mellisa Sealy	X		1	2	3	5.45	16.35	
148	Shuc co nar ha	X		1	3	4	5.45	21.80	
149	Benjamin	X	1	1	1	3	5.45	16.35	
150	Elijah	X	1	1	1	3	5.45	16.35	
151	Ema shubbee	X	1	1	2	4	5.45	21.80	
152	Ok la che ah ya	X	1		1	2	5.45	10.90	
153	Ah chuf fa tubby	X	1	1	2	4	5.45	21.80	
154	Muko is cher	X		6		6	5.45	32.70	
155	Sophia	X	1	1	2	4	5.45	21.80	
156	John T Pitchlyn	X	1	2	2	5	5.45	27.25	
157	Thomas Cheadle	X	1	1	6	8	5.45	43.60	
158	Peter Courtney	X	1	1	5	7	5.45	38.15	
159	Daniel Harris	X	1	1	1	3	5.45	16.35	
160	Cur he chur chey	X	1	2	3	6	5.45	32.70	
161	Reuben Bourland	X	1	1	6	8	5.45	43.60	
162	R. B. Willis	X			2	2	5.45	10.90	
163	Howard	X	1	1	2	4	5.45	21.80	
164	Davis	X	1	2	1	4	5.45	21.80	
165	Ho ya tubby	X	1	2	3	6	5.45	32.70	
166	John Bryant	X	1			1	5.45	5.45	
167	Thomas Colbert	X	1	2	2	5	5.45	27.25	
168	Wile	X	1	1	1	3	5.45	16.35	
169	William Carney	X	2	2	2	6	5.45	32.70	
170	Elias Hawkins	X	1	2	4	7	5.45	38.15	
171	Slone	X	2	1	3	6	5.45	32.70	
172	Ish tah	X	1	1	1	3	5.45	16.35	
173	Doctor Unnoyah	X	1	1	3	5	5.45	27.25	
174	Im mah hun tubby	X	1		3	4	5.45	21.80	
175	Ah far mo tubby	X	2		2	4	5.45	21.80	
176	John E. Anderson	X	2	3	9	14	5.45	76.30	
177	Sila Woolf	X		3	3	6	5.45	32.70	
178	Me sho lin che	X	1	1	4	6	5.45	32.70	
179	Shur per yea cho	X	1	1	2	4	5.45	21.80	
180	Bob	X	1	1		2	5.45	10.90	
181	Puck ash che	X	1	1	4	6	5.45	32.70	
182	B. F. McLish	X	1			1	5.45	5.45	
	Amount For'd		159	184	339	682	5.45	3716.90	

1859 Chickasaw Annuity

Number	Capt Hothliche's Company Names	Marks	Males	Females	Children	Total	Amount Per Capita	Amount Total	Remarks
			159	184	339	682		3716.90	
183	Ish tick izen	X	1	1	3	5	5.45	27.25	
184	Bob	X	1			1	5.45	5.45	
185	Susan Walker	X		1	2	3	5.45	16.35	
186	Richmond	X	1	1		2	5.45	10.90	
187	Kar sharp la	X	1	2	4	7	5.45	38.15	
188	Lottie	X		1	2	3	5.45	16.35	
189	We mitta	X	1	1	3	5	5.45	27.25	
190	Cornelius Underwood	X	1	2	4	7	5.45	38.15	
191	James Gamble	X	1	2	1	4	5.45	21.80	
192	James Person	X	1	1	2	4	5.45	21.80	
193	Polly	X		2	3	5	5.45	27.25	
194	Phillip	X	1			1	5.45	5.45	
195	Benson Pika	X	1			1	5.45	5.45	
196	David Sealy	X	1			1	5.45	5.45	
197	Meshah	X	1			1	5.45	5.45	
198	Thomas Allen	X			6	6	5.45	32.70	
199	Nathaniel Love	X	1	1		2	5.45	10.90	
200	Robinson Chemutta	X	1	1	2	4	5.45	21.80	
201	Joel	X	1	1		2	5.45	10.90	
202	Solomon	X	1			1	5.45	5.45	
203	Enah kash che	X	1			1	5.45	5.45	
204	Nort Folsom	X	1			1	5.45	5.45	
205	Robert Colbert	X	1		4	5	5.45	27.25	
206	Izah han tubby	X		2	5	7	5.45	38.15	
207	Elizabeth Love	X		1	2	3	5.45	16.35	
208	John Byrd	X	1	2	3	6	5.45	32.70	
209	Pessah hun tubby	X	1	2	5	8	5.45	43.60	
210	Huli ra chah	X		1	3	4	5.45	21.80	
211	Levi	X	1	1	4	6	5.45	32.70	
212	John Felin	X	1			1	5.45	5.45	
213	Willis Folsom	X		1	8	9	5.45	49.05	
214	Horace Pratt	X	1	1	6	8	5.45	43.60	
215	En nook ki chee	X	1		6	7	5.45	38.15	
216	Ur uil lan a ha	X	1	1	4	6	5.45	32.70	
217	Chun neek te	X	1	1	1	3	5.45	16.35	
218	Joshua Lister	X	1	1	3	5	5.45	27.25	
219	She hood ty	X		1	6	7	5.45	38.15	
220	Pah zok ky	X	1	1	1	3	5.45	16.35	
221	Tah zea	X		1	2	3	5.45	16.35	
222	Shar chee mi chee	X	1	1	5	7	5.45	38.15	
223	Lewis	X	1			1	5.45	5.45	
	Amount For'd		190	219	439	848	5.45	4621.60	

1859 Chickasaw Annuity

Number	Capt Hothliche's Company Names	Marks	Males	Females	Children	Total	Amount Per Capita	Amount Total	Remarks
			190	219	439	848		4621.60	
224	She mut to che	X		1	1	2	5.45	10.90	
225	Garland	X	1	1	6	8	5.45	43.60	
226	Elijah	X	1			1	5.45	5.45	
227	Sina	X		1	3	4	5.45	21.80	
228	William Simpson	X	1			1	5.45	5.45	
229	Tul ho key	X		1		1	5.45	5.45	
230	Saymey	X		1	3	4	5.45	21.80	
231	Miney	X		1	4	5	5.45	27.25	
232	Ish ho zan nee	X		1	1	2	5.45	10.90	
233	Tah ho com by	X	1			1	5.45	5.45	
234	William Palmer	X	1			1	5.45	5.45	
235	Kan i hah kin mah	X		1	5	6	5.45	32.70	
236	Um mo sho tubby	X	1			1	5.45	5.45	
237	Ui ap pe hubby & mother	X	1	1		2	5.45	10.90	
238	Susan Jones	X		1	2	3	5.45	16.35	
239	Hamelly	X		1	3	4	5.45	21.80	
240	Oke lah i hey ut tubby	X	1	1	9	11	5.45	59.95	
241	Ullut to ho zo	X		1	2	3	5.45	16.35	
242	En lush tubby	X	1			1	5.45	5.45	
243	Barnet Davenport	X			2	2	5.45	10.90	
244	Kubby	X	1	1	6	8	5.45	43.60	
245	Ok lah no ubby	X	1			1	5.45	5.45	
246	Eah com by	X	1	1	3	5	5.45	27.25	
247	To che zea	X	1			1	5.45	5.45	
248	Ebenizer Pitchlynn	X	1			1	5.45	5.45	
249	Calvin	X	1			1	5.45	5.45	
250	Melvina Goforth	X		1	6	7	5.45	38.15	
251	William Goforth	X	1			1	5.45	5.45	
252	Solomon Goforth	X	1			1	5.45	5.45	
253	Isom Maytubby	X	1		6	7	5.45	38.15	
254	Elle mokey	X		1	1	2	5.45	10.90	
255	Ahart	X	1			1	5.45	5.45	
256	Tip po na zea & Mother	X	1	1	2	4	5.45	21.80	
257	Non mah lubby	X	1	1	5	7	5.45	38.15	
258	Shim iopy	X		1	6	7	5.45	38.15	
259	Chick illoke	X		1	3	4	5.45	21.80	
260	Ezah Crubby	X	1		7	8	5.45	43.60	
261	Harrison	X	1	1	2	4	5.45	21.80	
262	Rhoda Nelson	X		1	3	4	5.45	21.80	
263	Sampson Folsom	X	1	1	7	9	5.45	49.05	
264	Tani tubbee	X	1		3	4	5.45	21.80	
	Amt Total		215	243	540	998	5.45	5439.10	

1859 Chickasaw Annuity

Number	Capt Geo Keel's Company Names	Marks	Males	Females	Children	Total	Amount Per Capita	Amount Total	Remarks
1	Capt Geo Keel	X	2		5	7	5.45	38.15	
2	Winchester Colbert	X	2	3	8	13	5.45	70.85	
3	Ish te far lar mar	X	2	1	3	6	5.45	32.70	
4	David Keel	X	1	1	3	5	5.45	27.25	
5	Isom Keel	X	1	1	4	6	5.45	32.70	
6	Te mi zar subby	X	1		2	3	5.45	16.35	
7	C Columbus	X	3	2	2	7	5.45	38.15	
8	Ish to moon tubby	X	2			2	5.45	10.90	
9	Weigh to ni za	X		1		1	5.45	5.45	
10	Simson Gilchrist	X	1	1	4	6	5.45	32.70	
11	Kami	X	1	1		2	5.45	10.90	
12	Lorin Moore	X	1	1	2	4	5.45	21.80	
13	Ish tin che zon	X	1	1	2	4	5.45	21.80	
14	Charleston	X	1	2	1	4	5.45	21.80	
15	E moon tubby	X	1	1	3	5	5.45	27.25	
16	Enoon mon ho la tubby	X	3	3	8	14	5.45	76.30	
17	Ish nun tut tubby	X	1	2	2	5	5.45	27.25	
18	Liza	X		1	2	3	5.45	16.35	
19	Car nar ho tubby	X	1	1	3	5	5.45	27.25	
20	Nar co cha	X	2	1	2	5	5.45	27.25	
21	Jackson Colbert	X	1	1	1	3	5.45	16.35	
22	Ben Colbert	X	1	1	1	3	5.45	16.35	
23	I za na tubby	X	1			1	5.45	5.45	
24	Stephen Robinson	X	1			1	5.45	5.45	
25	John Leader	X	1	1	5	7	5.45	38.15	
26	Ah ko zonth la	X	1		1	2	5.45	10.90	
27	Euy Mitchea	X	1		1	2	5.45	10.90	
28	Ben Russell	X	3	3	4	10	5.45	54.50	
29	Pis sar mo tubby	X	1		1	2	5.45	10.90	
30	John Frazier	X	1			1	5.45	5.45	
31	I zar ho tubby	X	1			1	5.45	5.45	
32	Kar nar hom tubby	X	1	1	2	4	5.45	21.80	
33	Lewis	X	1	1	4	6	5.45	32.70	
34	Jerdson D. Collins	X	1	1	1	3	5.45	16.35	
35	Ho pi a tubby	X	1	1	4	6	5.45	32.70	
36	In took lut tubby	X	1	1	2	4	5.45	21.80	
37	B. F. Perry	X	1			1	5.45	5.45	
38	Haddison	X	1		1	2	5.45	10.90	
39	Kar ha	X		5	1	6	5.45	32.70	
40	Sloan Leader	X	1	1	2	4	5.45	21.80	
41	Chis kah to ka	X	1	1	3	5	5.45	27.25	
	Amount For'd		49	42	90	181	5.45	986.45	

1859 Chickasaw Annuity

Number	Capt Geo Keel's Company Names	Marks	Males	Females	Children	Total	Amount Per Capita	Amount Total	Remarks
			49	42	90	181		986.45	
42	Ellis Harris	X	1		2	3	5.45	16.35	
43	Sz at tubby	X	1	1		2	5.45	10.90	
44	She cho ki koo	X	1	1	4	6	5.45	32.70	
45	Mi hou moon tubby	X	1	1	1	3	5.45	16.35	
46	She ka na Frazier	X	2	2		4	5.45	21.80	
47	Lucy Colbert	X		1	1	2	5.45	10.90	
48	I ki ka	X	1	1	4	6	5.45	32.70	
49	She ni li na	X		2		2	5.45	10.90	
50	Ub it ah	X	1	1	5	7	5.45	38.15	
51	Miney W.	X		1	2	3	5.45	16.35	
52	Hinney	X		1	1	2	5.45	10.90	
53	La ma tu nor	X		1	2	3	5.45	16.35	
54	Scursey	X		1	5	6	5.45	32.70	
55	Ish to nut la	X	1	1	1	3	5.45	16.35	
56	Ah ik law nubby	X	1		1	2	5.45	10.90	
57	Show ar ma	X	1	1	2	4	5.45	21.80	
58	Edmund	X	1	1	2	4	5.45	21.80	
59	David Colbert	X	2	2	6	10	5.45	54.50	
60	John Mocubbe	X	1	1	1	3	5.45	16.35	
61	Lizzie Mocubbee	X		1	2	3	5.45	16.35	
62	Easter	X		1		1	5.45	5.45	
63	Ish far lar mar	X	1	1	2	4	5.45	21.80	
64	Ish fah lah mah	X	1	2		3	5.45	16.35	
65	To ho lut ka	X	1	1	1	3	5.45	16.35	
66	She ful za	X	1	1		2	5.45	10.90	
67	Par na cha	X	1			1	5.45	5.45	
68	Ekit ar no	X	1	3	1	5	5.45	27.25	
69	George Smith	X	1		2	3	5.45	16.35	
70	To Smith thla	X		1		1	5.45	5.45	
71	Rob Cut chubby	X	1	2	1	4	5.45	21.80	
72	Shel loza	X	2	1	2	5	5.45	27.25	
73	Betsey	X		1		1	5.45	5.45	
74	Elit ka	X	1	1	3	5	5.45	27.25	
75	Lewis Doctor	X	1	1	4	6	5.45	32.70	
76	Phillip	X	1			1	5.45	5.45	
77	Mulla chubby	X		1		1	5.45	5.45	
78	On tu zo ubby	X	1	1	1	3	5.45	16.35	
79	Ke an tubby	X	1	1	2	4	5.45	21.80	
80	Tut ta cher	X	1	1	3	5	5.45	27.25	
81	Wm Brown	X	1			1	5.45	5.45	
82	Noah Leader	X	1	1	3	5	5.45	27.25	
	Amount For'd		82	84	157	323	5.45	1760.35	

1859 Chickasaw Annuity

Number	Capt Geo Keel's Company Names	Marks	Males	Females	Children	Total	Amount Per Capita	Amount Total	Remarks
			82	84	157	323		1760.35	
83	Elaptin bubby	X	1	1		2	5.45	10.90	
84	Andrew Jackson	X	1	1	3	5	5.45	27.25	
85	Ah thlo po lit tubby	X	1			1	5.45	5.45	
86	Tulth thlish tubby	X	1		2	3	5.45	16.35	
87	A. B. Johnson	X	1	1	1	3	5.45	16.35	
88	George Kut chubby	X	2	1	2	5	5.45	27.25	
89	Charles Ish tick ki zo	X	1	1	2	4	5.45	21.80	
90	Ish tick ki zo	X	1	1	2	4	5.45	21.80	
91	Isom	X	1			1	5.45	5.45	
92	Martin Ish tick ki zo	X	1			1	5.45	5.45	
93	Elney	X		1	3	4	5.45	21.80	
94	Ish to mibby	X	1	1		2	5.45	10.90	
95	Robinson	X	1			1	5.45	5.45	
96	Ah zar ho kar tubby	X	1			1	5.45	5.45	
97	Miney	X		1		1	5.45	5.45	
98	Chi ki ka	X	1	1	1	3	5.45	16.35	
99	Hoop pak ish tubby	X	1	1	2	4	5.45	21.80	
100	In nook lo hubby	X	1	1	3	5	5.45	27.25	
101	Tap bo in tubby	X	1	1	2	4	5.45	21.80	
102	Ko loop sha	X		1		1	5.45	5.45	
103	Eme nut tubby	X	1	1	4	6	5.45	32.70	
104	Elar noon tubby	X	1	2	3	6	5.45	32.70	
105	Wilson Lewis	X	1	1	1	3	5.45	16.35	
106	Edward Leader	X	1	1	1	3	5.45	16.35	
107	Daugherty Colbert	X	1	1	3	5	5.45	27.25	
108	Nancy Frazier	X		1	1	2	5.45	10.90	
109	Ish to nubby	X	1	1	2	4	5.45	21.80	
110	Johnson	X	1			1	5.45	5.45	
111	Kis sar to kubby	X	5	1	3	9	5.45	49.05	
112	Robert Leader	X	2	1	2	5	5.45	27.25	
113	Shum Leader	X		1	3	4	5.45	21.80	
114	Joseph Colbert	X	1			1	5.45	5.45	
115	Sampson Sealy	X	1	1	1	3	5.45	16.35	
116	John Adams	X	1	1	1	3	5.45	16.35	
117	Ne ar wa	X	1			1	5.45	5.45	
118	Chah too ha Ke amy	X	1	1	5	7	5.45	38.15	
119	Billy Keamey	X	1	1	4	6	5.45	32.70	
120	Pa lish tubby	X	1	1		2	5.45	10.90	
121	Lacher	X	1	1	2	4	5.45	21.80	
122	Wright	X	1		1	2	5.45	10.90	
123	You way	X		1	1	2	5.45	10.90	
	Amount For'd		123	116	218	457	5.45	2490.65	

1859 Chickasaw Annuity

Number	Capt Geo Keel's Company Names	Marks	Males	Females	Children	Total	Amount Per Capita	Amount Total	Remarks
			123	116	218	457		2490.65	
124	Shar ma	X	1			1	5.45	5.45	
125	Hiram Pychin	X	1			1	5.45	5.45	
126	Thompson Bell	X	1			1	5.45	5.45	
127	On tee kun noo tubby	X	2			2	5.45	10.90	
128	Ah fum mit tubby	X	1			1	5.45	5.45	
129	Shar mar no chubby	X	1			1	5.45	5.45	
130	Pullar	X	1	1	4	6	5.45	32.70	
131	Op zar hubby	X	1			1	5.45	5.45	
132	On nar tato ha	X	1	1	4	6	5.45	32.70	
133	Cor nor way Gilchrist	X	1	1	5	7	5.45	38.15	
134	Nelson Gilchrist	X	1	1	2	4	5.45	21.80	
135	To hulth thlo	X		1		1	5.45	5.45	
136	Lup pi o kay	X	1	1	3	5	5.45	27.25	
137	Ah knu no tubby	X	1	1	2	4	5.45	21.80	
138	Pe mah ka	X		1		1	5.45	5.45	
139	Chi ki ka	X	1	1	4	6	5.45	32.70	
140	Ish tar bar mar tubby	X	1			1	5.45	5.45	
141	Hoop par kin tubby	X	1	1		2	5.45	10.90	
142	In mock in tubby	X	1	2	5	8	5.45	43.60	
143	Koos ti na	X	1			1	5.45	5.45	
144	Kissin	X	1	1	3	5	5.45	27.25	
145	Billy	X	1	1	4	6	5.45	32.70	
146	John James	X	1	1	2	4	5.45	21.80	
147	Dickson	X	1	1	2	4	5.45	21.80	
148	Elah ish tubby	X	1	1	1	3	5.45	16.35	
149	I ish tubby	X	1	1	7	9	5.45	49.05	
150	Stush in na cha	X	1			1	5.45	5.45	
151	Ho te ah ho ka	X		1		1	5.45	5.45	
152	Ah mun po lo	X	1	1	2	4	5.45	21.80	
153	Te me ah shubby	X	1	1	1	3	5.45	16.35	
154	Charles	X	1		1	2	5.45	10.90	
155	Tah hubby	X	2	1	3	6	5.45	32.70	
156	She me tah	X		1	5	6	5.45	32.70	
157	Kun c on tubby	X	1			1	5.45	5.45	
158	Yum mit ta cha	X		1	3	4	5.45	21.80	
159	William	X	1	1	4	6	5.45	32.70	
160	Chan nah lubbee	X	1	1	4	6	5.45	32.70	
161	Joshua	X	1	1	2	4	5.45	21.80	
162	Davis	X	1	1	1	3	5.45	16.35	
163	Yn nah tubby	X	1	1	4	6	5.45	32.70	
164	Claybourn	X	1	1	4	6	5.45	32.70	
	Amount For'd		161	146	300	607	5.45	3308.15	

1859 Chickasaw Annuity

Number	Capt Geo Keel's Company Names	Marks	Males	Females	Children	Total	Amount Per Capita	Amount Total	Remarks
			161	146	300	607		3308.15	
165	Shiota	X	1	1	2	4	5.45	21.80	
166	Juncy	X		1	2	3	5.45	16.35	
167	Kanan cha tubby	X	1	1	4	6	5.45	32.70	
168	Kia chubby	X	1	2	1	4	5.45	21.80	
169	Sho mi zea	X		2	2	4	5.45	21.80	
170	Shumul	X	1	1	3	5	5.45	27.25	
171	I ish tubby	X	1	1		2	5.45	10.90	
172	Tul o am by	X	1	1	1	3	5.45	16.35	
173	By tah nah tubby	X	1	2		3	5.45	16.35	
174	A le shin	X	1	1	3	5	5.45	27.25	
175	Booker Keel	X	1	1	7	9	5.45	49.05	
176	Sylvia	X		1	1	2	5.45	10.90	
177	Eastman	X	1		1	2	5.45	10.90	
178	Booker James	X	1	1	5	7	5.45	38.15	
179	Wm Ubbit to no zea	X	1	1		2	5.45	10.90	
180	I zock un tubby	X	1	2	3	6	5.45	32.70	
181	Jinney	X		1	2	3	5.45	16.35	
182	Tum lo ke	X		1	4	5	5.45	27.25	
183	Chul uc am by	X	1		2	3	5.45	16.35	
184	Pis sah moon tubby	X	1	3	2	6	5.45	32.70	
185	Ek lah na tubby	X	1	1	2	4	5.45	21.80	
186	Sho key	X	1	1	4	6	5.45	32.70	
187	Harken	X	1	1		2	5.45	10.90	
188	Shu mill	X	1	1	2	4	5.45	21.80	
189	Hotaa	X		1		1	5.45	5.45	
190	Ohim ah ka	X		1	3	4	5.45	21.80	
191	Eho zo tubby	X	1	1	2	4	5.45	21.80	
192	Loomah	X	1	1	3	5	5.45	27.25	
193	Lah chah	X	1	1	2	4	5.45	21.80	
194	Tc wa po tubby	X	1			1	5.45	5.45	
195	Miah chah	X	1	1	4	6	5.45	32.70	
196	Wm Armstrong	X	1	1	5	7	5.45	38.15	
197	Ah po mi cha	X	1			1	5.45	5.45	
198	Pah lah	X	1	1	5	7	5.45	38.15	
199	Euk ah cha	X	1		1	2	5.45	10.90	
200	Josey	X	1	1	2	4	5.45	21.80	
201	Phillip	X	1	1	3	5	5.45	27.25	
202	Isom	X	1	1	2	4	5.45	21.80	
203	Chuffa tubby	X	1	1		2	5.45	10.90	
204	Min tubby	X	2		1	3	5.45	16.35	
205	Wallace	X	1	1	1	3	5.45	16.35	
	Amount For'd		196	187	387	770	5.45	4196.50	

1859 Chickasaw Annuity

Number	Capt Geo Keel's Company Names	Marks	Males	Females	Children	Total	Amount Per Capita	Amount Total	Remarks
			196	187	387	770		4196.50	
206	Way ish tubby	X	1		1	2	5.45	10.90	
207	Kitty	X		1	2	3	5.45	16.35	
208	Pol sha cha	X	1		3	4	5.45	21.80	
209	Co iha	X	1		2	3	5.45	16.35	
210	Reuben James	X	1	1	1	3	5.45	16.35	
211	Shu tah pa la	X	1	3	4	8	5.45	43.60	
212	John Brown	X	1	1	1	3	5.45	16.35	
213	Too nah	X	1	1	4	6	5.45	32.70	
214	Isaac Folsom	X	1	2	3	6	5.45	32.70	
215	Eliza Fletcher	X		1	3	4	5.45	21.80	
216	Eve Bohannan	X		1	3	4	5.45	21.80	
217	Elizabeth Ann McIntosh	X			2	2	5.45	10.90	
218	Wall Folsom	X	1		3	4	5.45	21.80	
219	Ish ta ficher	X	1	1	3	5	5.45	27.25	
220	Bilsey	X		1	5	6	5.45	32.70	
221	Easha	X	1	1	5	7	5.45	38.15	
222	John Ok chan tubby	X	1		3	4	5.45	21.80	
223	Mi ah tubby	X	1	1	2	4	5.45	21.80	
224	Eho tubby	X	1	1	2	4	5.45	21.80	
225	Sucko nubby	X	1	1	2	4	5.45	21.80	
226	Rufus	X	1	1	2	4	5.45	21.80	
227	Mi ho lin tubby	X	1	1	2	4	5.45	21.80	
228	Hambly	X	1			1	5.45	5.45	
229	Uncy McGee	X	1			1	5.45	5.45	
230	Boh no wah tubby	X	1	1	4	6	5.45	32.70	
231	Suky Hogan	X		2		2	5.45	10.90	
232	Solomon Ah no lo tubby	X	1	1	5	7	5.45	38.15	
233	Hanison	X	1	1	2	4	5.45	21.80	
234	She ha che	X		1	2	3	5.45	16.35	
235	Joseph Davis	X	1	1	3	5	5.45	27.25	
236	Daniel Davis	X	1		6	7	5.45	38.15	
237	Ho zut ta	X	1		2	3	5.45	16.35	
238	Pass lin cha	X	1			1	5.45	5.45	
239	Robinson	X	1			1	5.45	5.45	
240	Ish to nubby	X	1			1	5.45	5.45	
241	Lachin	X	1			1	5.45	5.45	
242	Ah kun e ubby	X	1	1	2	4	5.45	21.80	
243	Tun a ho zea	X		1	3	4	5.45	21.80	
244	Alexander McGee	X	1	1		2	5.45	10.90	
245	She nah	X	1	1	4	6	5.45	32.70	
246	Am ha tubby	X	1	1	1	3	5.45	16.35	
	Amount For'd		229	218	479	926	5.45	5046.70	

1859 Chickasaw Annuity

Number	Capt Geo Keel's Company Names	Marks	Males	Females	Children	Total	Amount Per Capita	Amount Total	Remarks
			229	218	479	926		5046.70	
247	Ish tim o ah tubby	X	1	1	3	5	5.45	27.25	
248	On tick a nom tubby	X	1		1	2	5.45	10.90	
249	Lotty	X		1	3	4	5.45	21.80	
250	Allen	X	1			1	5.45	5.45	
251	Silas Kun ah tubby	X	1	1	2	4	5.45	21.80	
252	Davis	X	1			1	5.45	5.45	
253	Thomas Underwood	X	1	1	1	3	5.45	16.35	
254	Ish tink lo	X	1			1	5.45	5.45	
255	Tus kin ka	X	1	1	2	4	5.45	21.80	
256	Ke nubby	X	2			2	5.45	10.90	
257	Tul li zea	X		1	2	3	5.45	16.35	
258	Folo ta	X	2			2	5.45	10.90	
259	Sofa	X	1			1	5.45	5.45	
260	Po nah cha tubby	X	1	1	4	6	5.45	32.70	
261	William Wellington	X	1			1	5.45	5.45	
262	Lo sho wah	X	1			1	5.45	5.45	
263	In nuth pa ta	X	1		2	3	5.45	16.35	
264	John Anderson	X	1			1	5.45	5.45	
265	Martin James	X	1			1	5.45	5.45	
266	Mah chin in cha	X	1			1	5.45	5.45	
267	Cyrus Folsom	X	1			1	5.45	5.45	
268	Ben Emubby	X	1			1	5.45	5.45	
269	Milton	X	1			1	5.45	5.45	
270	Shah chu mi ka	X	1			1	5.45	5.45	
271	Lila	X	1			1	5.45	5.45	
272	Mul lah toon tubby	X	1			1	5.45	5.45	
273	Il ah che tubby	X	1	1	5	7	5.45	38.15	
274	Betsey	X		1		1	5.45	5.45	
275	Robertson	X	1	1		2	5.45	10.90	
276	Robert	X	1			1	5.45	5.45	
277	Robert Miller	X	1			1	5.45	5.45	
278	Susan Watkins	X		1		1	5.45	5.45	
279	Sloan Colbert	X	1			1	5.45	5.45	
280	Shully	X	1	2	2	5	5.45	27.25	
281	Nullet Ce tubby	X	2	2	3	7	5.45	38.15	
282	Hicks	X	1	1	1	3	5.45	16.35	
283	Loty	X	1	1	1	3	5.45	16.35	
284	Tun ah ho zea	X		1	2	3	5.45	16.35	
285	Ho tim ah tubby	X	1	1	3	5	5.45	27.25	
286	Ok la nah nubby	X	2	2	2	6	5.45	32.70	
287	Silas Pickens	X		1	1	2	5.45	10.90	
	Amount For'd		268	240	519	1027	5.45	5597.15	

1859 Chickasaw Annuity

Number	Capt Geo Keel's Company Names	Marks	Males	Females	Children	Total	Amount Per Capita	Amount Total	Remarks
			268	240	519	1027		5597.15	
288	Sina Ward	X		1	3	4	5.45	21.80	
289	Ish ki ha	X	1		4	5	5.45	27.25	
290	Onah kun tubby	X	1	1	2	4	5.45	21.80	
291	Te ook la cha	X	1	1	1	3	5.45	16.35	
292	Am ha tubby	X	1		1	2	5.45	10.90	
293	Betsey	X		1	3	4	5.45	21.80	
294	Melinda	X	1	1	2	4	5.45	21.80	
295	Teshozo	X	1	2	1	4	5.45	21.80	
296	Ho mi a chah	X	1	1	1	3	5.45	16.35	
297	Ellis	X	1	1	3	5	5.45	27.25	
298	Chass hook ta	X		1	2	3	5.45	16.35	
299	Che ho ka	X		1	1	2	5.45	10.90	
300	Dave	X	1			1	5.45	5.45	
301	Ah fin	X	1	1		2	5.45	10.90	
302	Roberson	X	1			1	5.45	5.45	
303	Washington	X	1	1	3	5	5.45	27.25	
304	Thlock fa cha	X	1	1	2	4	5.45	21.80	
305	Ah tah kin tubby	X	1	1	5	7	5.45	38.15	
306	Pak ah sho zea	X	1	1	2	4	5.45	21.80	
307	Bah pa sah tubby	X	1			1	5.45	5.45	
308	Ha a cha tubby	X	1			1	5.45	5.45	
309	Eastman	X	1			1	5.45	5.45	
310	F McKeely	X	1	1		2	5.45	10.90	
311	Theodore Wadkins	X	1	1	4	6	5.45	32.70	
312	Sully	X		1	4	5	5.45	27.25	
313	Tup a ham by	X	1	1	5	7	5.45	38.15	
314	Mah ho nah	X		1		1	5.45	5.45	
315	Tas sook	X	1			1	5.45	5.45	
316	Harris	X	1			1	5.45	5.45	
317	Bob Waters	X	1	1	2	4	5.45	21.80	
318	Mah shu la tubby	X	1			1	5.45	5.45	
319	Ele mah tuna	X		1	1	2	5.45	10.90	
320	Madison	X	1	1	1	3	5.45	16.35	
321	Johnson	X	1			1	5.45	5.45	
322	Davis	X	1			1	5.45	5.45	
323	Allen	X	1			1	5.45	5.45	
324	Palish tubby	X	1	1		2	5.45	10.90	
325	A ud tubby	X	1	1	2	4	5.45	21.80	
326	Kan nah ta	X	1	1	5	7	5.45	38.15	
327	Billy	X	1	1	1	3	5.45	16.35	
328	Che ah lusta	X	1			1	5.45	5.45	
329	Johnson	X	1	1	3	5	5.45	27.25	
	Amount Total		303	269	583	1155	5.45	6294.75	

1859 Chickasaw Annuity

Number	Capt Ned's Company Names	Marks	Males	Females	Children	Total	Amount Per Capita	Amount Total	Remarks
1	Capt Ned or Mo sho tubby	X	1	1	2	4	5.45	21.80	
2	Chan tam by	X	1	1	2	4	5.45	21.80	
3	Wm F Harrison	X	2	2	7	11	5.45	59.95	
4	J. D. Harris	X	1	1	4	6	5.45	32.70	
5	Salin Joy	X	1	1		2	5.45	10.90	
6	Ah no lit tubby	X	1			1	5.45	5.45	
7	Ah to kubby	X	1			1	5.45	5.45	
8	Pas hon zar	X	1	1	3	5	5.45	27.25	
9	Wilson	X	1	1	5	7	5.45	38.15	
10	Po nok hi ah	X	1			1	5.45	5.45	
11	Ah nok che tubby	X	1			1	5.45	5.45	
12	Im a la tubby	X	1	1	1	3	5.45	16.35	
13	Yok ish ta ubby	X	1	1	6	8	5.45	43.60	
14	Che pany	X	1	1		2	5.45	10.90	
15	Im ok lan tubby	X	1	1	2	4	5.45	21.80	
16	Ta pa ha ubby	X	1	2	4	7	5.45	38.15	
17	Lewis Cass	X	1		3	4	5.45	21.80	
18	Tony	X	1		2	3	5.45	16.35	
19	Hagin	X		1	3	4	5.45	21.80	
20	Nak ne chubby	X	1	1	3	5	5.45	27.25	
21	Morris Greenwood	X	1			1	5.45	5.45	
22	Sealy	X		4	3	7	5.45	38.15	
23	E she tubby	X	1	2	3	6	5.45	32.70	
24	Wy oky	X		1	2	3	5.45	16.35	
25	Pa ce ubby	X	1	1	5	7	5.45	38.15	
26	Sampson Likey	X	1	1	6	8	5.45	43.60	
27	Che liah	X	1	1	4	6	5.45	32.70	
28	Con ezo tubby	X	1	1	6	8	5.45	43.60	
29	Sar che (Creek)	X	1	1	1	3	5.45	16.35	
30	Kar she ni ah	X	1			1	5.45	5.45	
31	Joseph Sealy	X	1	1	2	4	5.45	21.80	
32	Archibald Alexander	X	2	1	2	5	5.45	27.25	
33	Aggy Patterson	X		1	4	5	5.45	27.25	
34	Ato how tubby	X	2		3	5	5.45	27.25	
35	Me hut tu bee	X	1	2	5	8	5.45	43.60	
36	Cannon Brown	X	1	1	2	4	5.45	21.80	
37	Thomas Benton	X	1	2	4	7	5.45	38.15	
38	Noah ubby	X	1	1	3	5	5.45	27.25	
39	Tecumsey Brown	X	1	1		2	5.45	10.90	
40	Tennessee Bynum	X		1		1	5.45	5.45	
41	Lucinda Bynum	X		1	8	9	5.45	49.05	
	Amount For'd		38	40	110	188	5.45	1024.60	

1859 Chickasaw Annuity

Number	Capt Ned's Company Names	Marks	Males	Females	Children	Total	Amount Per Capita	Amount Total	Remarks
			38	40	110	188		1024.60	
42	James Mar he co che	X	1	1		2	5.45	10.90	
43	Millard Filmore	X	5	2	4	11	5.45	59.95	
44	Wesley May tubbee	X	2	3	2	7	5.45	38.15	
45	Amos Greenwood	X	1		5	6	5.45	32.70	
46	Aaron Frazier	X	1	1	2	4	5.45	21.80	
47	Wilson Frazier	X	1	1		2	5.45	10.90	
48	Benjamin Frazier	X	1	1		2	5.45	10.90	
49	Harrison Burris	X		1	4	5	5.45	27.25	
50	Sampson Burris	X	1		4	5	5.45	27.25	
51	Aaron	X	1			1	5.45	5.45	
52	Chilly Alexander	X	1			1	5.45	5.45	
53	Hick ut a tubby	X	2		2	4	5.45	21.80	
54	Hinney	X		1	1	2	5.45	10.90	
55	Kan is Mar tubby	X	1	1	2	4	5.45	21.80	
56	Awa tubby	X	1	1	1	3	5.45	16.35	
57	On ta zut tubby	X	1	1	5	7	5.45	38.15	
58	Ah but e she	X	1	1	4	6	5.45	32.70	
59	Tick funky	X	1			1	5.45	5.45	
60	Yostin	X	1	1	1	3	5.45	16.35	
61	Ne nock am by	X	1	2	2	5	5.45	27.25	
62	Wm Cravat	X		2	2	4	5.45	21.80	
63	Esh til leh chah Steel	X	1			1	5.45	5.45	
64	Mary McGilberry	X	1	3	3	7	5.45	38.15	
65	Tus kuw we ah	X	1		4	5	5.45	27.25	
66	Cale Folsom	X	1	1	3	5	5.45	27.25	
67	Jinsey Patterson	X		1		1	5.45	5.45	
68	Sampson Frazier	X	1			1	5.45	5.45	
69	Alligator	X	2	2	5	9	5.45	49.05	
70	E zut tubby	X	1			1	5.45	5.45	
71	James Leflore	X	1			1	5.45	5.45	
72	Saml McGee	X	1			1	5.45	5.45	
73	Elin	X	1			1	5.45	5.45	
74	Lannis	X	1	1		2	5.45	10.90	
75	E we Ca ho na	X	1	1	2	4	5.45	21.80	
76	Abel Wade	X	1	1	1	3	5.45	16.35	
77	Akl pis tubby	X	1	1		2	5.45	10.90	
78	She ha ze	X	1			1	5.45	5.45	
79	Mosher lika	X	1			1	5.45	5.45	
80	Ah cha fan tybby	X	1	1	2	4	5.45	21.80	
81	Wm Nock le chubby	X	1	2	2	5	5.45	27.25	
82	Isom James	X	1	2	2	5	5.45	27.25	
	Amount For'd		82	76	175	333	5.45	1814.85	

1859 Chickasaw Annuity

Number	Capt Ned's Company Names	Marks	Males	Females	Children	Total	Amount Per Capita	Amount Total	Remarks
			82	76	175	333		1814.85	
83	Frank Poter	X	2	2	3	7	5.45	38.15	
84	hu min ar tubby	X	1	1	1	3	5.45	16.35	
85	Shal ke	X	1	1	3	5	5.45	27.25	
86	Peter Burris	X	1	1	4	6	5.45	32.70	
87	Duncan	X	1	1	2	4	5.45	21.80	
88	Silas	X	1			1	5.45	5.45	
89	Simpson	X	2			2	5.45	10.90	
90	Opah ka che tubby	X	1	1	2	4	5.45	21.80	
91	Ah wah tun tubby	X	3	1	2	6	5.45	32.70	
92	Cut te o tubby	X	1			1	5.45	5.45	
93	Tearh tubby	X	1	1		2	5.45	10.90	
94	Sina	X		1	2	3	5.45	16.35	
95	Salina	X		1	1	2	5.45	10.90	
96	Po nock hi zea	X		1	1	2	5.45	10.90	
97	Joseph Ah nock cha	X	1			1	5.45	5.45	
98	Ad kin	X	1			1	5.45	5.45	
99	Amy	X		1	2	3	5.45	16.35	
100	James K Polk	X	1	1	2	4	5.45	21.80	
101	Tawa	X	1	1	2	4	5.45	21.80	
102	Ha xhah	X	1	1	4	6	5.45	32.70	
103	Lush Ker tubby	X	2	2	4	8	5.45	43.60	
104	Pasubby	X	1	1	2	4	5.45	21.80	
105	Nock na chubby	X	1	1	2	4	5.45	21.80	
106	Sealy	X		1	3	4	5.45	21.80	
107	Silas	X	1	1		2	5.45	10.90	
108	Chilly	X	1			1	5.45	5.45	
109	Sally	X		1	2	3	5.45	16.35	
110	Me ho ta	X		1	3	4	5.45	21.80	
111	Patsey	X		1		1	5.45	5.45	
112	Howard	X	1			1	5.45	5.45	
113	Carmon	X	1			1	5.45	5.45	
114	Eastman	X	1	1	2	4	5.45	21.80	
115	Wilson	X	1	1	5	7	5.45	38.15	
116	Owe tubby	X	1	1	3	5	5.45	27.25	
117	Albert Brown	X	1	1	1	3	5.45	16.35	
118	Ock to ho nah	X		1	2	3	5.45	16.35	
119	Sho lo co chah	X		1	2	3	5.45	16.35	
120	Mah hi kah	X		1	6	7	5.45	38.15	
121	Lucy Ann	X		1		1	5.45	5.45	
122	Cho la chah	X		2	3	5	5.45	27.25	
123	Ish tim o zea tubby	X	1	1	1	3	5.45	16.35	
	Amount For'd		115	112	247	474	5.45	2583.30	

1859 Chickasaw Annuity

Number	Capt Ned's Company Names	Marks	Males	Females	Children	Total	Amount Per Capita	Amount Total	Remarks
			115	112	247	474		2583.30	
124	Jerry	X	1	1	2	4	5.45	21.80	
125	Nowah cubby	X	1	1	3	5	5.45	27.25	
126	Eho zo tubby	X	1	1	3	5	5.45	27.25	
127	Te ho tubby	X	1	1		2	5.45	10.90	
128	Tah na cha	X	2	2	2	6	5.45	32.70	
129	Salina	X		1		1	5.45	5.45	
130	Lon chubby	X	1	1	3	5	5.45	27.25	
131	En moon tubby	X	1	1	6	8	5.45	43.60	
132	Josey	X	1	1	2	4	5.45	21.80	
133	Im mok chut tubby	X	1	1	2	4	5.45	21.80	
134	Johnson	X	1	1	1	3	5.45	16.35	
135	Joseph	X	1			1	5.45	5.45	
136	L zt ka	X	1			1	5.45	5.45	
137	Kun nush	X	1			1	5.45	5.45	
138	Daniel Saffarans	X		2	2	4	5.45	21.80	
139	Ne nok am by	X	1	1	3	5	5.45	27.25	
140	Wallace	X	1			1	5.45	5.45	
141	Davis	X	1			1	5.45	5.45	
142	Char lot ta	X		1	1	2	5.45	10.90	
143	Tillook	X	1	1	1	3	5.45	16.35	
144	Nith an tam by	X	1			1	5.45	5.45	
145	Ick ap che na tubby	X	1			1	5.45	5.45	
146	Meosha	X		1		1	5.45	5.45	
147	E bah toun by	X	1	1		2	5.45	10.90	
148	Len ah	X		1		1	5.45	5.45	
149	Johnson	X	1	1	2	4	5.45	21.80	
150	Thli cha cha	X	1	1	4	6	5.45	32.70	
151	I a to tubby	X	1	1	3	5	5.45	27.25	
152	Sham mey	X	1	1	3	5	5.45	27.25	
153	John Lewis	X	1	1	3	5	5.45	27.25	
154	Benj R. Lewis	X	1	1	3	5	5.45	27.25	
155	Cubby	X	1			1	5.45	5.45	
156	Lusey Lewis	X	1	1	2	4	5.45	21.80	
157	Calla Shah cha	X	1	2	3	6	5.45	32.70	
158	Katy	X		1	1	2	5.45	10.90	
159	Loo mah	X	1	1	3	5	5.45	27.25	
160	Stima Lhapa	X		2	2	4	5.45	21.80	
161	Wilson Wolf	X	1		4	5	5.45	27.25	
162	Ah low a chah	X	1		3	4	5.45	21.80	
163	Lit e he chah	X		1	1	2	5.45	10.90	
164	Kam e cha	X	2		1	3	5.45	16.35	
	Amount For'd		150	146	316	612	5.45	3335.40	

1859 Chickasaw Annuity

Number	Capt Ned's Company Names	Marks	Males	Females	Children	Total	Amount Per Capita	Amount Total	Remarks
			150	146	316	612		3335.40	
165	Thluck ke chee	X	1			1	5.45	5.45	
166	Kar ne at tubby	X	1	1	2	4	5.45	21.80	
167	Nok sho per	X	1	1	6	8	5.45	43.60	
168	In wah tubby	X	1	1	2	4	5.45	21.80	
169	In mok ist tubby	X	1		2	3	5.45	16.35	
170	Ah no lit tubby	X	1	1	1	3	5.45	16.35	
171	John Burris	X	1			1	5.45	5.45	
172	Ah lo we ah tubby	X	1		2	3	5.45	16.35	
173	Chah my oke	X	1			1	5.45	5.45	
174	Cornelius Lewis	X	1	1	3	5	5.45	27.25	
175	Tailor	X	1	1		2	5.45	10.90	
176	Shin ti a cher	X		1	1	2	5.45	10.90	
177	Tick fon ti ah	X	2	3	2	7	5.45	38.15	
178	James	X	1	1	4	6	5.45	32.70	
179	William King	X	1		3	4	5.45	21.80	
180	Lacher	X	1	1	3	5	5.45	27.25	
181	Ho tubby	X	1	1	3	5	5.45	27.25	
182	Yah ha co cha	X	2		3	5	5.45	27.25	
183	Ben	X	1	1	5	7	5.45	38.15	
184	Lah ta chah	X		1	1	2	5.45	10.90	
185	Ash ah lar tubby	X	1	1	2	4	5.45	21.80	
186	Lucy	X		1	2	3	5.45	16.35	
187	George (Creek)	X	1	1	1	3	5.45	16.35	
188	Sampson (Cherokee)	X	1	1	1	3	5.45	16.35	
189	Sho woun ar he	X	1	1	1	3	5.45	16.35	
190	To ne cher	X	2	1	2	5	5.45	27.25	
191	James She wa ke	X	2	1	3	6	5.45	32.70	
192	Em moo shi chee	X	1	2	2	5	5.45	27.25	
193	Ak hoep to nubbee	X	1	1	4	6	5.45	32.70	
194	Pochee	X	1		2	3	5.45	16.35	
195	Willis	X	1			1	5.45	5.45	
196	Watta	X	1			1	5.45	5.45	
197	Wilson Colbert	X	1	2	1	4	5.45	21.80	
198	Anderson Miller	X	1			1	5.45	5.45	
199	Em mut tom tubbee	X	1			1	5.45	5.45	
200	James Cheadle	X	1			1	5.45	5.45	
201	E kar ne zah	X	1	1	1	3	5.45	16.35	
202	E kil lo kut tubbee	X	1			1	5.45	5.45	
203	Thlar ko fen tubbee	X	1	1	3	5	5.45	27.25	
204	Em mer cher tubbee	X	1			1	5.45	5.45	
205	Azco Colbert	X	1	1	1	3	5.45	16.35	
	Amount For'd		192	176	385	753	5.45	4103.85	

1859 Chickasaw Annuity

Number	Capt Ned's Company Names	Marks	Males	Females	Children	Total	Amount Per Capita	Amount Total	Remarks
			192	176	385	753		4103.85	
206	Morgan Colbert	X	1		1	2	5.45	10.90	
207	Ish te Chuckee	X	2		2	4	5.45	21.80	
208	Ho tai chee	X	1		2	3	5.45	16.35	
209	En mer hin ner	X	1	1	3	5	5.45	27.25	
210	Walden	X	1			1	5.45	5.45	
211	Oap lar kew tubbee	X	1			1	5.45	5.45	
212	Che par nee	X	1			1	5.45	5.45	
213	Sucky Owens	X		1	3	4	5.45	21.80	
214	Capt Jno Riddle	X			6	6	5.45	32.70	
215	Thomas Hali	X	1	1	2	4	5.45	21.80	
216	Kim hil chee	X	1	1	3	5	5.45	27.25	
217	Niush cut ch ubbee	X	1			1	5.45	5.45	
218	We har zo nubbe	X	1	2	5	8	5.45	43.60	
219	Ish tim mer har za	X		1	1	2	5.45	10.90	
220	Chaf fut tam bee	X	1	1	3	5	5.45	27.25	
221	Uh ul lo hee	X		1	2	3	5.45	16.35	
222	George Washington	X	2	2	4	8	5.45	43.60	
223	Joseph Dunford	X	1			1	5.45	5.45	
224	Kitty Kincaid	X		1	1	2	5.45	10.90	
225	George Brown	X	1			1	5.45	5.45	
226	Silas James	X	1	2	4	7	5.45	38.15	
227	Joseph James	X	1			1	5.45	5.45	
228	Dace & Martin James	X			2	2	5.45	10.90	
229	Ish mat tubbee	X	1	1		2	5.45	10.90	
230	Davison Wesler	X	1	1	1	3	5.45	16.35	
231	Tah hon nah	X		3	2	5	5.45	27.25	
232	Ut fit picker	X	1	1	2	4	5.45	21.80	
233	Jarvis Wright	X	1	1	1	3	5.45	16.35	
234	Hiram Pltchlynn	X	1			1	5.45	5.45	
235	Far lar mer tubbee	X	1		3	4	5.45	21.80	
236	Ular wa cher	X		1	3	4	5.45	21.80	
237	Tush shur cher	X	1	1	1	3	5.45	16.35	
238	I ee zr ta	X		1	3	4	5.45	21.80	
239	Alfred Lealem	X	1			1	5.45	5.45	
240	A nar za	X		2	1	3	5.45	16.35	
241	Te ho tubbee	X	1			1	5.45	5.45	
242	She tah we	X	1			1	5.45	5.45	
243	Jackson Cameway	X	1	1	5	7	5.45	38.15	
244	Silvy	X		1	5	6	5.45	32.70	
245	Ewing Moore	X	1	1	2	4	5.45	21.80	
246	Kar tar pr tubbee	X	1		1	2	5.45	10.90	
	Amount For'd		224	205	459	888	5.45	4839.60	

1859 Chickasaw Annuity

Number	Capt Ned's Company Names	Marks	Males	Females	Children	Total	Amount Per Capita	Amount Total	Remarks
			224	205	459	888		4839.60	
247	Ok lur shew tubbee	X	1	1	1	3	5.45	16.35	
248	She he cher	X		1	2	3	5.45	16.35	
249	Siny	X		1	1	2	5.45	10.90	
250	Nust ook chubbee	X	1			1	5.45	5.45	
251	Eliza	X		1	1	2	5.45	10.90	
252	Milsy	X		2	1	3	5.45	16.35	
253	Suh ma tubbee	X	1	1	2	4	5.45	21.80	
254	Ish to mar zar char	X	3	1		4	5.45	21.80	
255	Ei bar zah	X	2	1	4	7	5.45	38.15	
256	Mar ka ho za	X		1	2	3	5.45	16.35	
257	I zar ho tubbee	X	1	1		2	5.45	10.90	
258	Sumer	X	1			1	5.45	5.45	
259	Ar she hih tubbee	X	1			1	5.45	5.45	
260	Kar lush	X	1			1	5.45	5.45	
261	Icy	X		1	1	2	5.45	10.90	
262	Oon ner tubbee	X	1			1	5.45	5.45	
263	Carmon	X	1			1	5.45	5.45	
264	Pitman Harlan	X	1			1	5.45	5.45	
265	Oak Cham tubbee	X	1			1	5.45	5.45	
266	Robt Pursley (son of N. P)	X			1	1	5.45	5.45	
267	Et lar po nubbee	X	1		2	3	5.45	16.35	
268	I zut ter bee	X	1	1		2	5.45	10.90	
269	Cho mey	X	1	1	2	4	5.45	21.80	
270	Shuck hut zea	X	2	3	3	8	5.45	43.60	
271	Sur war cher	X		2	6	8	5.45	43.60	
272	Kar ho kee	X		2	1	3	5.45	16.35	
273	Ish tim muck kee	X		1	2	3	5.45	16.35	
274	She mo tai za cher	X		2	5	7	5.45	38.15	
275	Sealy Folsom	X		1	3	4	5.45	21.80	
276	Mus ko gee's Children	X			3	3	5.45	16.35	
277	Tar far mon tubbee	X	2	1		3	5.45	16.35	
278	Pis sar he cubbee	X	3	2	4	9	5.45	49.05	
279	He la to ner	X		1	4	5	5.45	27.25	
280	Judy	X		1	1	2	5.45	10.90	
281	Benjamin Harkins	X	1	1	3	5	5.45	27.25	
282	Sloan C. Williams	X	1	1	2	4	5.45	21.80	
283	Cobb	X	1			1	5.45	5.45	
284	He acher	X	1	1	4	6	5.45	32.70	
285	Nip ke	X	1			1	5.45	5.45	
286	Tah zarsh tubbee	X	1	1	3	5	5.45	27.25	
287	She mar ho kee	X		1	3	4	5.45	21.80	
	Amount For'd		256	240	526	1022	5.45	5569.90	

1859 Chickasaw Annuity

Number	Capt Ned's Company Names	Marks	Males	Females	Children	Total	Amount Per Capita	Amount Total	Remarks
			256	240	526	1022		5569.90	
288	Loseau	X		1	2	3	5.45	16.35	
289	David Pickens	X	1	1	1	3	5.45	16.35	
290	Em pah tubby	X	1	1	2	4	5.45	21.80	
291	[OMITTED NUMBER]	X				0	5.45	0.00	
292	Ami & James Guy	X			2	2	5.45	10.90	
293	Nolh ho zo key	X		1	2	3	5.45	16.35	
294	Claburn	X	1	1		2	5.45	10.90	
295	Robert Ub bit tim no zah	X	1	1	3	5	5.45	27.25	
296	Shim Mar tia chee	X		1	4	5	5.45	27.25	
297	George Frazier	X	1	1	2	4	5.45	21.80	
298	McKinney	X	1	1	2	4	5.45	21.80	
299	Wilson Colbert	X			1	1	5.45	5.45	
300	Ah yak ah tubby	X	1			1	5.45	5.45	
301	Elizabeth Goforth	X		1	1	2	5.45	10.90	
	Amount Total		263	250	548	1061	5.45	5782.45	

1859 Chickasaw Annuity

Number	Capt Isaac Love's Company Names	Marks	Males	Females	Children	Total	Amount Per Capita	Amount Total	Remarks
1	Capt Isaac Love	X	1	1	5	7	5.45	38.15	
2	Joel Kemp	X	1	1	4	6	5.45	32.70	
3	Doley Colbert	X		1		1	5.45	5.45	
4	Doctor Warner	X	1	1	6	8	5.45	43.60	
5	Pe sa cher	X	1	1	6	8	5.45	43.60	
6	Robertson	X	1			1	5.45	5.45	
7	E up pi hubby	X	2		3	5	5.45	27.25	
8	Wm McLish	X	1	1	2	4	5.45	21.80	
9	H. Duncun	X	1	1	1	3	5.45	16.35	
10	H. Cpubbee	X	1	1	3	5	5.45	27.25	
11	C. P. Harris	X	1			1	5.45	5.45	
12	J. McKinney	X	1	1	2	4	5.45	21.80	
13	S. Colbert	X	1	1	2	4	5.45	21.80	
14	Esuepa	X	1	2	4	7	5.45	38.15	
15	Is a ener nipy	X	1	1	1	3	5.45	16.35	
16	Oniha	X	1	1	3	5	5.45	27.25	
17	J. Cravat	X	1	1	4	6	5.45	32.70	
18	J. Esuepa	X	1	1		2	5.45	10.90	
19	Un tom ba	X		1	2	3	5.45	16.35	
20	Loren	X	1	1	1	3	5.45	16.35	
21	Sherta	X	1			1	5.45	5.45	
22	Te ha a	X		1		1	5.45	5.45	
23	David	X	1			1	5.45	5.45	
24	S. D. Colbert	X	1	1	1	3	5.45	16.35	
25	Rhoda Potts	X		1	4	5	5.45	27.25	
26	Benjamin Kemp	X	1	1	1	3	5.45	16.35	
27	I. Alberson	X	1	1	2	4	5.45	21.80	
28	H. Bacon	X	2	1	2	5	5.45	27.25	
29	M. Laflore	X		1	1	2	5.45	10.90	
30	S. Sealy	X	1	1	1	3	5.45	16.35	
31	Chuck ni ha	X	3	2	8	13	5.45	70.85	
32	R. Kemp	X	1	2	6	9	5.45	49.05	
33	Anderson	X	1	1	2	4	5.45	21.80	
34	Izo mun tubby	X	1	1	2	4	5.45	21.80	
35	Tuika	X		1	1	2	5.45	10.90	
36	Melvina	X		1	1	2	5.45	10.90	
37	Tar ho te	X	1	1		2	5.45	10.90	
38	Tat ho tubby	X	1	1	3	5	5.45	27.25	
39	Ko a by	X	1	1	1	3	5.45	16.35	
40	W. Holton	X	1	1	4	6	5.45	32.70	
41	Cephas Holton	X	1	1	3	5	5.45	27.25	
	Amount For'd		38	39	92	169	5.45	921.05	

1859 Chickasaw Annuity

Number	Capt Isaac Love's Company Names	Marks	Males	Females	Children	Total	Amount Per Capita	Amount Total	Remarks
			38	39	92	169		921.05	
42	Esther	X		1	2	3	5.45	16.35	
43	Ful ho ka	X		1	2	3	5.45	16.35	
44	Shuiha	X		1	3	4	5.45	21.80	
45	Abijah Colbert	X	1	1	2	4	5.45	21.80	
46	James Peter	X	2			2	5.45	10.90	
47	Ho che tubby	X	1	1		2	5.45	10.90	
48	J. Lewis	X	1		2	3	5.45	16.35	
49	W. Kemp	X	2	1	3	6	5.45	32.70	
50	Isaac Jefferson	X	1		2	3	5.45	16.35	
51	James Hillhouse	X	1	1	3	5	5.45	27.25	
52	Allen James	X	1	1	5	7	5.45	38.15	
53	Levi Colbert	X	1	1		2	5.45	10.90	
54	Em a har ka	X	1	2	3	6	5.45	32.70	
55	Wiles Gaylet	X	1	1	1	3	5.45	16.35	
56	S. Coley	X	1	1	6	8	5.45	43.60	
57	T. Collins	X	1			1	5.45	5.45	
58	Sarah Albert	X		1	1	2	5.45	10.90	
59	M. Perry	X	1	1	7	9	5.45	49.05	
60	Susan McCoy	X		3	5	8	5.45	43.60	
61	In nar moon tubby	X	1		1	2	5.45	10.90	
62	Nip ka	X	1	1	2	4	5.45	21.80	
63	She ho ka	X		1		1	5.45	5.45	
64	Absalom McCoy	X	1	1	1	3	5.45	16.35	
65	James McCoy	X	1	2	8	11	5.45	59.95	
66	Cornelius Cravat	X	1		2	3	5.45	16.35	
67	Nacy Nelson	X		1		1	5.45	5.45	
68	Rogers Perry	X	1			1	5.45	5.45	
69	Syney Nelson	X		1	2	3	5.45	16.35	
70	Joseph Jeffery	X	1	1	4	6	5.45	32.70	
71	Morgan Cplbert	X	2	2	2	6	5.45	32.70	
72	Shin poia	X		1	1	2	5.45	10.90	
73	Jane Ho nubby	X	1	2	1	4	5.45	21.80	
74	Eliza Ellis	X	1			1	5.45	5.45	
75	Rebecca B. Enatoca	X		1	2	3	5.45	16.35	
76	Isabella Beams	X		1		1	5.45	5.45	
77	Lewis Newberry	X	1	1	3	5	5.45	27.25	
78	Robert Newberry	X	2	1		3	5.45	16.35	
79	W. Harney	X	1	2	1	4	5.45	21.80	
80	Shim i ck	X		2	3	5	5.45	27.25	
81	Aga	X		1	2	3	5.45	16.35	
82	E mith i ca tubby	X	1			1	5.45	5.45	
	Amount For'd		70	79	174	323	5.45	1760.35	

1859 Chickasaw Annuity

Number	Capt Isaac Love's Company Names	Marks	Males	Females	Children	Total	Amount Per Capita	Amount Total	Remarks
			70	79	174	323		1760.35	
83	Charles Shico	X	1	1	5	7	5.45	38.15	
84	Eunenbby	X		1	2	3	5.45	16.35	
85	Thomas Benton	X	1		2	3	5.45	16.35	
86	William Poter	X	1			1	5.45	5.45	
87	Tush i tam bee	X	1	2	3	6	5.45	32.70	
88	John Wade	X	1	1	1	3	5.45	16.35	
89	Amos Tight	X	1	1	3	5	5.45	27.25	
90	Sa im bia	X	1		3	4	5.45	21.80	
91	Chun bey	X	1	1	3	5	5.45	27.25	
92	Im mi key	X	1	1		2	5.45	10.90	
93	Tah kah pi cher	X	4	1	3	8	5.45	43.60	
94	Shah ar ui cher	X	1	1	1	3	5.45	16.35	
95	Allen Greenwood	X	1	1	4	6	5.45	32.70	
96	John Foalling	X	1	1	3	5	5.45	27.25	
97	Winchester	X	1	1	1	3	5.45	16.35	
98	Tuck it ubby	X	1	1	3	5	5.45	27.25	
99	Im mus tubby	X	1	1		2	5.45	10.90	
100	Dickson Frazier	X	1	1	5	7	5.45	38.15	
101	Shu mar ker	X		1	2	3	5.45	16.35	
102	Lemuel Colbert	X	1	3	1	5	5.45	27.25	
103	Charles Calup	X	1			1	5.45	5.45	
104	John Gess	X	2	1	2	5	5.45	27.25	
105	L. Love	X	1	1	8	10	5.45	54.50	
106	Lotty Leflore	X		1	2	3	5.45	16.35	
107	Russell McKinney	X	1	1		2	5.45	10.90	
108	Josiah Hillhouse	X	2	1	1	4	5.45	21.80	
109	Sapster	X		1	1	2	5.45	10.90	
110	James Colbert	X	1	1	2	4	5.45	21.80	
111	William	X	1	1	4	6	5.45	32.70	
112	Whi na cha	X		1	3	4	5.45	21.80	
113	Robert	X	1	1	1	3	5.45	16.35	
114	B. F. Colbert	X	2	1	3	6	5.45	32.70	
115	Minerva Colbert	X		1		1	5.45	5.45	
116	Louisa Colbert	X		1	3	4	5.45	21.80	
117	Lemuel Reynolds	X	1	1	1	3	5.45	16.35	
118	Thomas Reynolds	X	1	1	1	3	5.45	16.35	
119	J. Kemp	X	2	3	6	11	5.45	59.95	
120	H. Colbert	X	1	1	2	4	5.45	21.80	
121	Elizabeth Fisher	X		1	4	5	5.45	27.25	
122	Colbert Carter	X	1		1	2	5.45	10.90	
	Amount For'd		109	119	264	492	5.45	2681.40	

1859 Chickasaw Annuity

Number	Capt Isaac Love's Company Names	Marks	Males	Females	Children	Total	Amount Per Capita	Amount Total	Remarks
			109	119	264	492		2681.40	
123	Doctor Eastman	X	1	1	2	4	5.45	21.80	
124	C. Allen	X		1	1	2	5.45	10.90	
125	M. Allen	X	1			1	5.45	5.45	
126	C. F. Eastman	X	2	1	5	8	5.45	43.60	
127	O. Love	X	1	1	3	5	5.45	27.25	
128	M. Reynolds	X	1	1	2	4	5.45	21.80	
129	Lonishto	X	1	1		2	5.45	10.90	
130	Em marth tubby	X	1			1	5.45	5.45	
131	Un chubby	X		2		2	5.45	10.90	
132	Ar he che tubby	X	1			1	5.45	5.45	
133	Ish han nar	X	1			1	5.45	5.45	
134	Kun ish tar tubby	X	1			1	5.45	5.45	
135	Malisey	X	1	1	3	5	5.45	27.25	
136	Soa tubby	X	1	2	5	8	5.45	43.60	
137	M. Sheco	X	1	1	7	9	5.45	49.05	
138	N. Factor	X		1	5	6	5.45	32.70	
139	Faba	X		1	1	2	5.45	10.90	
140	Nock nu chubby	X	1	1	1	3	5.45	16.35	
141	Saley	X	1			1	5.45	5.45	
142	Robert Colbert	X	1	1	2	4	5.45	21.80	
143	William Ellis	X	2	1		3	5.45	16.35	
144	Benjamin Colbert	X	1		1	2	5.45	10.90	
145	Alexander McKinney	X	1	1		2	5.45	10.90	
146	Mary Simms	X		1		1	5.45	5.45	
147	Wyatt C. M. Love	X	1	1	1	3	5.45	16.35	
148	Shar cubby	X	2	2		4	5.45	21.80	
149	To uch to	X	1	1		2	5.45	10.90	
150	Ish ta mar tubby	X	1	1	2	4	5.45	21.80	
151	Char fer	X	2	1	3	6	5.45	32.70	
152	Ar ho mi che tubby	X	1	1	3	5	5.45	27.25	
153	Jones	X	1	1		2	5.45	10.90	
154	William McKing	X	1	1	2	4	5.45	21.80	
155	James Colbert	X	1			1	5.45	5.45	
156	J. C. Colbert	X	1			1	5.45	5.45	
157	Zack Colbert	X	1	1	2	4	5.45	21.80	
158	Benj Ellis	X	1		1	2	5.45	10.90	
159	J. R. Colbert	X	1			1	5.45	5.45	
160	Levi Kemp	X	1	1		2	5.45	10.90	
161	Shum mon	X	1			1	5.45	5.45	
162	M. Folsom	X		1	1	2	5.45	10.90	
163	Elo tubby	X	1	1	1	3	5.45	16.35	
	Amount For'd		148	151	318	617	5.45	3362.65	

1859 Chickasaw Annuity

Number	Capt Isaac Love's Company Names	Marks	Males	Females	Children	Total	Amount Per Capita	Amount Total	Remarks
			148	151	318	617		3362.65	
164	Onopy	X	1		2	3	5.45	16.35	
165	Jacobs	X	1	1	1	3	5.45	16.35	
166	Titsaw	X	1	1	1	3	5.45	16.35	
167	Susan Tola tubby	X		1	2	3	5.45	16.35	
168	Henry Love	X	1	1	1	3	5.45	16.35	
169	Sarah	X	1	1		2	5.45	10.90	
170	Kiw ha Factor	X		2	1	3	5.45	16.35	
171	Mississippi Juzan	X		1	4	5	5.45	27.25	
172	Saffin	X	1			1	5.45	5.45	
173	Carney	X	1	1	3	5	5.45	27.25	
174	Nelson Frazier	X	1	1	1	3	5.45	16.35	
175	Tom Johnson	X			2	2	5.45	10.90	
	Amount Total		156	161	336	653	5.45	3558.85	

1859 Chickasaw Annuity

Number	Recapitulation Captains of Companies	Marks	Males	Females	Children	Total	Amount Per Capita	Amount Total	Remarks
1	Geoge D James Company	X	231	240	624	1095	5.45	5967.75	
2	Hothliche's Company	X	215	243	540	998	5.45	5439.10	
3	George Keel's Company	X	303	269	583	1155	5.45	6294.75	
4	Ned's Company	X	263	250	548	1061	5.45	5782.45	
5	Isaac Love's Company	X	156	161	336	653	5.45	3558.85	
	Amount Paid as Annuity							27042.90	
	Cyrus Harris Nat'l Treasurer		Appropriated Funds					22954.54	
	Cyrus Harris " "		Indivisible Fractions					2.56	

We Certify that we were present at the Paying of the foregoing Amounts and Saw the different Sums paid to the Several Individual Indians in Specie and also that their signatures or Marks were affixed in our presence, this the eighteenth day of November A.D. 1859.

Witnesses

John Page U.S. Interpreter

Thomas Drennen

Reuben Wright

D Colbert

Gov

1859 Chickasaw Annuity

Received at Tishomingo City C.N, November 18th AD 1859 of Douglas H Cooper U.S. Indian Agent for the Choctaws and Chickasaws tribes of Indians, the sum of Twenty two Thousand Nine hundred and fifty-four and 54/100 Dollars being the Amount Appropriated for certain purposes by the Chickasaw Legislature as pr act passed Oct 19th 1859 and also the sum of Two and 36/100 dollars being the Surplus Arising from individual fractions of the per Capita payment. Said amounts being out of interest money paid by the Government of the United States for the year AD 1859 Under the Head of "Carrying into effect Treaties with the Chickasaws."

Witnesses
John Page U.S. Interpreter
Thomas Drennen
Reuben Wright

Cyrus Harris
National Treas

I Daugherty Colbert Governor of the Chickasaw Nation and we the Captains of the Chickasaw Tribe of Indians, acknowledge the Correctness of the foregoing Receipts and Certify that Cyrus Harris is Treasurer of the Chickasaw Nation.

Witnesses
John Page U.S. Interpreter
Thomas Drennen
Reuben Wright

D Colbert
Gov
G D James
Hothliche His X Mark
Geo Keel His X Mark
Ned His X Mark
Isaac Love His X Mark

I certify, on honor, that I have actually paid the amounts set forth in the foregoing Receipts, in specie, to the several [_?_] different individuals: and, that these and also the sum paid to the Treasurer of the Chickasaw Nation, were paid in accordance with the Laws of said Nation and the wishes of the Chickasaw People.

Tishomingo C.N,
    November 18th 1859

Douglas H Cooper
U S Indian Agent
for
Choctaws & Chickasaws

1860 Chickasaw Annuity

November, 1860

1860 Chickasaw Annuity

Number	Capt Ned's Roll Names	Marks	Males	Females	Children	Total	Amount Per Capita	Amount Total	Remarks
1	Capt Ned or Mo sho tubby	X	1	1	2	4	10.00	40.00	
2	Aggy Patterson	X	1	1	3	5	10.00	50.00	
3	Soney	X	1	1	2	4	10.00	40.00	
4	Peter Burris	X	1	1	4	6	10.00	60.00	
5	Atam echer	X	1	1		2	10.00	20.00	
6	Shluck e cher	X	1			1	10.00	10.00	
7	Ie to tubby	X	1	1	4	6	10.00	60.00	
8	Nicholas Joseph	X	1	1	1	3	10.00	30.00	
9	Cheron	X	1			1	10.00	10.00	
10	William Cravat	X	1	1	4	6	10.00	60.00	
11	To ne cher	X	1	1	5	7	10.00	70.00	
12	Lumkey	X	1	1		2	10.00	20.00	
13	Tennessee Bynum	X	1	1	8	10	10.00	100.00	
14	Im mok ut tubby	X	1	1	2	4	10.00	40.00	
15	A. Alexander	X	1	1	3	5	10.00	50.00	
16	Joseph Sealy	X	1	1	3	5	10.00	50.00	
17	Sarah Crek	X	1	1	1	3	10.00	30.00	
18	Haymon Burris	X	1	1	3	5	10.00	50.00	
19	Sampson	X	1	1	1	3	10.00	30.00	
20	Hitty Anderson	X	1	1	4	6	10.00	60.00	
21	Louisa	X	1	1	3	5	10.00	50.00	
22	Gillom Mivre	X	1			1	10.00	10.00	
23	Howell	X	1			1	10.00	10.00	
24	Atokarby	X	1	1		2	10.00	20.00	
25	Kamettubbee	X	1	1	5	7	10.00	70.00	
26	Wilson Alexander	X	1	1	6	8	10.00	80.00	
27	Ponockhiah	X	1	1		2	10.00	20.00	
28	Nancy	X	1	1	1	3	10.00	30.00	
29	Jane Platt	X	1	1		2	10.00	20.00	
30	We not ley	X	1	1	3	5	10.00	50.00	
31	Im me lar hones	X	1	1	3	5	10.00	50.00	
32	Tecumcy Brown	X	1	1	1	3	10.00	30.00	
33	Noah ubby	X	1	1	4	6	10.00	60.00	
			33	29	76	138	10	1380.00	

1860 Chickasaw Annuity

Number	Capt Ned's Roll Names	Marks	Males	Females	Children	Total	Amount Per Capita	Amount Total	Remarks
34	Thos H. Benton	X	1	1	7	9	10.00	90.00	
35	Lar te chee	X	1	1		2	10.00	20.00	
36	Lar cher	X	1	1	1	3	10.00	30.00	
37	James Red	X	1	1	4	6	10.00	60.00	
38	James Yah ha co che	X	1	1	3	5	10.00	50.00	
39	William King	X	1	1	1	3	10.00	30.00	
40	Yah ha co che	X	1	1	3	5	10.00	50.00	
41	Shin to e cher	X	1	1		2	10.00	20.00	
42	Hugh L. White	X	1	1	2	4	10.00	40.00	
43	Serfinah	X		1		1	10.00	10.00	
44	Solomon McGee	X	1	1		2	10.00	20.00	
45	Tick bow ti ah	X	1	1		2	10.00	20.00	
46	Nock na chubby	X	1	1	2	4	10.00	40.00	
47	Sou a	X	1	1	2	4	10.00	40.00	
48	James K. Polk	X	1	1	2	4	10.00	40.00	
49	Cornelius Lewis	X	1	1	3	5	10.00	50.00	
50	Hotubby	X	1	1	3	5	10.00	50.00	
51	Ben Yar ha co chi	X	1	1	5	7	10.00	70.00	
52	B. R. Lewis	X	1	1	3	5	10.00	50.00	
53	Susie	X	1	1	1	3	10.00	30.00	
54	George Cutch ubby	X	1	1	2	4	10.00	40.00	
55	Ish tic e cher	X	1			1	10.00	10.00	
56	J. D. Harris	X	1	1	4	6	10.00	60.00	
57	Nenock amby	X	1	1	3	5	10.00	50.00	
58	Kan e yat by	X	1	1	3	5	10.00	50.00	
59	Em or but tubby	X	1	1	1	3	10.00	30.00	
60	Emar lam tubby	X	1	1	2	4	10.00	40.00	
61	Duncan	X	1	1	1	3	10.00	30.00	
62	Che fan na	X	1	1	2	4	10.00	40.00	
63	Allen	X	1	1	3	5	10.00	50.00	
64	Winnie	X	1	1	1	3	10.00	30.00	
65	Im me hun tubby	X	1	1	3	5	10.00	50.00	
66	Alegator	X	1	1	7	9	10.00	90.00	
67	Ah nook che tubby	X	1	1		2	10.00	20.00	
68	Daniel Saffarans	X	1	1	1	3	10.00	30.00	
69	Benjamin Saffarans	X	1	1	1	3	10.00	30.00	
70	James Burris	X	1	1	6	8	10.00	80.00	
71	Aaron Alexander	X	1			1	10.00	10.00	
72	Wm H. Harrison	X	1	1	8	10	10.00	100.00	
73	Ah sha lar tubby	X	1	1	3	5	10.00	50.00	
			39	38	93	170	10	1700.00	

1860 Chickasaw Annuity

Number	Capt Ned's Roll Names	Marks	Males	Females	Children	Total	Amount Per Capita	Amount Total	Remarks
74	Ah no la tubby	X	1			1	10.00	10.00	
75	Wilson Frazier	X	1	1		2	10.00	20.00	
76	George Frazier	X	1	1	1	3	10.00	30.00	
77	Aaron Frazier	X	1	1	3	5	10.00	50.00	
78	Allen	X	1			1	10.00	10.00	
79	Che ki ky	X	1	1	4	6	10.00	60.00	
80	John Tazar	X	1	1		2	10.00	20.00	
81	Cha kat amby	X	1	1	2	4	10.00	40.00	
82	Millard Filmore	X	1	1	9	11	10.00	110.00	
83	Wm Goforth	X	1			1	10.00	10.00	
84	Solomon Goforth	X	1			1	10.00	10.00	
85	Im mah ho ka	X	1	1	5	7	10.00	70.00	
86	Wesley Maytubby	X	1	1	2	4	10.00	40.00	
87	Lyman Maytubby	X	1	1	2	4	10.00	40.00	
88	Phillip	X	1	1	3	5	10.00	50.00	
89	Robert	X	1	1	1	3	10.00	30.00	
90	Tecumse	X	1			1	10.00	10.00	
91	Lo chubby	X	1	1	3	5	10.00	50.00	
92	Tusk koon ta	X	1	1	2	4	10.00	40.00	
93	Ku sish ho yea	X	1	1	1	3	10.00	30.00	
94	McKinney	X	1	1	2	4	10.00	40.00	
95	Oh la ka	X	1	1		2	10.00	20.00	
96	Bob Waters	X	1			1	10.00	10.00	
97	Elijah Brown	X	1	1	1	3	10.00	30.00	
98	Josey	X	1	1	2	4	10.00	40.00	
99	Hagan	X	1	1	3	5	10.00	50.00	
100	Cannon Brown	X	1	1	2	4	10.00	40.00	
101	Tush kun o yea	X	1	1	3	5	10.00	50.00	
102	Simpson	X	1	1	1	3	10.00	30.00	
103	Pusubby	X	1	1	5	7	10.00	70.00	
104	Lewis Cass	X	1	1	2	4	10.00	40.00	
105	Mashubby	X	1	1	2	4	10.00	40.00	
106	Marga	X		1		1	10.00	10.00	
107	John Lewis	X	1	1	2	4	10.00	40.00	
108	Sush ka tubby	X	1	1	7	9	10.00	90.00	
109	Ukish tah	X	1	1	7	9	10.00	90.00	
110	Shamma	X	1	1	3	5	10.00	50.00	
111	Silas	X	1	1	2	4	10.00	40.00	
112	Ish te ho yan pa	X	1	1		2	10.00	20.00	
113	Jinny McG	X	1	1	2	4	10.00	40.00	
			39	34	84	157	10.00	1570.00	

1860 Chickasaw Annuity

Number	Capt Ned's Roll Names	Marks	Males	Females	Children	Total	Amount Per Capita	Amount Total	Remarks
114	Yo wah chubby	X	1	1	3	5	10.00	50.00	
115	Ish tim we ah tubby	X	1	1	1	3	10.00	30.00	
116	Im ha tubby	X	1	1	2	4	10.00	40.00	
117	Me o asha	X	1	1		2	10.00	20.00	
118	Te ho tubby	X	1	1		2	10.00	20.00	
119	Ishe tubby	X	1	1	3	5	10.00	50.00	
120	Wioka	X	1	1	1	3	10.00	30.00	
121	Sampson Lika	X	1	1	5	7	10.00	70.00	
122	Lucy	X		1		1	10.00	10.00	
123	Ish tim o tubby (James)	X	1	1	3	5	10.00	50.00	
124	Ish kim up ah tubby	X	1			1	10.00	10.00	
125	E wah tubby	X	1	1	1	3	10.00	30.00	
126	John	X	1			1	10.00	10.00	
127	I. Folsom	X	1			1	10.00	10.00	
128	Capt Jerry	X	1	1		2	10.00	20.00	
129	Chah lo ta	X	1	1		2	10.00	20.00	
130	Sinah	X	1	1	1	3	10.00	30.00	
131	Eho yar tubby	X	1	1	4	6	10.00	60.00	
132	Thle cha chah	X	1	1	4	6	10.00	60.00	
133	Nuk sho hah	X	1	1	6	8	10.00	80.00	
134	James She ash ha	X	1	1	5	7	10.00	70.00	
135	Ho yut tah	X	1	1	1	3	10.00	30.00	
136	Sel cey	X		1	2	3	10.00	30.00	
137	Ah nook cha tubby	X	1	1		2	10.00	20.00	
138	Joseph	X	1			1	10.00	10.00	
139	Thompson (Wolf)	X	1			1	10.00	10.00	
140	Ah cho la cha	X	1	1	2	4	10.00	40.00	
141	Pash un o yea	X	1	1	3	5	10.00	50.00	
142	Chish ka to ka	X	1			1	10.00	10.00	
143	Wilson	X	1			1	10.00	10.00	
144	Ik a chre nu chubby	X	1	1	1	3	10.00	30.00	
145	Im mo na tubby	X	1	1	3	5	10.00	50.00	
146	I ah tubby	X	1			1	10.00	10.00	
147	Johnson	X	1	1	2	4	10.00	40.00	
148	Davis	X	1	1	1	3	10.00	30.00	
149	Adkins	X	1			1	10.00	10.00	
150	Me ho ta	X	1	1	3	5	10.00	50.00	
151	Canish Ma tubby	X	1	1	3	5	10.00	50.00	
152	Ah bit ish a	X	1	1	3	5	10.00	50.00	
153	Pis ut ha cubby	X	1	1	4	6	10.00	60.00	
			38	31	67	136	10	1360.00	

1860 Chickasaw Annuity

Number	Capt Ned's Roll Names	Marks	Males	Females	Children	Total	Amount Per Capita	Amount Total	Remarks
154	Hick ah tubby	X	1	1	3	5	10.00	50.00	
155	Wm Winton	X	1	1	3	5	10.00	50.00	
156	By un tubby	X	1	1	1	3	10.00	30.00	
157	Wisdom	X	1	1	1	3	10.00	30.00	
158	Haney	X	1	1		2	10.00	20.00	
159	Jim Claybourn	X	1	1	5	7	10.00	70.00	
160	Tittook	X	1	1	1	3	10.00	30.00	
161	Un te ah tubby	X	1	1	5	7	10.00	70.00	
162	Houston	X	1	1	1	3	10.00	30.00	
163	Mum mah to	X	1	1	3	5	10.00	50.00	
164	Pah la	X	1	1	2	4	10.00	40.00	
165	Eno qui che	X	1			1	10.00	10.00	
166	Min tubby	X	1	1		2	10.00	20.00	
167	Ah wah tim tubby	X	1	1	5	7	10.00	70.00	
168	Me ha cha	X	1	1		2	10.00	20.00	
169	Te ash tubby	X	1	1		2	10.00	20.00	
170	Owetubby	X	1	1	3	5	10.00	50.00	
171	Jackson	X	1	1		2	10.00	20.00	
172	Salina	X		1	1	2	10.00	20.00	
173	Tah na cha	X	1	1	3	5	10.00	50.00	
174	Im mock ah tubby	X	1	1		2	10.00	20.00	
175	Shah wi oka	X	1	1	1	3	10.00	30.00	
176	Ho e lo tubby	X	1	1	3	5	10.00	50.00	
177	Isum James	X	1	1	7	9	10.00	90.00	
178	Tarn	X	1			1	10.00	10.00	
179	Sealy	X	1	1		2	10.00	20.00	
180	Shucky	X	1	1	3	5	10.00	50.00	
181	Ish ki ha	X	1	1	3	5	10.00	50.00	
182	Lucy Ann	X		1		1	10.00	10.00	
183	Momin tubby	X	1			1	10.00	10.00	
184	Tick fin ky	X	1			1	10.00	10.00	
185	Ennah tubby	X	1	1	6	8	10.00	80.00	
186	Wisley	X	1	1	2	4	10.00	40.00	
187	On te ah tubby	X	1			1	10.00	10.00	
188	Wm McLish	X	1			1	10.00	10.00	
189	Shiras teh key	X	1	1		2	10.00	20.00	
190	Joel	X	1			1	10.00	10.00	
191	Duncan Push kush	X	1			1	10.00	10.00	
192	Im ake lan tubby	X	1			1	10.00	10.00	
193	Sampson Frazier	X	1			1	10.00	10.00	
			38	30	62	130	10.00	1300.00	

1860 Chickasaw Annuity

Number	Capt Ned's Roll Names	Marks	Males	Females	Children	Total	Amount Per Capita	Amount Total	Remarks
194	Wilson Wolf	X	1	1	7	9	10.00	90.00	
195	Sth ta cha	X	1	1		2	10.00	20.00	
196	Sam McGee	X	1			1	10.00	10.00	
197	Eten	X	1			1	10.00	10.00	
198	I ah tubby	X	1	1	2	4	10.00	40.00	
199	James Leflore	X	1			1	10.00	10.00	
200	Samis	X	1	1		2	10.00	20.00	
201	Eme le ho nah	X	1	1	2	4	10.00	40.00	
202	Abel Wall	X	1	1	1	3	10.00	30.00	
203	Wash	X	1	1	1	3	10.00	30.00	
			10	7	13	30	10.00	300.00	
	Recapitulation								
	Page 1					138		1380.00	
	Page 2					170		1700.00	
	Page 3					157		1570.00	
	Page 4					136		1360.00	
	Page 5					130		1300.00	
	Page 6					30		300.00	
	Total					761		7610.00	

1860 Chickasaw Annuity

Number	Capt Keel's Roll Names	Marks	Males	Females	Children	Total	Amount Per Capita	Amount Total	Remarks
1	Ell up am by or Capt Keel	X	1	1	5	7	10.00	70.00	
2	Ish te falar mah	X	1	1	4	6	10.00	60.00	
3	David Keel	X	1	1	3	5	10.00	50.00	
4	Isom	X	1	1		2	10.00	20.00	
5	Humphrey Colbert	X	1	1		2	10.00	20.00	
6	Robt Leader	X	1	1	3	5	10.00	50.00	
7	Shom Leader	X	1	1	2	4	10.00	40.00	
8	Beckey Leader	X		1	2	3	10.00	30.00	
9	C. Columbus	X	1	1	5	7	10.00	70.00	
10	John Leader	X	1	1	4	6	10.00	60.00	
11	Samar cut chubby	X	1	1	4	6	10.00	60.00	
12	Cornelius McGee	X	1	1	4	6	10.00	60.00	
13	Charlee	X	1	1	5	7	10.00	70.00	
14	Noah Leader	X	1	1	3	5	10.00	50.00	
15	Ou te ubba	X	1	1	1	3	10.00	30.00	
16	Elar noor tubby	X	1	1	4	6	10.00	60.00	
17	Wilson Lewis	X	1	1	2	4	10.00	40.00	
18	Ke yan tubby	X	1	1	3	5	10.00	50.00	
19	Winchester Colbert	X	1	1	9	11	10.00	110.00	
20	Lucy Colbert	X		1	2	3	10.00	30.00	
21	Jackson Colbert	X	1	1	1	3	10.00	30.00	
22	Ben F. Perry	X	1	1	1	3	10.00	30.00	
23	Nancy Frazier	X		1	1	2	10.00	20.00	
24	Edward Leader	X	1	1	2	4	10.00	40.00	
25	Sha kones Frazier	X	1	1	1	3	10.00	30.00	
26	Chilly	X	1	1	1	3	10.00	30.00	
27	Ah thlo po lo tubby	X	1	1		2	10.00	20.00	
28	Ben Russel	X	1	1	8	10	10.00	100.00	
29	Car pe shu	X	1			1	10.00	10.00	
30	Ah ya ho tubby	X	1			1	10.00	10.00	
31	Ho he ya tubby	X	1	1	4	6	10.00	60.00	
32	Edmund	X	1	1	3	5	10.00	50.00	
33	Wimon	X	1	1	3	5	10.00	50.00	
34	Tut ta char	X	1	1	4	6	10.00	60.00	
35	Isto Woolly	X	1	1	1	3	10.00	30.00	
36	I yattubby	X	1			1	10.00	10.00	
37	To ho lut ka	X	1	1	1	3	10.00	30.00	
38	Tsh to nubby	X	1	1	1	3	10.00	30.00	
39	A kan no tubby	X	1	1	2	4	10.00	40.00	
40	Ah far mittubby	X	1			1	10.00	10.00	
			37	36	99	172	10.00	1720.00	

1860 Chickasaw Annuity

Number	Capt Keel's Roll Names	Marks	Males	Females	Children	Total	Amount Per Capita	Amount Total	Remarks
41	Ish fah la mah	X	1			1	10.00	10.00	
42	Iste moon tubby	X	1	1	1	3	10.00	30.00	
43	Elit ka	X	1	1	2	4	10.00	40.00	
44	Karm	X	1	1		2	10.00	20.00	
45	Kolooh sha	X	1			1	10.00	10.00	
46	Camarioa Kilchrist	X	1	1	6	8	10.00	80.00	
47	Johney Kilchrist	X	1	1	1	3	10.00	30.00	
48	Ubbit oh yah	X	1	1	6	8	10.00	80.00	
49	Sama tu nah	X	1	1	1	3	10.00	30.00	
50	Henry Ubbit ah	X	1	1		2	10.00	20.00	
51	Lily Ubbit ah	X		1	4	5	10.00	50.00	
52	Sampson Cherokee	X	1	1	2	4	10.00	40.00	
53	Ish ti ki yea	X	1	1	2	4	10.00	40.00	
54	Charley	X	1	1	2	4	10.00	40.00	
55	Martin	X	1			1	10.00	10.00	
56	Bob Kuchubby	X	1	1	1	3	10.00	30.00	
57	Rachel Kilchrist	X		1		1	10.00	10.00	
58	Emon nom ha la tubby	X	1	1	3	5	10.00	50.00	
59	Seyo tubbee	X	1	1	1	3	10.00	30.00	
60	Cho mi ka	X	1	1	2	4	10.00	40.00	
61	Cla bun	X	1	1		2	10.00	20.00	
62	Hooh pak ish tubby	X	1	1	2	4	10.00	40.00	
63	Bradford	X	1	1		2	10.00	20.00	
64	Tish o tobut tubby	X	1	1		2	10.00	20.00	
65	Judson D. Collins	X	1			1	10.00	10.00	
66	Doctor Lewis	X	1	1	3	5	10.00	50.00	
67	Me hay min tubby	X	1	1	1	3	10.00	30.00	
68	Nallit tiko shu cho ki ka	X	1	1	3	5	10.00	50.00	
69	Loren Moore	X	1	1	2	4	10.00	40.00	
70	Char ta ha Camey	X	1	1	5	7	10.00	70.00	
71	Lizzie Yo cubby	X	1	1	2	4	10.00	40.00	
72	Billy Carney	X	1	1	3	5	10.00	50.00	
73	Taylor	X	1	1		2	10.00	20.00	
74	A yar car tubby	X	1	1	1	3	10.00	30.00	
75	Sho ful ya	X	1			1	10.00	10.00	
76	Stephen Alberson	X	1	1		2	10.00	20.00	
77	Ish min til ubby	X	1	1	1	3	10.00	30.00	
78	Robt Miller	X	1	1		2	10.00	20.00	
79	Eme hee tubby	X	1	1	4	6	10.00	60.00	
80	Dave Colbert	X	1	1	8	10	10.00	100.00	
			38	35	69	142	10.00	1420.00	

1860 Chickasaw Annuity

Number	Capt Keel's Roll Names	Marks	Males	Females	Children	Total	Amount Per Capita	Amount Total	Remarks
81	Shuppika	X	1	1	3	5	10.00	50.00	
82	Bickay	X		1		1	10.00	10.00	
83	Ick ta nubby	X	1	1	1	3	10.00	30.00	
84	Ah ki ka	X	1	1	4	6	10.00	60.00	
85	Jincy Colbert	X	1	1	1	3	10.00	30.00	
86	Joseph Colbert	X	1			1	10.00	10.00	
87	Im moon tubby	X	1	1	4	6	10.00	60.00	
88	William Brown	X	1	1		2	10.00	20.00	
89	Chim miney	X	1			1	10.00	10.00	
90	Larp tim tubby	X	1			1	10.00	10.00	
91	Ish for lar ma	X	1	1	1	3	10.00	30.00	
92	La hullh la	X	1			1	10.00	10.00	
93	Benjamin Colbert	X	1			1	10.00	10.00	
94	Nuk cho che	X	1	1	2	4	10.00	40.00	
95	Benjamin Frazier	X	1	1	3	5	10.00	50.00	
96	Tuth lish tubby	X	1	1	2	4	10.00	40.00	
97	Philip	X	1			1	10.00	10.00	
98	Ellis	X	1			1	10.00	10.00	
99	Elvia	X	1	1	6	8	10.00	80.00	
100	Isome	X	1	1		2	10.00	20.00	
101	Ik it nar muk tubby	X	1	1		2	10.00	20.00	
102	Jackson Atonway	X	1	1	1	3	10.00	30.00	
103	Nash ker	X	1			1	10.00	10.00	
104	Meatirson	X	1	1	2	4	10.00	40.00	
105	Wm Armstrong	X	1			1	10.00	10.00	
106	Nik ka	X	1			1	10.00	10.00	
107	Par na cha	X	1			1	10.00	10.00	
108	Harris Elan ka tubby	X	1			1	10.00	10.00	
109	Push shas ho yo	X	1	1		2	10.00	20.00	
110	Login	X	1	1		2	10.00	20.00	
111	Pis ah to kubby	X	1	1	7	9	10.00	90.00	
112	Ish tah ho yea	X	1	1	1	3	10.00	30.00	
113	Ok lah nah nubby	X	1	1	3	5	10.00	50.00	
114	Henry	X	1	1		2	10.00	20.00	
115	Shu mill	X	1	1	2	4	10.00	40.00	
116	Sho key	X	1	1	4	6	10.00	60.00	
117	Harkin	X	1			1	10.00	10.00	
118	Patsey	X	1	1		2	10.00	20.00	
119	Hal but le tubby	X	1	1	5	7	10.00	70.00	
120	Tonah	X		1	1	2	10.00	20.00	
121	Coi ha	X	1	1	1	3	10.00	30.00	
			39	28	54	121	10.00	1210.00	

1860 Chickasaw Annuity

Number	Capt Keel's Roll Names	Marks	Males	Females	Children	Total	Amount Per Capita	Amount Total	Remarks
122	Pol pha cha	X	1	1	1	3	10.00	30.00	
123	Mul lik toon tubby	X	1			1	10.00	10.00	
124	Lila	X		1	1	2	10.00	20.00	
125	Sofa	X		1		1	10.00	10.00	
126	Davis	X	1	1	1	3	10.00	30.00	
127	Tum hoka	X	1	1	3	5	10.00	50.00	
128	Ahu ha tubby	X	1			1	10.00	10.00	
129	Toonah	X	1			1	10.00	10.00	
130	Kiamin cha tubby	X	1	1	7	9	10.00	90.00	
131	Ho tima ak tubby	X	1	1	4	6	10.00	60.00	
132	Cha hook to	X	1	1	2	4	10.00	40.00	
133	Ho te ah hoka	X	1	1	1	3	10.00	30.00	
134	Milnoy	X	1	1	1	3	10.00	30.00	
135	Pis pah moon tubby	X	1	1	4	6	10.00	60.00	
136	Me he tin tubby	X	1	1	2	4	10.00	40.00	
137	Bah no wah tubby	X	1	1	4	6	10.00	60.00	
138	Misey	X		1	3	4	10.00	40.00	
139	John Anderson	X	1			1	10.00	10.00	
140	Wm Armstrong Sen	X	1	1	6	8	10.00	80.00	
141	Shully	X	1	1	2	4	10.00	40.00	
142	Robert	X	1			1	10.00	10.00	
143	Kenubby	X	1			1	10.00	10.00	
144	Chiel uc am by	X	1	1	1	3	10.00	30.00	
145	Bah pa pa tubby	X	1			1	10.00	10.00	
146	Falota	X	1			1	10.00	10.00	
147	Tal li yea	X	1	1	1	3	10.00	30.00	
148	Ke na ta	X	1	1	5	7	10.00	70.00	
149	Tennessee	X	1	1	1	3	10.00	30.00	
150	Iph twik le	X	1			1	10.00	10.00	
151	Eho you tubby	X	1	1	2	4	10.00	40.00	
152	Tim a sha pa	X	1	1	2	4	10.00	40.00	
153	Lotty	X		1	5	6	10.00	60.00	
154	Johnson	X	1	1	2	4	10.00	40.00	
155	Ah fin	X	1	1		2	10.00	20.00	
156	Lah nah tubby	X	1	1	2	4	10.00	40.00	
157	Isom	X	1	1	3	5	10.00	50.00	
158	Ti ook la cha	X	1	1	1	3	10.00	30.00	
159	Ish e tubby	X	1	1	1	3	10.00	30.00	
160	Looney	X	1	1		2	10.00	20.00	
161	Pal lish tubby	X	1			1	10.00	10.00	
162	Milton Brown	X	1	1	3	5	10.00	50.00	
			37	31	71	139	10.00	1390.00	

1860 Chickasaw Annuity

Number	Capt Keel's Roll Names	Marks	Males	Females	Children	Total	Amount Per Capita	Amount Total	Remarks
163	Eliza Fletcher	X		1	3	4	10.00	40.00	
164	Isaac Folsom	X	1	1	3	5	10.00	50.00	
165	Cyrus Folsom	X	1			1	10.00	10.00	
166	Gustavas Folsom	X	1			1	10.00	10.00	
167	Dickson	X	1			1	10.00	10.00	
168	Py tah nah tubby	X	1	1	2	4	10.00	40.00	
169	Moh ka	X	1	1	1	3	10.00	30.00	
170	Teth u to bah tubby	X	1			1	10.00	10.00	
171	Pah lin cha	X	1			1	10.00	10.00	
172	Po nah cha tubby	X	1	1	5	7	10.00	70.00	
173	Bilsay	X	1	1	4	6	10.00	60.00	
174	Ah num fola	X	1	1	2	4	10.00	40.00	
175	Susan	X	1	1	1	3	10.00	30.00	
176	Jimson	X	1	1	1	3	10.00	30.00	
177	Tenola	X	1			1	10.00	10.00	
178	Kitty	X	1	1	1	3	10.00	30.00	
179	Benj Enubby	X	1			1	10.00	10.00	
180	Cha u ah tubby	X	1	1	3	5	10.00	50.00	
181	Wm Ubit tonoyo	X	1	1		2	10.00	20.00	
182	She nak ka	X	1	1		2	10.00	20.00	
183	Doake	X	1	1	3	5	10.00	50.00	
184	Susan McCauly	X		1	1	2	10.00	20.00	
185	Sarah Watkins	X		1		1	10.00	10.00	
186	Hotala	X	1			1	10.00	10.00	
187	Reuben James	X	1	1	2	4	10.00	40.00	
188	Koos tena	X	1			1	10.00	10.00	
189	Martin James	X	1			1	10.00	10.00	
190	Im uth pasatubby	X	1	1		2	10.00	20.00	
191	Hambly	X	1	1		2	10.00	20.00	
192	Ok chau tubby	X	1	1	3	5	10.00	50.00	
193	Wilsey	X		1		1	10.00	10.00	
194	I yock im tubby	X	1	1	4	6	10.00	60.00	
195	Harris	X	1			1	10.00	10.00	
196	Lucy	X		1	6	7	10.00	70.00	
197	Booker Keel	X	1	1	8	10	10.00	100.00	
198	Wilburn	X	1	1		2	10.00	20.00	
199	Emsey	X		1	1	2	10.00	20.00	
200	Ah kim ne ubby	X	1	1	3	5	10.00	50.00	
201	Yum mut ta cha	X	1	1	3	5	10.00	50.00	
202	James	X	1	1		2	10.00	20.00	
			34	29	60	123	10.00	1230.00	

1860 Chickasaw Annuity

Number	Capt Keel's Roll Names	Marks	Males	Females	Children	Total	Amount Per Capita	Amount Total	Remarks
203	Pa til la cha	X	1			1	10.00	10.00	
204	Jiamey	X	1	1	1	3	10.00	30.00	
205	Sho mi yea	X	1	1	1	3	10.00	30.00	
206	Betsey	X		1		1	10.00	10.00	
207	Vina	X		1	1	2	10.00	20.00	
208	Betsey Mah lo ti cha	X		1	1	2	10.00	20.00	
209	Joshua	X	1	1		2	10.00	20.00	
210	Euki ah cha	X	1	1		2	10.00	20.00	
211	Shook ah pah la	X	1	1	6	8	10.00	80.00	
212	Richard	X	1	1	3	5	10.00	50.00	
213	Ki ah chubby	X	1	1	1	3	10.00	30.00	
214	Fisey	X	1	1	3	5	10.00	50.00	
215	George Hale	X	1	1		2	10.00	20.00	
216	She yo ta	X	1	1		2	10.00	20.00	
217	Tue lo am by	X	1			1	10.00	10.00	
218	Neoway	X	1			1	10.00	10.00	
219	Ish ah cho ma	X	1	1	1	3	10.00	30.00	
220	Shoh chu mi ka	X	1			1	10.00	10.00	
221	Alis	X	1	1	3	5	10.00	50.00	
222	Tusk ki you ka	X	1	1	2	4	10.00	40.00	
223	Solomon "Ahno"	X	1	1	5	7	10.00	70.00	
224	Suky Hayan	X		1		1	10.00	10.00	
225	Ahu cha tubby	X	1	1	1	3	10.00	30.00	
226	Kissin	X	1	1	3	5	10.00	50.00	
227	La cha	X	1	1	2	4	10.00	40.00	
228	Leiva	X	1			1	10.00	10.00	
229	Pock ah nubby	X	1	1	3	5	10.00	50.00	
230	Wallace	X	1			1	10.00	10.00	
231	Chi ath la	X	1	1		2	10.00	20.00	
232	Nah an cey	X	1	1	2	4	10.00	40.00	
233	Booker James	X	1	1	7	9	10.00	90.00	
234	Ittc pa pah	X	1	1	1	3	10.00	30.00	
235	Henry	X	1			1	10.00	10.00	
236	John Brown	X	1	1	1	3	10.00	30.00	
237	Wilson	X	1			1	10.00	10.00	
238	Ma cha na chah	X	1			1	10.00	10.00	
239	Sampson	X	1	1	1	3	10.00	30.00	
240	Joseph Davis	X	1	1	4	6	10.00	60.00	
			34	29	53	116	10.00	1160.00	

1860 Chickasaw Annuity

Number	Capt Keel's Roll Names	Marks	Males	Females	Children	Total	Amount Per Capita	Amount Total	Remarks
241	Daniel	X	1	1	5	7	10.00	70.00	
242	Silas	X	1	1	3	5	10.00	50.00	
243	Shok a waka	X	1	1	6	8	10.00	80.00	
244	Wilson	X	1			1	10.00	10.00	
245	Harrison	X	1	1	3	5	10.00	50.00	
246	Kim ah hoon tubby	X	1	1	2	4	10.00	40.00	
247	Shin ah hook ta	X	1	1	2	4	10.00	40.00	
248	Stin cha you	X	1	1	2	4	10.00	40.00	
249	Thompson	X	1			1	10.00	10.00	
250	Mul la e chubby	X	1			1	10.00	10.00	
251	Hicks	X	1	1	2	4	10.00	40.00	
252	Susan	X		2	1	3	10.00	30.00	
253	Wm Wilson	X	1	1	4	6	10.00	60.00	
254	Claybourn	X	1	1	5	7	10.00	70.00	
255	Isom Frazier	X	1	1	1	3	10.00	30.00	
256	Noginka	X	1			1	10.00	10.00	
257	Eliza	X	1	1	1	3	10.00	30.00	
258	Lacha	X	1	1	3	5	10.00	50.00	
259	Wright	X	1			1	10.00	10.00	
260	Saffin	X	1			1	10.00	10.00	
261	Rufus	X	1	1	2	4	10.00	40.00	
262	Ish toon tubby	X	1			1	10.00	10.00	
263	Muh on tubby	X	1	1		2	10.00	20.00	
264	Chuf fah tubby	X	1	1	1	3	10.00	30.00	
265	Pah lah	X	1	1	4	6	10.00	60.00	
266	Fi chah	X	1	1	3	5	10.00	50.00	
267	Eastman	X	1	1		2	10.00	20.00	
268	John James	X	1	1	2	4	10.00	40.00	
269	Sholo ca cha	X	1	1		2	10.00	20.00	
270	Tah pook	X	1			1	10.00	10.00	
271	Malinda	X		1	4	5	10.00	50.00	
272	Betsey	X		1	3	4	10.00	40.00	
273	Tus koonah	X	1			1	10.00	10.00	
274	Billy	X	1			1	10.00	10.00	
275	Onah ti ha	X	1	1	2	4	10.00	40.00	
276	El lah cha tubby	X	1	1	5	7	10.00	70.00	
277	Sho ko mi ha	X	1	1	2	4	10.00	40.00	
278	Lucy	X		1	3	4	10.00	40.00	
279	Ho po kin tubby	X	1			1	10.00	10.00	
280	Nah ha chah	X	1	1	5	7	10.00	70.00	
			36	30	76	142	10.00	1420.00	

1860 Chickasaw Annuity

Number	Capt Keel's Roll Names	Marks	Males	Females	Children	Total	Amount Per Capita	Amount Total	Remarks
281	Theadore Watkins	X	1	1	4	6	10.00	60.00	
282	George Waters	X	1	1		2	10.00	20.00	
283	Apo amby	X	1	1		2	10.00	20.00	
284	Thomas	X	1			1	10.00	10.00	
285	Un ah tubby	X	1	1	5	7	10.00	70.00	
286	Ish to nubby	X	1	1	2	4	10.00	40.00	
287	She mut no yea	X	1			1	10.00	10.00	
288	Mock im tubby	X	1	1	4	6	10.00	60.00	
289	Wash kin	X	1	1	1	3	10.00	30.00	
290	Nick pa	X	1			1	10.00	10.00	
291	Harris	X	1			1	10.00	10.00	
292	Easter	X		1		1	10.00	10.00	
293	Fisey	X		1	4	5	10.00	50.00	
294	Eliza McIntosh	X		1	1	2	10.00	20.00	
295	Shim pi ka	X	1	1		2	10.00	20.00	
296	Shim a har ka	X	1	1	1	3	10.00	30.00	
297	John Wilson	X	1	1		2	10.00	20.00	
298	Davis	X	1			1	10.00	10.00	
299	P. Thompson	X	1	1	5	7	10.00	70.00	
300	Alfred Griffin	X	1	1		2	10.00	20.00	
301	Bend u a	X	1	1	1	3	10.00	30.00	
302	Teth ozo tubby	X	1	1	2	4	10.00	40.00	
303	Wa ti ni zea	X	1	1		2	10.00	20.00	
304	Charlin	X	1			1	10.00	10.00	
305	In took to tubby	X	1	1	2	4	10.00	40.00	
306	Opo a subby	X	1	1		2	10.00	20.00	
307	Lotty	X		1	1	2	10.00	20.00	
308	I yah ho ka tubby	X	1			1	10.00	10.00	
309	Wisey	X		1		1	10.00	10.00	
310	Cal o sha chah	X	1	1	6	8	10.00	80.00	
311	Allen	X	1			1	10.00	10.00	
312	Robert Ubit tonoyo	X	1	1	2	4	10.00	40.00	
313	La chah "gomy"	X	1			1	10.00	10.00	
314	Oco yute la	X	1		1	2	10.00	20.00	
315	Eliza	X		1		1	10.00	10.00	
316	Te wah po tubby	X	1	1		2	10.00	20.00	
317	Nelson Kilchrist	X	1	1	2	4	10.00	40.00	
318	Capt Hay ubby	X	1	1	5	7	10.00	70.00	
319	Fah lorn a tubby	X	1	1	2	4	10.00	40.00	
320	Shi ni har	X	1	1		2	10.00	20.00	
			34	30	51	115	10.00	1150.00	

1860 Chickasaw Annuity

Number	Capt Keel's Roll Names	Marks	Males	Females	Children	Total	Amount Per Capita	Amount Total	Remarks
321	Ashimney	X	1	1	2	4	10.00	40.00	
322	Thomas Miller	X	1		3	4	10.00	40.00	
323	Otim miu	X		1	2	3	10.00	30.00	
324	Iya hoker tubby	X	1		1	2	10.00	20.00	
325	Ti na lush tubby	X	1	1	4	6	10.00	60.00	
326	Elah fin hah	X	1		6	7	10.00	70.00	
327	Susan Porter	X		1	4	5	10.00	50.00	
328	Marshall Colbert	X	1	1	1	3	10.00	30.00	
329	Teu haister	X	1			1	10.00	10.00	
330	Jackson Perry	X	1	1	2	4	10.00	40.00	
331	Anderson Porter	X	1		2	3	10.00	30.00	
332	Tush to ho yo	X		1	2	3	10.00	30.00	
333	Koy ubby	X	1	1	2	4	10.00	40.00	
334	Fim mu tubby	X	1	1	3	5	10.00	50.00	
335	Shu mon nai ha	X		1	5	6	10.00	60.00	
336	Sher ta wa	X	1	1	1	3	10.00	30.00	
337	Pon ai ischer Perkins	X	1	1		2	10.00	20.00	
338	Nah ko te	X		1	2	3	10.00	30.00	
339	Shum ma hai	X		1	3	4	10.00	40.00	
340	Sher nish cher	X		1	2	3	10.00	30.00	
341	Kit to yea	X		1	3	4	10.00	40.00	
342	Ah ko cho ka	X		1	3	4	10.00	40.00	
343	Ful hoky Cass	X		1	4	5	10.00	50.00	
344	Loorn hai	X	1	1	3	5	10.00	50.00	
345	Im mo nubby	X	1	1	2	4	10.00	40.00	
346	Te ko nubby	X	1		3	4	10.00	40.00	
347	Ah cut chi tubby	X	1		1	2	10.00	20.00	
348	Eho yo chi tubby	X	1	1	3	5	10.00	50.00	
349	Seena	X			5	5	10.00	50.00	
350	An nut tubby	X	1	1	3	5	10.00	50.00	
351	Pul lum my	X	1			1	10.00	10.00	
352	Tecumsey Jefferson	X	1		2	3	10.00	30.00	
353	Abel Jefferson	X	1			1	10.00	10.00	
354	Hardy Perry	X	1			1	10.00	10.00	
355	Sampson Perry	X	1			1	10.00	10.00	
356	Mary Perry	X		1		1	10.00	10.00	
357	Bob Kemp	X	1		2	3	10.00	30.00	
358	Malbert	X	1		1	2	10.00	20.00	
359	Ish min tubby	X	1	1	4	6	10.00	60.00	
360	Parlis	X	1			1	10.00	10.00	
			28	24	86	138	10.00	1380.00	

1860 Chickasaw Annuity

Number	Capt Keel's Roll Names	Marks	Males	Females	Children	Total	Amount Per Capita	Amount Total	Remarks
361	John Frazier	X	1			1	10.00	10.00	
362	Eh te yer hoyo	X		1	1	2	10.00	20.00	
363	Siney	X		1	2	3	10.00	30.00	
364	Morlis Jones	X			1	1	10.00	10.00	
365	Molly Cwinewa	X		2	3	5	10.00	50.00	
366	Nanur tubby	X	1		3	4	10.00	40.00	
367	Sho wa ky	X	1			1	10.00	10.00	
368	Willy	X	1			1	10.00	10.00	
369	No hai	X		1	1	2	10.00	20.00	
370	Rabon	X	1			1	10.00	10.00	
371	Susan Wade	X		1	2	3	10.00	30.00	
372	Ah hone chi tubby	X	1		4	5	10.00	50.00	
373	Elizabeth Johnson	X		1	3	4	10.00	40.00	
374	Mary Johnson	X		1	8	9	10.00	90.00	
375	Stephen Perry	X	1			1	10.00	10.00	
376	Elizabeth Greerson	X		1	4	5	10.00	50.00	
377	Wilson	X	1			1	10.00	10.00	
378	Iza nun tubby	X	1	1	5	7	10.00	70.00	
379	Olive Perry	X	1			1	10.00	10.00	
380	Owa tubby	X	1			1	10.00	10.00	
381	James Porter	X	1		1	2	10.00	20.00	
382	Ter hoty	X		1	3	4	10.00	40.00	
383	Sampson	X	1	1	1	3	10.00	30.00	
384	We ah tim ner	X		1	2	3	10.00	30.00	
385	McKinney	X	1			1	10.00	10.00	
386	Lum a tubby	X	1			1	10.00	10.00	
387	She ho toky	X	1			1	10.00	10.00	
388	Iyer honer	X		1		1	10.00	10.00	
389	Sirm pkey	X	1	1	1	3	10.00	30.00	
390	Puck nar tubby	X	1	1	5	7	10.00	70.00	
391	James Wmacher	X	1	1	5	7	10.00	70.00	
392	Ah no la tubby	X	1	1	3	5	10.00	50.00	
393	Hern ubby	X	1	1	2	4	10.00	40.00	
394	Carmon	X	1	1		2	10.00	20.00	
395	John Irra tubby	X	1			1	10.00	10.00	
396	Anne Wade	X		1	1	2	10.00	20.00	
397	Eastman Frazier	X	1			1	10.00	10.00	
398	Fletcher Frazier	X	1			1	10.00	10.00	
399	Wiley Sealy	X	1	1	2	4	10.00	40.00	
400	Ish to fi okey	X		1	8	9	10.00	90.00	
			26	23	71	120	10.00	1200.00	

1860 Chickasaw Annuity

Number	Capt Keel's Roll Names	Marks	Males	Females	Children	Total	Amount Per Capita	Amount Total	Remarks
401	Ah tilth thlaf fubby	X	1	1	5	7	10.00	70.00	
402	Le tu woky	X	1			1	10.00	10.00	
403	Ne car po wa	X	1	1	6	8	10.00	80.00	
404	Ah nook cha tubby	X	1	1	3	5	10.00	50.00	
405	Ish to ko mo tubby	X	1	1	3	5	10.00	50.00	
406	Alberson	X	1	1	3	5	10.00	50.00	
407	Jackson Ponubby	X	1	1	2	4	10.00	40.00	
408	Ish tu ho yea	X		1	1	2	10.00	20.00	
409	Sampson Curmuliche	X	1		3	4	10.00	40.00	
410	Shen wa no chubby	X	1			1	10.00	10.00	
411	Edmund Perry	X	1			1	10.00	10.00	
412	Molly Ainsworth	X		1		1	10.00	10.00	
413	James Oxberry	X	1	1	2	4	10.00	40.00	
414	To wah tubby	X	1	1	1	3	10.00	30.00	
415	Jessie	X	1	1	3	5	10.00	50.00	
416	Billy Doctor	X	1	1	2	4	10.00	40.00	
417	Levi Sealy	X	1			1	10.00	10.00	
418	Silvey	X		1	1	2	10.00	20.00	
419	David Locklayer	X	1			1	10.00	10.00	
420	Nancy Shuforick	X		1	3	4	10.00	40.00	
421	Stephen	X			1	1	10.00	10.00	
422	Ah thtes po yer haryo	X	1	1	10	12	10.00	120.00	
423	Liney	X		1	1	2	10.00	20.00	
424	Shar ti ais cher	X		1	1	2	10.00	20.00	
425	On ni yea	X		1	2	3	10.00	30.00	
426	Vicey	X		1		1	10.00	10.00	
427	J. R. Strickland	X	1	1		2	10.00	20.00	
428	C. Strickland	X	1	2		3	10.00	30.00	
429	Nicky	X	1			1	10.00	10.00	
430	Amos	X	1			1	10.00	10.00	
431	Eliza Spring	X		1	8	9	10.00	90.00	
432	Surn mi	X	1	1	2	4	10.00	40.00	
433	Simpy	X		1	1	2	10.00	20.00	
434	Lo shy	X		1	2	3	10.00	30.00	
435	Simon Wolf	X	1	1	2	4	10.00	40.00	
436	Abel Sealy	X	1	1	5	7	10.00	70.00	
437	John Yocubby	X	1	1		2	10.00	20.00	
438	Bill Ti yars tubby	X	1	1		2	10.00	20.00	
439	Up pala	X	1	1	8	10	10.00	100.00	
440	Minney	X		1	2	3	10.00	30.00	
			27	32	83	142	10.00	1420.00	

1860 Chickasaw Annuity

Number	Capt Keel's Roll Names	Marks	Males	Females	Children	Total	Amount Per Capita	Amount Total	Remarks
441	Johnson Perry	X	1	1	4	6	10.00	60.00	
442	W. James	X	1			1	10.00	10.00	
			2	1	4	7	10.00	70.00	
	Recapitulation								
	Page No. 1					172			
	Page No. 2					142			
	Page No. 3					121			
	Page No. 4					139			
	Page No. 5					123			
	Page No. 6					116			
	Page No. 7					142			
	Page No. 8					115			
	Page No. 9					138			
	Page No. 10					120			
	Page No. 11					142			
	Page No. 12					7			
	Total					1477		1477.00	

1860 Chickasaw Annuity

Number	Capt Hothliche's Roll Names	Marks	Males	Females	Children	Total	Amount Per Capita	Amount Total	Remarks
1	Capt Hothliche	X	1	1	2	4	10.00	40.00	
2	Robinson Thomas	X	1	1	5	7	10.00	70.00	
3	James P Priddy	X	1	1	3	5	10.00	50.00	
4	Nittah kim che	X	1	1	1	3	10.00	30.00	
5	Coho ho tubby	X	1	1	1	3	10.00	30.00	
6	Holmes Colbert	X	1	1	2	4	10.00	40.00	
7	Wilson Love	X	1	1	3	5	10.00	50.00	
8	Nathaniel Love	X	1	1	1	3	10.00	30.00	
9	Lottie Brooks	X		1	1	2	10.00	20.00	
10	Richard McLish	X	1	1	1	3	10.00	30.00	
11	Catherine Nelson	X		1	5	6	10.00	60.00	
12	Stephen Colbert	X	1	1	1	3	10.00	30.00	
13	Lucky Upshaw	X		1	1	2	10.00	20.00	
14	Chiokey	X	1	1	3	5	10.00	50.00	
15	Delilah Wolf	X		1		1	10.00	10.00	
16	Nelson Chickley	X	1	1	1	3	10.00	30.00	
17	Eliza Pushaka	X		1		1	10.00	10.00	
18	Isom Chickley	X	1	1		2	10.00	20.00	
19	Peter Courtney	X	1	1	5	7	10.00	70.00	
20	Jim Pettigrew	X	1	1	5	7	10.00	70.00	
21	Tah ho ke	X		1	3	4	10.00	40.00	
22	Simpson	X	1	1	4	6	10.00	60.00	
23	Jane Frazier	X		1		1	10.00	10.00	
24	Mrs Kermedy	X		1		1	10.00	10.00	
25	Caroline Lewis	X		1	1	2	10.00	20.00	
26	Thomas Cheadle	X	1	1	6	8	10.00	80.00	
27	Sha taph ka	X	1	1	4	6	10.00	60.00	
28	Wm Harris	X	1	1		2	10.00	20.00	
29	Mary Johnston	X		1	3	4	10.00	40.00	
30	Mitchell Johnston	X	1		2	3	10.00	30.00	
31	Wm M. Johnston	X	1		1	2	10.00	20.00	
32	Duncan Ned	X	1	1	1	3	10.00	30.00	
33	Lucy Ann	X		1	3	4	10.00	40.00	
34	Sirmah	X	1	1	4	6	10.00	60.00	
35	She miu ta	X		1	2	3	10.00	30.00	
36	Cha lash ti	X		1		1	10.00	10.00	
37	Kic chi chi Brown	X	1	1	3	5	10.00	50.00	
38	Ma tah oya	X		1	1	2	10.00	20.00	
39	Will	X	1	1	2	4	10.00	40.00	
40	Ah cha kin tubby	X	1	1	3	5	10.00	50.00	
			26	38	84	148	10.00	1480.00	

1860 Chickasaw Annuity

Number	Capt Hothliche's Roll Names	Marks	Males	Females	Children	Total	Amount Per Capita	Amount Total	Remarks
41	Im mah cham tubby	X	1	2		3	10.00	30.00	
42	Creek John	X	1	1	2	4	10.00	40.00	
43	Simon Keel	X	1	1		2	10.00	20.00	
44	Mat	X	1		2	3	10.00	30.00	
45	Jeff Pitchlyn	X	1	1	1	3	10.00	30.00	
46	Hick ah tubby	X	1	1	3	5	10.00	50.00	
47	Keas ta na	X	1	2	1	4	10.00	40.00	
48	Bob Wilson	X	2	2	1	5	10.00	50.00	
49	Moe hi ya	X		1	2	3	10.00	30.00	
50	Johnston Wilson	X	1	1		2	10.00	20.00	
51	Louis Ey im mu chit tubby	X	1	1	1	3	10.00	30.00	
52	Kie la cher	X	1	1		2	10.00	20.00	
53	Ma him tubby	X	1	1	3	5	10.00	50.00	
54	Ye bah ho yo tubby	X	1		1	2	10.00	20.00	
55	Marshall	X	1			1	10.00	10.00	
56	Richmond	X	1			1	10.00	10.00	
57	Appokans tubby	X	1	4	3	8	10.00	80.00	
58	Ubby o hick a	X	1	1	1	3	10.00	30.00	
59	Aaron	X	2	2	2	6	10.00	60.00	
60	Ah yon pah tubby	X	1	1	2	4	10.00	40.00	
61	Ah ma lah pubby	X	1	1	2	4	10.00	40.00	
62	Til low woh tubby	X	1	1		2	10.00	20.00	
63	Alfred Humes	X	1	2	2	5	10.00	50.00	
64	Wyat	X	1			1	10.00	10.00	
65	Chinch a ma tah	X	1	2		3	10.00	30.00	
66	Kan ah ho tubby	X	1	1		2	10.00	20.00	
67	C. P. Harris	X	1	1	3	5	10.00	50.00	
68	William	X	1	1	5	7	10.00	70.00	
69	Kim ah ma	X		1	1	2	10.00	20.00	
70	Jesse Cole	X	1	1	5	7	10.00	70.00	
71	Cornelius Underwood	X	1	2	4	7	10.00	70.00	
72	Solomon	X	1			1	10.00	10.00	
73	Thomas	X	1	1	1	3	10.00	30.00	
74	Thompson Cole	X	1	1		2	10.00	20.00	
75	Barn	X	1	1	1	3	10.00	30.00	
76	Me pha tin che	X	1	1	4	6	10.00	60.00	
77	Jerry Brown	X	1			1	10.00	10.00	
78	Gabriel	X	1	1	4	6	10.00	60.00	
79	Lincy	X		1	2	3	10.00	30.00	
80	Kis hip lah	X	1	1	4	6	10.00	60.00	
			39	43	63	145	10.00	1450.00	

1860 Chickasaw Annuity

Number	Capt Hothliche's Roll Names	Marks	Males	Females	Children	Total	Amount Per Capita	Amount Total	Remarks
81	Ish tah ah	X	1	1		2	10.00	20.00	
82	Pah kah che	X	1	1	4	6	10.00	60.00	
83	Ish ta ki go	X	1	2	3	6	10.00	60.00	
84	Ben Thomas	X	1	1		2	10.00	20.00	
85	Hal low wi cha	X		1	3	4	10.00	40.00	
86	Summer	X	1	1	5	7	10.00	70.00	
87	Morris Wiley	X	1	1		2	10.00	20.00	
88	Sylia	X		1		1	10.00	10.00	
89	Teckey	X	1	1	3	5	10.00	50.00	
90	Ok la che ya	X	1	1	3	5	10.00	50.00	
91	Ah koon chan tubby	X	1	1	4	6	10.00	60.00	
92	Ah fah mi tubby	X	1	1	2	4	10.00	40.00	
93	Il lap po tubby	X	1	1	2	4	10.00	40.00	
94	Un no yer	X	1	1		2	10.00	20.00	
95	Isaac McGee	X	1	1	3	5	10.00	50.00	
96	Cole Folsom	X	1	1	3	5	10.00	50.00	
97	John McGee	X	1	1	2	4	10.00	40.00	
98	Edmund McGee	X	1	1	6	8	10.00	80.00	
99	James McGee	X	1			1	10.00	10.00	
100	Archy McGee	X	1	1	2	4	10.00	40.00	
101	Kut tah yo tubby	X	1			1	10.00	10.00	
102	Tush kim nah	X	1			1	10.00	10.00	
103	Alex McGee	X	1			1	10.00	10.00	
104	Thomas Colbert	X	1	1	1	3	10.00	30.00	
105	Miki Campbell	X	1	1		2	10.00	20.00	
106	James Peirson	X	2	1	1	4	10.00	40.00	
107	Powley	X	1	1	3	5	10.00	50.00	
108	Gabriel Thomas	X	1	1		2	10.00	20.00	
109	Tah him tubby	X	1		3	4	10.00	40.00	
110	Thomas Rirch	X	1		1	2	10.00	20.00	
111	Tally Seely	X	1	1		2	10.00	20.00	
112	Ah tok lar cher	X	1	1	2	4	10.00	40.00	
113	Elri ak lo has	X	1	1	1	3	10.00	30.00	
114	Pul lum ma	X	1			1	10.00	10.00	
115	Enoka lo nubby	X	1	1	2	4	10.00	40.00	
116	James Gamble	X	1	1	2	4	10.00	40.00	
117	Eliza J. Guy	X		1		1	10.00	10.00	
118	Sena E. Guy	X		1		1	10.00	10.00	
119	Wm M. Guy & other	X			5	5	10.00	50.00	
120	Chis co wah mo Philip	X	1			1	10.00	10.00	
			36	32	66	134	10.00	1340.00	

1860 Chickasaw Annuity

Number	Capt Hothliche's Roll Names	Marks	Males	Females	Children	Total	Amount Per Capita	Amount Total	Remarks
121	David Seely	X	1			1	10.00	10.00	
122	John E. Anderson	X	1	3	9	13	10.00	130.00	
123	Emar Warkey	X	3			3	10.00	30.00	
124	James N. McLish	X	1	1	5	7	10.00	70.00	
125	William Piabers	X	1	1	2	4	10.00	40.00	
126	George F. McLish	X	1	1	1	3	10.00	30.00	
127	John M. Johnston	X	1	1	1	3	10.00	30.00	
128	L W Lewis	X			4	4	10.00	40.00	
129	Lotty McGee	X		1		1	10.00	10.00	
130	Emoke Chinto	X	1	1	4	6	10.00	60.00	
131	Lewis Robertson	X	1			1	10.00	10.00	
132	Eme cher ubby	X	2	2	1	5	10.00	50.00	
133	Enco ner ubby	X	1	1		2	10.00	20.00	
134	I T Davis	X	1	1	2	4	10.00	40.00	
135	Gov Cyrus Harris	X	1	1	5	7	10.00	70.00	
136	Hetty Frazier	X		1	5	6	10.00	60.00	
137	Oilcey Brown	X		1	1	2	10.00	20.00	
138	F. C. McCurley	X	1			1	10.00	10.00	
139	Robinson Filmon	X	2			2	10.00	20.00	
140	Thom Anderson	X	1	2		3	10.00	30.00	
141	Elsie	X		1	3	4	10.00	40.00	
142	Ben F. McLish	X	1			1	10.00	10.00	
143	Her yash ut tubby	X	2	1	6	9	10.00	90.00	
144	Me yer cher ubby	X	2	1	2	5	10.00	50.00	
145	John Bryant	X	1			1	10.00	10.00	
146	Hochit tubby	X	1	1	5	7	10.00	70.00	
147	Lei ynah	X	1	1	3	5	10.00	50.00	
148	Coiner yu chubby	X	1			1	10.00	10.00	
149	G. Wallace	X	1	2	4	7	10.00	70.00	
150	Tush kah tam ubby	X	1	1	1	3	10.00	30.00	
151	Benson Pikey	X	1	1	1	3	10.00	30.00	
152	Chen alli Brown	X	1	2	5	8	10.00	80.00	
153	Sally Russell	X		1	3	4	10.00	40.00	
154	Im mah cha tubby	X	1	1	1	3	10.00	30.00	
155	Ah wah lish tubby	X	2	1	2	5	10.00	50.00	
156	Eber ho yon	X	1	1		2	10.00	20.00	
157	Sloni Harkins	X	2	2	1	5	10.00	50.00	
158	William Harkins	X	2	2	3	7	10.00	70.00	
159	Leri Sua	X	1	2	3	6	10.00	60.00	
160	Sho war me	X	1	1	2	4	10.00	40.00	
			43	40	85	168	10.00	1680.00	

1860 Chickasaw Annuity

Number	Capt Hothliche's Roll Names	Marks	Males	Females	Children	Total	Amount Per Capita	Amount Total	Remarks
161	Hal lit ta tubby	X	1			1	10.00	10.00	
162	Tush she wah he	X	1	1	1	3	10.00	30.00	
163	She wah he	X	1			1	10.00	10.00	
164	Ah the pa ta tubby	X	1	1	2	4	10.00	40.00	
165	Lorie ah tubby	X	1	1		2	10.00	20.00	
166	Pink ney	X	1	1		2	10.00	20.00	
167	Ben Haine Cuba	X	1	1	1	3	10.00	30.00	
168	Skelton McLish	X	1			1	10.00	10.00	
169	He you kil chia	X	1	1	2	4	10.00	40.00	
170	Doctor Tisho	X	1			1	10.00	10.00	
171	Houston Brown	X	1	1		2	10.00	20.00	
172	Willis Folsom	X	1	1	7	9	10.00	90.00	
173	James Albertson	X	3	1	2	6	10.00	60.00	
174	Pah lish ta tubby	X	2	2	5	9	10.00	90.00	
175	Alexander	X	1			1	10.00	10.00	
176	Eastman	X	1			1	10.00	10.00	
177	Doctor Annayah	X	2	1	3	6	10.00	60.00	
178	Ah pa is cha	X	1	2	4	7	10.00	70.00	
179	Tah be ni lah	X	1			1	10.00	10.00	
180	Nelson Frazier	X	1	1		2	10.00	20.00	
181	Dixon Alberson	X	1	1		2	10.00	20.00	
182	Chook na ha cha	X	2	3	7	12	10.00	120.00	
183	Susan McLish or Folsom	X		1	2	3	10.00	30.00	
184	Ho chap ta tubby	X	1	1	3	5	10.00	50.00	
185	Pash ka tubby	X	1			1	10.00	10.00	
186	Leila Wolf	X		1		1	10.00	10.00	
187	Dr Allen	X	1	1	6	8	10.00	80.00	
188	Tisho un tubby	X	1	1	7	9	10.00	90.00	
189	Pollia	X		1		1	10.00	10.00	
190	E yer mit tubby	X	1		1	2	10.00	20.00	
191	Me lin da	X		1	1	2	10.00	20.00	
192	John Pitchlyn	X	1	1	1	3	10.00	30.00	
193	Kia nar wa cha	X	1	2	1	4	10.00	40.00	
194	Nesha	X		1		1	10.00	10.00	
195	War na cher	X	1	1		2	10.00	20.00	
196	Booker James	X	1	1		2	10.00	20.00	
197	Cornish neah tubby	X	1			1	10.00	10.00	
198	Ak tah kin tubby	X	1	1		2	10.00	20.00	
199	Daniel Harris	X	1	1		2	10.00	20.00	
200	G. W. Thompson	X	1	1	1	3	10.00	30.00	
			40	35	57	132	10.00	1320.00	

1860 Chickasaw Annuity

Number	Capt Hothliche's Roll Names	Marks	Males	Females	Children	Total	Amount Per Capita	Amount Total	Remarks
201	Ehark pit tubby	X	1	2		3	10.00	30.00	
202	Bidcey	X	1	1	2	4	10.00	40.00	
203	Sana Allen's children	X			6	6	10.00	60.00	
204	Ish tim mah co yea chah	X		4		4	10.00	40.00	
205	Chuffah tubby	X	1	1	3	5	10.00	50.00	
206	Sophia	X		1	3	4	10.00	40.00	
207	Shoh like	X		1	1	2	10.00	20.00	
208	Tash co mer tubby	X	1			1	10.00	10.00	
209	Cher ta you tubby	X	1			1	10.00	10.00	
210	Shu me	X	1			1	10.00	10.00	
211	E yea ne tubby	X	1			1	10.00	10.00	
212	Thomas	X			2	2	10.00	20.00	
213	Leigy	X	1	2	1	4	10.00	40.00	
214	Josiah Brown	X	1	1	3	5	10.00	50.00	
215	William Bratton	X	1	1	1	3	10.00	30.00	
216	Robert Colbert	X	1		4	5	10.00	50.00	
217	Bob	X	1			1	10.00	10.00	
218	Charley	X			1	1	10.00	10.00	
219	Howard	X	1			1	10.00	10.00	
220	Henry McKinney	X	1	1	3	5	10.00	50.00	
221	Russel McKinney	X	1			1	10.00	10.00	
222	Alex McKinney	X	1			1	10.00	10.00	
223	Edmund McKinney	X	1			1	10.00	10.00	
224	Wall Folsom's Children	X			3	3	10.00	30.00	
225	Anna Cavender	X		1	1	2	10.00	20.00	
226	Vina McGee	X		1	3	4	10.00	40.00	
227	Mrs. E. Nelson	X		1	1	2	10.00	20.00	
228	Roger Perry	X	1			1	10.00	10.00	
229	Ebenezer Pitchlyn	X	1			1	10.00	10.00	
230	John Smallwood	X			4	4	10.00	40.00	
231	Van Buren Colbert	X	1			1	10.00	10.00	
232	Charley McGee	X	1			1	10.00	10.00	
233	Horace Pratt	X	1	1	6	8	10.00	80.00	
234	En nook ky chee	X	1		5	6	10.00	60.00	
235	Ar wil la ne ha	X	1	1	4	6	10.00	60.00	
236	Garland	X	1	1	6	8	10.00	80.00	
237	Kan che him mah	X		1	5	6	10.00	60.00	
238	William Palmer	X	1			1	10.00	10.00	
239	Tah ho corn by	X	1			1	10.00	10.00	
240	William Simpson	X	1			1	10.00	10.00	
			28	22	68	118	10.00	1180.00	

1860 Chickasaw Annuity

Number	Capt Hothliche's Roll Names	Marks	Males	Females	Children	Total	Amount Per Capita	Amount Total	Remarks
241	Tah yea	X		1	2	3	10.00	30.00	
242	Joshua King & Sisters	X	1	1	3	5	10.00	50.00	
243	Chim nesh te	X	1	1	2	4	10.00	40.00	
244	Sina	X		1	2	3	10.00	30.00	
245	Ul lut te ho yo	X		1		1	10.00	10.00	
246	Calvin	X	1			1	10.00	10.00	
247	Ish ho yen nu	X		1	1	2	10.00	20.00	
248	Minney	X		1	4	5	10.00	50.00	
249	Ai eppe hubby & mother	X	1	1		2	10.00	20.00	
250	Annie Smallwood	X		1	4	5	10.00	50.00	
251	Eya Cam by	X	1		7	8	10.00	80.00	
252	Un moh billy	X	1	1	5	7	10.00	70.00	
253	Shim i uppy	X		1	5	6	10.00	60.00	
254	Chick il lo ni	X		1	2	3	10.00	30.00	
255	Ahart & mother & family	X	1	1	2	4	10.00	40.00	
256	Tep po ni yea	X	1			1	10.00	10.00	
257	To che yea	X	1			1	10.00	10.00	
258	Eyah corn by	X	1	1	3	5	10.00	50.00	
259	Shim mat ti che	X		1	1	2	10.00	20.00	
260	En leush tubby	X	1			1	10.00	10.00	
261	Oki lah no ubby	X	1			1	10.00	10.00	
262	Shar cho mi che	X	1	1	5	7	10.00	70.00	
263	Lewis	X	1			1	10.00	10.00	
264	Ish fah lap moh	X	1			1	10.00	10.00	
265	Fi cho ka	X		1	4	5	10.00	50.00	
266	In ma honah	X		1	2	3	10.00	30.00	
267	Johnson Paysubby	X	1	1		2	10.00	20.00	
268	Kubby	X	1	1	1	3	10.00	30.00	
269	Tan it tubby	X			3	3	10.00	30.00	
270	Im me honah	X		1	4	5	10.00	50.00	
271	Viney	X		1	2	3	10.00	30.00	
272	Barnett Davenport	X			2	2	10.00	20.00	
273	Chim ali hokee	X		1	8	9	10.00	90.00	
274	Melvina Goforth	X		1	4	5	10.00	50.00	
275	Elizabeth Goforth	X		1	1	2	10.00	20.00	
276	Liney Thompson	X		1	3	4	10.00	40.00	
277	Dorothy Neal	X		1	3	4	10.00	40.00	
278	Lucy	X		1	2	3	10.00	30.00	
279	Coleman Nelson	X			3	3	10.00	30.00	
280	Mehona	X		1	5	6	10.00	60.00	
			17	29	95	141	10.00	1410.00	

1860 Chickasaw Annuity

Number	Capt Hothliche's Roll Names	Marks	Males	Females	Children	Total	Amount Per Capita	Amount Total	Remarks
281	Sillis	X		1		1	10.00	10.00	
282	Hilliner	X		1	3	4	10.00	40.00	
283	Tar in tubbee	X	1		3	4	10.00	40.00	
284	Bermita Williams	X	1		3	4	10.00	40.00	
285	May tubbee	X	1		4	5	10.00	50.00	
286	Toney May tubbee	X	1	1	1	3	10.00	30.00	
287	Caroline Colbert	X		1	4	5	10.00	50.00	
288	R. R. Bourland	X		1	6	7	10.00	70.00	
289	James Colbert	X	1	1	4	6	10.00	60.00	
290	Nancy Nelson	X		1		1	10.00	10.00	
291	Isom May tubbee	X	1		3	4	10.00	40.00	
292	Peter May tubbee	X	1			1	10.00	10.00	
293	Thos Donovan	X	1		4	5	10.00	50.00	
294	Samuel Colbert	X	1	1	9	11	10.00	110.00	
295	George Moore	X	1		3	4	10.00	40.00	
296	Ruben McCoy	X	1	1		2	10.00	20.00	
297	Susan Colbert	X		2	1	3	10.00	30.00	
298	Molsey Colbert	X		1		1	10.00	10.00	
299	Eliza Turnbull	X		1	9	10	10.00	100.00	
300	John McIntosh	X			2	2	10.00	20.00	
301	Tak la tubby	X	1			1	10.00	10.00	
302	She no te	X		1	5	6	10.00	60.00	
303	Ish ton to ma	X		1		1	10.00	10.00	
304	Lu cheya	X	1		9	10	10.00	100.00	
305	H. N. Folsom	X			1	1	10.00	10.00	
306	Sampson Folsom	X	1	1	6	8	10.00	80.00	
307	John Byrd	X		1	5	6	10.00	60.00	
			14	17	85	116	10.00	1160.00	
	Recapitulation								
	Page 1					148			
	Page 2					145			
	Page 3					134			
	Page 4					168			
	Page 5					132			
	Page 6					118			
	Page 7					141			
	Page 8					116			
	Total					1102	10.00	######	

1860 Chickasaw Annuity

Number	Capt Isaac Love's Roll Names	Marks	Males	Females	Children	Total	Amount Per Capita	Amount Total	Remarks
1	Isaac Love	X	1	1	5	7	10.00	70.00	
2	Wyatt Love	X	1	1	1	3	10.00	30.00	
3	Henry Love	X	1	1		2	10.00	20.00	
4	Saml Love	X	1	1	8	10	10.00	100.00	
5	Harvy Bacon	X	1	1	4	6	10.00	60.00	
6	Martha Leflore	X		1	1	2	10.00	20.00	
7	Morgan Perry	X	1	1	7	9	10.00	90.00	
8	Henry Colbert	X	1	1	3	5	10.00	50.00	
9	Virginia Kemp	X	1	1		2	10.00	20.00	
10	Martin Allen	X	1			1	10.00	10.00	
11	Elsie Allen	X	1	1	1	3	10.00	30.00	
12	B. F. Colbert	X	1	1	4	6	10.00	60.00	
13	Calvin Colbert	X	1	1	1	3	10.00	30.00	
14	Per she ker	X	1	1	6	8	10.00	80.00	
15	Gum Reynolds	X	1	1	2	4	10.00	40.00	
16	Martin Sheco	X	1	1	5	7	10.00	70.00	
17	Abijah Colbert	X	1	1	2	4	10.00	40.00	
18	Tuh hubby	X	1	1	2	4	10.00	40.00	
19	Lorn a tubby	X	1	1	4	6	10.00	60.00	
20	She o ka	X	1			1	10.00	10.00	
21	Robert Newberry	X	1	1		2	10.00	20.00	
22	Tush to	X	1	1		2	10.00	20.00	
23	Shu la cher	X	1	1	1	3	10.00	30.00	
24	Robert Sewa	X	1			1	10.00	10.00	
25	Moley	X	1	1	5	7	10.00	70.00	
26	Nip ka	X	1	1	2	4	10.00	40.00	
27	Nock ma chubby	X	1	1	1	3	10.00	30.00	
28	Isom Esuepa	X	1	1	1	3	10.00	30.00	
29	Nancy	X		1	4	5	10.00	50.00	
30	Johnson Esuepa	X	1	1		2	10.00	20.00	
31	Esuepa	X	1	1	3	5	10.00	50.00	
32	William Brown	X	1	1		2	10.00	20.00	
33	Joel Kemp	X	1	1	7	9	10.00	90.00	
34	Ful ho ka	X	1	1	1	3	10.00	30.00	
35	Reuben Kemp	X	1	1	8	10	10.00	100.00	
36	Lem Reynolds	X	1	1	3	5	10.00	50.00	
37	Im ah ubby	X	1	1		2	10.00	20.00	
38	Elvira Elise	X		1	2	3	10.00	30.00	
39	Parthenia Colbert	X		1	1	2	10.00	20.00	
40	James Hillhouse	X	1	1	3	5	10.00	50.00	
			36	37	98	171	10.00	1710.00	

1860 Chickasaw Annuity

Number	Capt Isaac Love's Roll Names	Marks	Males	Females	Children	Total	Amount Per Capita	Amount Total	Remarks
41	Anderson	X	1	1	3	5	10.00	50.00	
42	Mil ba	X	1	1		2	10.00	20.00	
43	Ennice	X		1		1	10.00	10.00	
44	Howard Duncan	X	1	1	2	4	10.00	40.00	
45	John Lewis	X	1	1	2	4	10.00	40.00	
46	He chubby	X	1	1	3	5	10.00	50.00	
47	Josey Jeffrey	X	1	1	3	5	10.00	50.00	
48	Jefferson Cravat	X	1	1	6	8	10.00	80.00	
49	Ben	X	1	1	1	3	10.00	30.00	
50	Yock a pa cher	X	1	1	5	7	10.00	70.00	
51	Tar pher	X	1	1	1	3	10.00	30.00	
52	James Colbert	X	1	1	3	5	10.00	50.00	
53	Harri tea	X	1	1	2	4	10.00	40.00	
54	Tom Ceble	X	1	1	3	5	10.00	50.00	
55	Lap chubby	X	1	1	1	3	10.00	30.00	
56	Un turn ba	X	1	1	1	3	10.00	30.00	
57	William Warner	X	1	1	6	8	10.00	80.00	
58	Morgan Colbert	X	1	1	4	6	10.00	60.00	
59	John Wade	X	1	1	1	3	10.00	30.00	
60	Charley Sheco	X	1	1	6	8	10.00	80.00	
61	Elo tubby	X	1	1	2	4	10.00	40.00	
62	Cun i ubby	X	1	1	1	3	10.00	30.00	
63	She ana	X	1	1		2	10.00	20.00	
64	Emar shea tubby	X	1	1	3	5	10.00	50.00	
65	Pe yo ka	X	1			1	10.00	10.00	
66	Solomon Battiste	X	1	1	1	3	10.00	30.00	
67	In to tubby	X	1	1	1	3	10.00	30.00	
68	Chi hin	X	1	1		2	10.00	20.00	
69	Tano hora	X	1	1	2	4	10.00	40.00	
70	Eka	X	1	1	1	3	10.00	30.00	
71	William Harney	X	1	1	2	4	10.00	40.00	
72	Shimin Cummey	X	1	1	1	3	10.00	30.00	
73	Wonokey	X	1			1	10.00	10.00	
74	Harri huskey	X	1	1	5	7	10.00	70.00	
75	Ermth likey	X	1			1	10.00	10.00	
76	Shim mpy	X	1	1		2	10.00	20.00	
77	Polly Beams	X	1	1	1	3	10.00	30.00	
78	Thomas Burton	X	1	1	1	3	10.00	30.00	
79	Edward Nail	X	1	1		2	10.00	20.00	
80	Billings	X	1	1		2	10.00	20.00	
			39	37	74	150	10.00	1500.00	

1860 Chickasaw Annuity

Number	Capt Isaac Love's Roll Names	Marks	Males	Females	Children	Total	Amount Per Capita	Amount Total	Remarks
81	Mary Garrison	X		1	5	6	10.00	60.00	
82	Abel D. Chase	X	1	1		2	10.00	20.00	
83	Took lion tubby	X	1	1	1	3	10.00	30.00	
84	Im an tubby	X	1	1		2	10.00	20.00	
85	Simon Sealy	X	1	1		2	10.00	20.00	
86	Jackson Kemp	X	1	1	9	11	10.00	110.00	
87	Colbert Carter	X	1	1	3	5	10.00	50.00	
88	John Albertson	X	1	1	2	4	10.00	40.00	
89	Shimpey	X	1	1		2	10.00	20.00	
90	Sallie Alberson	X	1	1		2	10.00	20.00	
91	J. P. Potts	X	1	1	6	8	10.00	80.00	
92	Susan Colbert	X		1	3	4	10.00	40.00	
93	Samey Greenwood	X		1	2	3	10.00	30.00	
94	Susan Greenwood	X		1	2	3	10.00	30.00	
95	William McKinney	X	1	1	2	4	10.00	40.00	
96	Henry Love	X	1	1	1	3	10.00	30.00	
97	Charlotte Coffey	X		1	3	4	10.00	40.00	
98	Loren	X	1	1	2	4	10.00	40.00	
99	Winchester	X	1	1	1	3	10.00	30.00	
100	Overton Love	X	1	1	5	7	10.00	70.00	
101	John Guess	X	1	1	2	4	10.00	40.00	
102	Thomas Reynolds	X	1	1	2	4	10.00	40.00	
103	Osborn Fisher	X	1	1	4	6	10.00	60.00	
104	Davis	X	1			1	10.00	10.00	
105	William McLish	X	1	1	1	3	10.00	30.00	
106	Martha Folsom	X		1	1	2	10.00	20.00	
107	James Colbert	X	1			1	10.00	10.00	
108	Josiah Hillhouse	X	1	1	1	3	10.00	30.00	
109	A. P. Eastman	X	1	1	2	4	10.00	40.00	
110	Lewis Newberry	X	1	1	4	6	10.00	60.00	
111	Kin ha	X	1	1	1	3	10.00	30.00	
112	Ink kubby	X	1	1	4	6	10.00	60.00	
113	Ta her	X	1			1	10.00	10.00	
114	Sheaty	X	1			1	10.00	10.00	
115	Elijah Ellis	X	1	1	4	6	10.00	60.00	
116	William Kemp	X	1	1	4	6	10.00	60.00	
117	Alexander	X	1	1	2	4	10.00	40.00	
118	Gibson Kemp	X	1	1		2	10.00	20.00	
119	Willis Gaylord	X	1	1	2	4	10.00	40.00	
120	Wall	X	1			1	10.00	10.00	
			34	35	81	150	10.00	1500.00	

1860 Chickasaw Annuity

Number	Capt Isaac Love's Roll Names	Marks	Males	Females	Children	Total	Amount Per Capita	Amount Total	Remarks
121	William Nan nubby	X	1	1	2	4	10.00	40.00	
122	Robert Colbert	X	1	1	2	4	10.00	40.00	
123	Levi Kemp	X	1	1	1	3	10.00	30.00	
124	Em mar pher	X	1	1	1	3	10.00	30.00	
125	A. McCoy	X	1			1	10.00	10.00	
126	Wm Mi ku pecker	X	1			1	10.00	10.00	
127	Carney	X	1	1	3	5	10.00	50.00	
128	Shuman	X	1			1	10.00	10.00	
129	Cailup	X	1			1	10.00	10.00	
130	Burton	X	1			1	10.00	10.00	
131	D. Frazier	X	1	1	5	7	10.00	70.00	
132	Honuacher	X	1			1	10.00	10.00	
133	Nancy	X	1			1	10.00	10.00	
134	James McCoy	X	1	1	10	12	10.00	120.00	
135	Cornelius Cravat	X	1	1	1	3	10.00	30.00	
136	Rogers Perry	X	1	1		2	10.00	20.00	
137	Susan McCoy	X		1	8	9	10.00	90.00	
138	Tunry May tubby	X		1	3	4	10.00	40.00	
139	James Peter	X	1	1		2	10.00	20.00	
140	Ben Kemp	X	1	1	2	4	10.00	40.00	
141	Hook chubby	X	1	1		2	10.00	20.00	
142	Robert William	X	1	1		2	10.00	20.00	
143	Easter	X		1	2	3	10.00	30.00	
144	Shle ki in	X	1	1		2	10.00	20.00	
145	John Gooding	X	1	1	2	4	10.00	40.00	
146	Sain tubby	X	1	1	3	5	10.00	50.00	
147	Logan Colbert	X	1	1	2	4	10.00	40.00	
148	Allen Greenwood	X	1	1	4	6	10.00	60.00	
149	Shuester	X	1	1	1	3	10.00	30.00	
150	Sophia	X		1	2	3	10.00	30.00	
151	Mimto	X	1	1	2	4	10.00	40.00	
152	Houbby	X	1	1	6	8	10.00	80.00	
153	John Nick o wah	X	1			1	10.00	10.00	
154	John Nok	X	1	1	3	5	10.00	50.00	
155	Cephas Holton	X	1	1	3	5	10.00	50.00	
156	John McKinney	X	1	1	2	4	10.00	40.00	
157	Amos Lise	X	1	1	3	5	10.00	50.00	
158	Push chum ba	X	1	1	3	5	10.00	50.00	
159	Im mo mika	X	1	1		2	10.00	20.00	
160	Chuffin	X	1	1	3	5	10.00	50.00	
			36	32	79	147	10.00	1470.00	

1860 Chickasaw Annuity

Number	Capt Isaac Love's Roll Names	Marks	Males	Females	Children	Total	Amount Per Capita	Amount Total	Remarks
161	Sucha	X	1	1	4	6	10.00	60.00	
162	Sho chubby	X	1	1		2	10.00	20.00	
163	Sam Saimer	X	1	1		2	10.00	20.00	
164	Ho chubby	X	1			1	10.00	10.00	
165	E cho nubby	X	1			1	10.00	10.00	
166	William Holton	X	1	1	5	7	10.00	70.00	
167	Levi Colbert	X	1			1	10.00	10.00	
168	Choffa	X	1	1	4	6	10.00	60.00	
169	Ish ta cun nis tubby	X	1	1		2	10.00	20.00	
170	Ah he met che tubby	X	1	1	3	5	10.00	50.00	
171	Randolph Colbert	X	1			1	10.00	10.00	
172	Ben Colbert	X	1	1		2	10.00	20.00	
173	C. Fox Eastman	X	1	1	6	8	10.00	80.00	
174	Dickson Durant	X	1	1		2	10.00	20.00	
175	Andrew Colbert	X	1	1		2	10.00	20.00	
176	Isabella McCurly	X		1		1	10.00	10.00	
177	Stump Porter	X	1	1		2	10.00	20.00	
178	James Hilhouse	X	1			1	10.00	10.00	
			17	13	22	52	10.00	520.00	
	Recapitulation								
	Page 1					171			
	Page 2					150			
	Page 3					150			
	Page 4					147			
	Page 5					52			
	Total					670	10.00	6700.00	
			34	26	44	1444	10.00	7740.00	

1860 Chickasaw Annuity

Number	Capt T. Seely's Roll Names	Marks	Males	Females	Children	Total	Amount Per Capita	Amount Total	Remarks
1	Capt T. Seely	X	1	1	8	10	10.00	100.00	
2	David Burney	X	1	1	7	9	10.00	90.00	
3	James T. Gaines	X	1	1	2	4	10.00	40.00	
4	Ok ah yah umby	X	1	1	4	6	10.00	60.00	
5	Ick ah yo kah mo tubby	X	1	1	3	5	10.00	50.00	
6	Edmund Pickens	X	1	1	2	4	10.00	40.00	
7	She ma ta cha	X		1	2	3	10.00	30.00	
8	William Sealy	X	1	1	1	3	10.00	30.00	
9	Kiffa	X	1	1	4	6	10.00	60.00	
10	Joseph	X	1	1	3	5	10.00	50.00	
11	Im ok lah ubby	X	1	1	3	5	10.00	50.00	
12	I yah hun tah	X	1	1	1	3	10.00	30.00	
13	Esha tubby	X	1	1	3	5	10.00	50.00	
14	Thomas Benton	X	1	1	3	5	10.00	50.00	
15	Il bah chuck was tubby	X	1	1	6	8	10.00	80.00	
16	Pah la ma	X	1	1		2	10.00	20.00	
17	Nat po wa tah	X	1	1	4	6	10.00	60.00	
18	Capt Parker	X	1	1	6	8	10.00	80.00	
19	Un tish tubby	X	1	1	2	4	10.00	40.00	
20	I ah yah tim ten	X	1	1	3	5	10.00	50.00	
21	Jefferson Pickens	X		1	3	4	10.00	40.00	
22	Aaron Brown	X	1	1		2	10.00	20.00	
23	Ok lo harsh tubby	X	1	1	4	6	10.00	60.00	
24	Newton	X	1	1	3	5	10.00	50.00	
25	Towile McLish	X	1	1	1	3	10.00	30.00	
26	Wilson Harkins	X	1	1	3	5	10.00	50.00	
27	Tick bah yah ut tubby	X	1	1	5	7	10.00	70.00	
28	Billy	X	1	1	1	3	10.00	30.00	
29	E bah on ah	X	1	1	5	7	10.00	70.00	
30	Noes took cha	X	1	1	4	6	10.00	60.00	
31	Gilbert	X	1	1	4	6	10.00	60.00	
32	Calvin S. Love	X	1	1	4	6	10.00	60.00	
33	George Love	X	1	1	3	5	10.00	50.00	
34	George D. James	X	1	1	4	6	10.00	60.00	
35	Simon B. James	X	1	1	2	4	10.00	40.00	
36	Charles Percy	X	1	1	1	3	10.00	30.00	
37	Jimson Frazier	X	1	1	3	5	10.00	50.00	
38	To wah tah la chah	X	1	1	5	7	10.00	70.00	
39	I yah ton tubby	X	1	1	2	4	10.00	40.00	
40	Doctor Musaka	X	1	1	2	4	10.00	40.00	
			38	40	126	204	10.00	2040.00	

1860 Chickasaw Annuity

Number	Capt T. Seely's Roll Names	Marks	Males	Females	Children	Total	Amount Per Capita	Amount Total	Remarks
41	Ah no won tubby	X	1	1	4	6	10.00	60.00	
42	Fil atah	X	1	1		2	10.00	20.00	
43	Hoti his ta	X	1	1	5	7	10.00	70.00	
44	Kah la kah	X	1	1		2	10.00	20.00	
45	Shu hi yut kah	X	1	1		2	10.00	20.00	
46	On tah yubby	X	1	1	1	3	10.00	30.00	
47	Bob Ned	X	1	1	4	6	10.00	60.00	
48	Susan	X		1		1	10.00	10.00	
49	Choplin	X	1			1	10.00	10.00	
50	Tah yoa la	X	1	1		2	10.00	20.00	
51	Up yust tubby	X	1	1	1	3	10.00	30.00	
52	Ho mah ta cha	X	1	1	1	3	10.00	30.00	
53	Melinda	X		1	1	2	10.00	20.00	
54	Lyarta	X	1	1	7	9	10.00	90.00	
55	Ok nok wah Ik pho ke tubby	X	1	1	2	4	10.00	40.00	
56	I yea ma yubby	X	1			1	10.00	10.00	
57	Enatona	X	1	1	6	8	10.00	80.00	
58	Ish to mah to yoka	X	1			1	10.00	10.00	
59	Charles Colbert	X	1	1		2	10.00	20.00	
60	Jefferson	X	1	1	8	10	10.00	100.00	
61	Henry Toombs	X	1	1		2	10.00	20.00	
62	Un a yah	X	1	1	2	4	10.00	40.00	
63	Fah lut ma ish tubby	X	1	1	4	6	10.00	60.00	
64	Eirin lit ubby	X	1	1	3	5	10.00	50.00	
65	Tah pa lah	X	1	1		2	10.00	20.00	
66	Josiah Brown	X	1	1	2	4	10.00	40.00	
67	Lewis L. Brown	X	1	1	5	7	10.00	70.00	
68	Americus Oxberry	X	1			1	10.00	10.00	
69	Ilup took bah luky	X	1	1	2	4	10.00	40.00	
70	Wilson Caney	X	1	1	3	5	10.00	50.00	
71	Ish ta ma tot ka	X	1			1	10.00	10.00	
72	Benj McLaughlin	X	1	2	4	7	10.00	70.00	
73	John T. Russell	X	1	1	1	3	10.00	30.00	
74	Elizabeth Mitchell	X		1	1	2	10.00	20.00	
75	Mississippi Juzan	X		1	4	5	10.00	50.00	
76	Charlotte Chote	X		2	1	3	10.00	30.00	
77	Jane Grant	X		1	1	2	10.00	20.00	
78	Susan Duke	X		1		1	10.00	10.00	
79	Elizabeth Alberson	X		1	2	3	10.00	30.00	
80	Ho ph amby	X	1	1	2	4	10.00	40.00	
			32	37	77	146	10.00	1460.00	

1860 Chickasaw Annuity

Number	Capt T. Seely's Roll Names	Marks	Males	Females	Children	Total	Amount Per Capita	Amount Total	Remarks
81	Ah fah bah mon tubby	X	1		2	3	10.00	30.00	
82	James King	X	1	1	1	3	10.00	30.00	
83	Ho ya chah	X	1	1	1	3	10.00	30.00	
84	Ke yah mon tah	X	1	1	2	4	10.00	40.00	
85	It lap irmth tubby	X	1	1	1	3	10.00	30.00	
86	Reuben Folsom	X	1	1	1	3	10.00	30.00	
87	Benjamin F Colbert	X	1			1	10.00	10.00	
88	Sumey	X	1			1	10.00	10.00	
89	Ben ambee	X		1	1	2	10.00	20.00	
90	Milsey	X		1	2	3	10.00	30.00	
91	El ah on hin che	X	1	1		2	10.00	20.00	
92	Overton Keel	X	1	1	5	7	10.00	70.00	
93	Kim ma yut tubby	X	1	1		2	10.00	20.00	
94	John Long	X	1			1	10.00	10.00	
95	Thlup on ni yea	X	1	1	6	8	10.00	80.00	
96	Tush kah tubby	X	1	1	3	5	10.00	50.00	
97	Pis took cha yah	X	1	1	7	9	10.00	90.00	
98	Woukey	X	1			1	10.00	10.00	
99	Low sho ma	X	1			1	10.00	10.00	
100	James H. Willis	X	1	1	11	13	10.00	130.00	
101	Caroline Bourland	X		1	2	3	10.00	30.00	
102	Willis Dickerson	X	1	1	2	4	10.00	40.00	
103	Sha cho ma che	X	1	1	3	5	10.00	50.00	
104	Robert Love	X	1	1	4	6	10.00	60.00	
105	Samuel Oxberry	X	1	1	5	7	10.00	70.00	
106	Levi Ned	X	1	1	1	3	10.00	30.00	
107	Adam Jimmey	X	1	1	2	4	10.00	40.00	
108	Billy Jimmey	X	1	1	4	6	10.00	60.00	
109	Sally Humphreys	X		1	2	3	10.00	30.00	
110	Henry Colbert	X	1	1	2	4	10.00	40.00	
111	Joseph Colbert	X	1	1	4	6	10.00	60.00	
112	Edward Colbert	X	1	1	1	3	10.00	30.00	
113	Nelly Dyer	X		1		1	10.00	10.00	
114	Ba nup la it tubby	X	1	1	3	5	10.00	50.00	
115	Morgan Pettigrew	X	1	1	8	10	10.00	100.00	
116	Samuel Colbert	X	1	1	4	6	10.00	60.00	
117	Ah cha kah lish tubby	X	1	1	6	8	10.00	80.00	
118	George A. Criner	X	1	1	4	6	10.00	60.00	
119	Westley Cherokee	X	1	1	2	4	10.00	40.00	
120	Tish o ish tah ah	X	1	1	1	3	10.00	30.00	
			35	34	103	172	10.00	1720.00	

1860 Chickasaw Annuity

Number	Capt T. Seely's Roll Names	Marks	Males	Females	Children	Total	Amount Per Capita	Amount Total	Remarks
121	Sho cho mika	X	1			1	10.00	10.00	
122	Harriet Newberry	X			1	1	10.00	10.00	
123	Tin i yea	X		1	2	3	10.00	30.00	
124	Charles E. Gooding	X	1	2	1	4	10.00	40.00	
125	B. F. Overton	X	1	1	1	3	10.00	30.00	
126	Thomas Boyd	X	2			2	10.00	20.00	
127	Wall Cherokee	X	1	1		2	10.00	20.00	
128	In tick kon non tubby	X	1			1	10.00	10.00	
129	Ethli ka	X	1			1	10.00	10.00	
130	Jackson	X	1			1	10.00	10.00	
131	James M. Porter	X	1			1	10.00	10.00	
132	Smith Paul	X	1	1	4	6	10.00	60.00	Founder of Pauls Valley, Ok
133	Robinson Chemutta	X	1	1		2	10.00	20.00	
134	Thomas Wade	X	1	1	4	6	10.00	60.00	
135	Tah ut tubby	X	1	1	3	5	10.00	50.00	
136	Mchallon	X	1	1		2	10.00	20.00	
137	Susan Mitchell	X		1	1	2	10.00	20.00	
138	James Boyd	X	1	1	7	9	10.00	90.00	
139	Jane Hardwick	X	1	1	4	6	10.00	60.00	
140	Susan Nichols	X	1	1	1	3	10.00	30.00	
141	Shim ma yopy	X		1		1	10.00	10.00	
142	Ishtim mah lap ubby	X	1	1	3	5	10.00	50.00	
143	Susan Leflore	X		1	3	4	10.00	40.00	
144	Jane Wilson	X		1	4	5	10.00	50.00	
145	Vina Bonds	X		1	4	5	10.00	50.00	
146	Susan Campbell	X			1	1	10.00	10.00	
147	Jonathan Nail	X		1	1	2	10.00	20.00	
148	John Foster	X	1			1	10.00	10.00	
149	Sophia Cavender	X		1		1	10.00	10.00	
150	Eliza Turnbull	X		1	7	8	10.00	80.00	
151	Tank Tubby	X	1	1	3	5	10.00	50.00	
152	Capt Mi shi chi	X	1	1	2	4	10.00	40.00	
153	Kin hi cha	X	2	1	2	5	10.00	50.00	
154	Pa chee	X	1		2	3	10.00	30.00	
155	Morgan Colbert	X	1		1	2	10.00	20.00	
156	Mar him er	X	1	1	3	5	10.00	50.00	
157	Pis ar mar kin tubby	X	1	1	2	4	10.00	40.00	
158	Ka ah cher	X		2	4	6	10.00	60.00	
159	Walter	X	1			1	10.00	10.00	
160	It tar charkie	X	2		2	4	10.00	40.00	
			31	29	73	133	10.00	1330.00	

1860 Chickasaw Annuity

Number	Capt T. Seely's Roll Names	Marks	Males	Females	Children	Total	Amount Per Capita	Amount Total	Remarks
161	Somah	X	1			1	10.00	10.00	
162	Icy	X		1	1	2	10.00	20.00	
163	Kar booh	X	1			1	10.00	10.00	
164	Abar yer	X	2	1	4	7	10.00	70.00	
165	Mar ka hr yo	X		2	2	4	10.00	40.00	
166	Elar po nubbee	X	1		2	3	10.00	30.00	
167	Or gut tembee	X	1			1	10.00	10.00	
168	Choma	X	1			1	10.00	10.00	
169	Or hol ta nubby	X	1	1	4	6	10.00	60.00	
170	Ned Colbert	X	1	1	1	3	10.00	30.00	
171	Kar tar po tubby	X	1		1	2	10.00	20.00	
172	Willis	X	1			1	10.00	10.00	
173	Ok chm tubby	X	1			1	10.00	10.00	
174	James S. Cheadle	X	1			1	10.00	10.00	
175	Jop tim ar herge	X		1	1	2	10.00	20.00	
176	Alfred Seaburn	X	1			1	10.00	10.00	
177	Joseph Dunforth	X	1			1	10.00	10.00	
178	Kitty Kincaid	X	1		1	2	10.00	20.00	
179	George Brown	X	1			1	10.00	10.00	
180	Robert Busley	X		1		1	10.00	10.00	
181	David Pickens	X	1	2	3	6	10.00	60.00	
182	Aibis hik ar	X	1	1	2	4	10.00	40.00	
183	Jarvis Wright	X	1	1	1	3	10.00	30.00	
184	Om ar han tubbee	X	1			1	10.00	10.00	
185	Tat wah ye	X		1	1	2	10.00	20.00	
186	Hutchenson Miller	X	1			1	10.00	10.00	
187	Im mar toon tubbee	X	1			1	10.00	10.00	
188	Im mar chan tubbee	X	1			1	10.00	10.00	
189	Thlat ko fin tubbee	X	1	1	3	5	10.00	50.00	
190	THomas hays	X	1	1	2	4	10.00	40.00	
191	I kith kotubby	X	1			1	10.00	10.00	
192	In kar ne yah	X	1			1	10.00	10.00	
193	Jackson Conway	X	1	1	5	7	10.00	70.00	
194	Silvey	X		1	4	5	10.00	50.00	
195	Lar kin tubby	X	1			1	10.00	10.00	
196	Ewing Moon	X	1	1	2	4	10.00	40.00	
197	John Rrodle	X			6	6	10.00	60.00	
198	Pitman Harlin	X	1			1	10.00	10.00	
199	Benj Harkin	X	1	1	3	5	10.00	50.00	
200	Slone Williams	X	1	1	2	4	10.00	40.00	
			34	19	52	105	10.00	1050.00	

1860 Chickasaw Annuity

Number	Capt T. Seely's Roll Names	Marks	Males	Females	Children	Total	Amount Per Capita	Amount Total	Remarks
201	Cobb	X	1			1	10.00	10.00	
202	Nipki	X	1			1	10.00	10.00	
203	Ellen Wilson	X		1	5	6	10.00	60.00	
204	Ekil loki	X		1	2	3	10.00	30.00	
205	Siney	X		1	1	2	10.00	20.00	
206	Milsey	X		2	2	4	10.00	40.00	
207	Jinney	X		2	2	4	10.00	40.00	
208	Lavina	X		1	5	6	10.00	60.00	
209	Karman Ellis	X	1	1	3	5	10.00	50.00	
210	Thomas Benton	X	1	1	7	9	10.00	90.00	
211	Tar yanah tubby	X	1	1	4	6	10.00	60.00	
212	We har yo nubby	X	1	1	6	8	10.00	80.00	
213	Ok lar shin tar	X	1	1	1	3	10.00	30.00	
214	Shan he kee	X		2	1	3	10.00	30.00	
215	Char par nee	X	1			1	10.00	10.00	
216	He tar e chee	X	3			3	10.00	30.00	
217	Chin a ye	X		1	1	2	10.00	20.00	
218	Wilson Colbert	X	1			1	10.00	10.00	
219	Asholle	X	1			1	10.00	10.00	
220	Sucky Owen	X		1	3	4	10.00	40.00	
221	Chuffar tarnbee	X	1	1	4	6	10.00	60.00	
222	Tush en na cher	X	1			1	10.00	10.00	
223	Dace & Martin James	X	2			2	10.00	20.00	
224	Hiram Pitchlyn	X	1			1	10.00	10.00	
225	Davidson Wesley	X	1	1		2	10.00	20.00	
226	Tar honah	X		1	1	2	10.00	20.00	
227	Josiah	X	2	1		3	10.00	30.00	
228	Far lar moon tubby	X	1		3	4	10.00	40.00	
229	Nis took chubby	X	1			1	10.00	10.00	
230	Te ho tubby	X	1			1	10.00	10.00	
231	Shook hul yer	X	2	3	3	8	10.00	80.00	
232	Sar watch ar	X		2	6	8	10.00	80.00	
233	Kar ho kcc	X		2	1	3	10.00	30.00	
234	Mus ko gee	X			2	2	10.00	20.00	
235	Fletonah	X	2		5	7	10.00	70.00	
236	Pis ar ha cubby	X	3	2	4	9	10.00	90.00	
237	Tar far moon tubby	X	2	1		3	10.00	30.00	
238	Sealy Folsom	X		1	3	4	10.00	40.00	
239	Silas James	X	2	1	2	5	10.00	50.00	
240	Ich mar tubby	X	1	1		2	10.00	20.00	
			36	34	77	147	10.00	1470.00	

1860 Chickasaw Annuity

Number	Capt T. Seely's Roll Names	Marks	Males	Females	Children	Total	Amount Per Capita	Amount Total	Remarks
241	George Washington	X	2	2	3	7	10.00	70.00	
242	Leyo ta	X		1	3	4	10.00	40.00	
243	Ah mar ye	X		2	1	3	10.00	30.00	
244	Stephen	X			2	2	10.00	20.00	
245	Ish tim arkee	X	2	1	2	5	10.00	50.00	
246	Shim or tar ye chen	X		2	5	7	10.00	70.00	
247	Ish tim ar ye chen	X		1	1	2	10.00	20.00	
248	Tennessee McCurtain	X		1	2	3	10.00	30.00	
249	Ala wecha	X		1	3	4	10.00	40.00	
250	Eliza	X		1	1	2	10.00	20.00	
251	Betsey	X		1		1	10.00	10.00	
252	Hih le ha	X	1	1	4	6	10.00	60.00	
253	Samuel McGee	X	2			2	10.00	20.00	
254	Lewis	X	1		1	2	10.00	20.00	
255	Salvia	X	1			1	10.00	10.00	
256	E yut tubbee	X	1	1	1	3	10.00	30.00	
257	Luite	X		2	4	6	10.00	60.00	
258	Lucy Ann	X		1	2	3	10.00	30.00	
259	Lotty Anderson	X		1	2	3	10.00	30.00	
260	Louisa	X		1	4	5	10.00	50.00	
261	Aseyo	X		1	5	6	10.00	60.00	
262	Kilam Moore	X	2			2	10.00	20.00	
263	Lachas	X	1	1	3	5	10.00	50.00	
264	Ban	X			4	4	10.00	40.00	
265	Ala chat	X		1	2	3	10.00	30.00	
			13	23	55	91	10.00	910.00	
	Recapitulation								
	Page 1					204			
	Page 2					146			
	Page 3					172			
	Page 4					133			
	Page 5					105			
	Page 6					147			
	Page 7					91			
	Total					998	10.00	9980.00	

1860 Chickasaw Annuity

Number	Names of Captains	Marks	Males	Females	Children	Total	Amount Per Capita	Amount Total	Remarks
1	Me sho tubbe or Capt Ned Company		197	169	395	761	10.00	7610.00	
2	Ell up am by or Capt Keel's "		372	328	777	1477	10.00	14770.00	
3	Capt Hothliche's "		243	256	603	1102	10.00	11020.00	
4	Capt I. Love's "		162	154	354	670	10.00	6700.00	
5	Capt T. Seely's "		219	216	563	998	10.00	9980.00	
			1193	1123	2692	5008	10.00	50080.00	
	The amount paid Treasurer of Chickasaw Nation being surplus arising from indivudual fractions of annuity							271.68	
	The amount paid Treasurer of Chickasaw Nation for National purposes as per ct of appropriation passed by Chickasaw Legislature October 23, 186							23648.32	
								74000.00	

INDEX
1857 - 1860 Chickasaw Annuity Rolls
[I=Kemp, S=Sheco, K=Keel, N=Ned, L=Love, J=James, H=Hothliche, T=Seely]

NAMES	YEAR-ROLL-NUMBER
A-kan-no-tubby	1860-K-39
A-le-shin	1859-K-174
A-nar-ya	1859-N-240
A-ud-tubby	1859-K-325
A-yar-car-tubby	1860-K-74
Aaron	1857-K-132
Aaron	1857-H-125
Aaron	1858-N-101
Aaron	1859-H-118
Aaron	1859-N-51
Aaron	1860-H-59
Aba-uit-tubby	1859-H-45
Abar-yer	1860-T-164
Ad-kin	1859-N-98
Adams, John	1859-K-116
Adkins	1860-N-149
Aga	1859-L-81
Aggy	1857-I-70
Ah-bah-lah-tubby	1857-I-137
Ah-bah-nup-lit-tubby	1858-J-43
Ah-bah-nup-lut-uby	1857-J-82
Ah-bah-nut-lit-tubby	1859-J-139
Ah-bin-it-tubby	1858-N-41
Ah-bit-ish-a	1860-N-152
Ah-bit-oh-hik-ah	1859-H-65
Ah-bit-tak-yah	1858-N-57
Ah-but-e-she	1858-N-87
Ah-but-e-she	1859-N-58
Ah-cha-fan-tubby	1859-N-80
Ah-cha-kah-lish-tubby	1860-T-117
Ah-cha-kin-tubby	1859-H-33
Ah-cha-kin-tubby	1860-H-40
Ah-chah-ka-lish-tubby	1858-J-262
Ah-chah-kah-lick-tuby	1857-J-102
Ah-chah-kun-tubby	1858-H-40
Ah-char-kah-lish-tubby	1858-J-117
Ah-char-kar-tamby	1857-K-77
Ah-char-nar-tubby	1857-K-121
Ah-char-nat-tubby	1858-K-56
Ah-cho-la-cha	1860-N-140
Ah-cho-le-chah	1858-N-89
Ah-chuf-fa-tubby	1859-H-153
Ah-co-ha-tubby	1859-J-249
Ah-co-ys-ho-key	1858-J-170
Ah-culch-an-tubby	1857-H-65
Ah-cun-e-ubby	1858-S-142
Ah-cut-chi-tubby	1860-K-347
Ah-cut-chun-tubby	1858-H-95
Ah-cutch-it-tubby	1858-S-183
Ah-fa-la-mo-tubby	1858-J-263
Ah-fah-bah-mon-tubby	1860-T-81
Ah-fah-lah-mo-tubby	1857-J-41
Ah-fah-lah-mo-tubby	1859-J-66
Ah-fah-ma-tubby	1858-K-198
Ah-fah-mah-tubby	1857-K-266
Ah-fah-mah-tubby	1858-K-170
Ah-fah-mi-tubby	1860-H-92
Ah-fah-mo-tubby	1858-J-90
Ah-fah-mot-uby	1857-J-85
Ah-fal-lah-mo-tubby	1858-J-122
Ah-far-mittubby	1860-K-40
Ah-far-mo-tubby	1859-H-175
Ah-farn-a-tubby	1857-H-79
Ah-fin	1857-K-305
Ah-fin	1857-I-185
Ah-fin	1858-K-158
Ah-fin	1859-K-301
Ah-fin	1860-K-155
Ah-fom-mit-tubby	1858-K-149
Ah-fum-mit-tubby	1859-K-128
Ah-fum-mut-tubby	1857-K-97
Ah-ha-tubby	1857-K-309
Ah-han-ta-tubby	1858-K-249
Ah-han-tah-tubby	1857-K-293
Ah-he-met-che-tubby	1860-L-170
Ah-he-tunk-uby	1857-J-22
Ah-him-ner-che-tubby	1859-J-231
Ah-hin-ner-che-tubby	1858-J-193
Ah-ho-na-cha-tubby	1857-J-232
Ah-ho-nah-che-tubby	1858-S-168
Ah-ho-o-tubby	1857-I-138
Ah-ho-ta-nubby, Benj.	1857-J-81
Ah-ho-tubby	1857-K-303
Ah-ho-tubby	1858-S-26
Ah-ho-tubby	1858-S-48
Ah-hoek-to-nubbee	1858-J-275
Ah-holh-te-nubbee	1857-N-88
Ah-hone-chi-tubby	1860-K-372
Ah-ik-law-nubby	1859-K-56
Ah-kah-no-tubby	1857-J-277
Ah-ki-ka	1860-K-84
Ah-kim-mahoty (Mr Keels Co)	1857-J-236
Ah-kim-ne-ubby	1860-K-200
Ah-kin-ar-ty	1857-K-141
Ah-knu-no-tubby	1859-K-137
Ah-ko-cho-ka	1860-K-342
Ah-ko-yo-thla	1858-K-13
Ah-ko-yonth-la	1859-K-26
Ah-koon-chan-tubby	1860-H-91
Ah-koy-ot-la	1857-K-22
Ah-kun-e-ubby	1859-K-242

Name	Reference
Ah-kun-ni-ya	1858-N-40
Ah-kutch-it-tubby	1857-J-244
Ah-kutch-it-tubby	1858-J-161
Ah-kutch-ut-tubby	1859-J-280
Ah-la-tuuk-ubby	1858-J-28
Ah-lah-wa-tubby	1858-H-101
Ah-lak-wah-cher	1859-H-99
Ah-lin	1858-H-20
Ah-lo-we-ah-tubby	1859-N-172
Ah-lon-a-tubby	1859-H-111
Ah-low-a-chah	1859-N-162
Ah-low-wit-tubby	1857-K-41
Ah-ma-lah-pubby	1860-H-61
Ah-mar-ye	1860-T-243
Ah-mun-po-lo	1859-K-152
Ah-na-tubby	1857-K-256
Ah-nar-ka	1857-K-109
Ah-no-chit-ubby, Davidson	1857-H-261
Ah-no-la-tubby	1857-J-246
Ah-no-la-tubby	1857-I-109
Ah-no-la-tubby	1858-S-126
Ah-no-la-tubby	1858-J-157
Ah-no-la-tubby	1858-N-43
Ah-no-la-tubby	1859-J-264
Ah-no-la-tubby	1860-K-392
Ah-no-la-tubby	1860-N-74
Ah-no-la-tubby, Kasin	1857-K-310
Ah-no-la-tubby, Solomon	1858-J-249
Ah-no-lit-tubby	1859-N-6
Ah-no-lit-tubby	1859-N-170
Ah-no-lit-tubby's child	1858-S-191
Ah-no-lo-tubby, Solomon	1859-K-232
Ah-no-wan-tubby	1857-J-115
Ah-no-won-tubby	1860-T-41
Ah-no-yah	1858-H-49
Ah-no-yo-ka	1857-I-51
Ah-no-yo-ka	1858-S-102
Ah-noak-che-tubby	1858-J-201
Ah-nock-cha, Joseph	1859-N-97
Ah-nok-che-tubby	1859-N-11
Ah-nom-po-lat-tubby	1858-K-203
Ah-nook-cha-tubby	1857-J-192
Ah-nook-cha-tubby	1858-N-80
Ah-nook-cha-tubby	1859-J-161
Ah-nook-cha-tubby	1860-K-404
Ah-nook-cha-tubby	1860-N-137
Ah-nook-che-tubby	1860-N-67
Ah-nook-fil-lit-tubby	1857-K-105
Ah-nu-art-tubby	1859-H-79
Ah-num-fola	1860-K-174
Ah-num-peel-lit-tubby	1857-K-193
Ah-pa-is-cha	1860-H-178
Ah-pah-ish-cher	1859-H-110
Ah-pah-lah	1858-N-42
Ah-pi-a-char	1857-K-40
Ah-pi-e-chah	1858-H-100
Ah-pi-kash-tubby	1859-H-64
Ah-po-mi-cha	1859-K-197
Ah-sha-lar-tubby	1860-N-73
Ah-shah-lah-tubby	1858-N-10
Ah-shar-lar-tubby	1857-K-99
Ah-ta-kin-tubby	1857-K-192
Ah-tah-kin-tubby	1859-K-305
Ah-the-pa-ta-tubby	1860-H-164
Ah-thla-po-yar-hah-sha	1857-J-283
Ah-thla-po-yer-har-cho	1858-J-213
Ah-thla-tubby	1857-K-74
Ah-thlish-tubby	1857-I-20
Ah-thlo-po-lit-tubby	1859-K-85
Ah-thlo-po-lo-tubby	1860-K-27
Ah-thlo-po-thla-tubby	1858-K-288
Ah-thlo-po-yer-lubby	1859-J-226
Ah-thlo-pot-lit-tubby	1857-K-34
Ah-thtes-po-yer-haryo	1860-K-422
Ah-tilth-tha-fubby	1857-J-211
Ah-tilth-thlaf-fubby	1860-K-401
Ah-tilth-thta-fubby	1859-J-186
Ah-tith-thla-fubby	1858-J-228
Ah-tó-cubby	1858-N-20
Ah-to-kubby	1859-N-7
Ah-to-way, Jackson	1858-N-165
Ah-tok-lar-cher	1860-H-112
Ah-took-lah-che	1858-H-136
Ah-took-lan-tubby	1857-H-232
Ah-took-lan-tubby	1858-H-207
Ah-took-o-nubby	1858-J-158
Ah-tuk-lut-che	1857-H-29
Ah-tuto-las-tubby	1859-J-135
Ah-wah-lish-tubby	1858-H-105
Ah-wah-lish-tubby	1860-H-155
Ah-wah-tim-tubby	1860-N-167
Ah-wah-tun-tubby	1859-N-91
Ah-war-las-tubby	1859-H-135
Ah-war-tubby	1857-K-140
Ah-wil-le-na-cha	1858-H-187
Ah-willa-nah-ha	1857-H-207
Ah-wook-cha-tubby	1857-N-60
Ah-ya-ho-tubby	1860-K-30
Ah-yah-hon-ta-tubbee	1858-H-252
Ah-yak-ah-tubby	1859-N-300
Ah-yar-camby	1857-K-154
Ah-yar-ho-kar-tubby	1859-K-96
Ah-yok-lar-tubby	1857-K-16
Ah-yok-pah-tubby	1858-H-34
Ah-yok-pah-tubby	1859-H-60
Ah-yon-pah-tubby	1860-H-60
Ahah-cho-mi-chi	1858-J-95
Ahart	1857-H-189

Name	Reference
Ahart	1858-H-167
Ahart	1859-H-255
Ahart (& mother & family)	1860-H-255
Ahnolatubby, Salomon	1857-J-229
Aho-lik-wah	1858-K-276
Ahu-cha-tubby	1860-K-225
Ahu-ha-tubby	1858-K-227
Ahu-ha-tubby	1860-K-128
Ahu-thla-tubby	1858-K-23
Ahu-tubby	1857-J-212
Ahu-tubby	1858-J-232
Ahu-tubby	1859-J-270
Ai-e-mah	1857-H-146
Ai-eppe-hubby (& mother)	1860-H-249
Ai-ut-tubby	1857-H-145
Aibis-hik-ar	1860-T-182
Ail-a-mah-tubby	1857-H-109
Ainsworth, Molly	1857-J-166
Ainsworth, Molly	1858-J-241
Ainsworth, Molly	1859-J-258
Ainsworth, Molly	1860-K-412
Aith-lika	1857-H-111
Ak-hoep-to-nubbee	1859-N-193
Ak-tah-kin-tubby	1860-H-198
Ak-yam-bi	1858-J-50
Akaney-arabs	1857-N-73
Akl-pis-tubby	1859-N-77
Al-e-ga-ter	1858-N-66
Ala-chat	1860-T-265
Ala-wecha	1860-T-249
Alberson	1857-J-201
Alberson	1859-J-166
Alberson	1860-K-406
Alberson, Dixon	1860-H-181
Alberson, Elizabeth	1859-J-68
Alberson, Elizabeth	1860-T-79
Alberson, I.	1859-L-27
Alberson, James	1859-H-88
Alberson, John	1857-I-52
Alberson, Lizzy	1857-J-42
Alberson, Sallie	1860-L-90
Alberson, Sally	1857-I-57
Alberson, Stephen	1860-K-76
Albert, Sarah	1859-L-58
Albertson, Elizabeth	1858-J-123
Albertson, James	1860-H-173
Albertson, John	1858-S-33
Albertson, John	1860-L-88
Albertson, Sally	1858-S-64
Ale-sh-in	1857-K-296
Ale-shin	1858-S-112
Alegator	1860-N-66
Alen	1858-K-164
Alexander	1857-N-2
Alexander	1858-K-208
Alexander	1860-H-175
Alexander	1860-L-117
Alexander, A.	1860-N-15
Alexander, Aaron	1860-N-71
Alexander, Archibald	1858-N-128
Alexander, Archibald	1859-N-32
Alexander, Chilly	1859-N-52
Alexander, Wilson	1860-N-26
Alfred	1857-N-192
Alfred	1858-J-346
Aligater	1857-N-76
Alis	1860-K-221
Alison	1857-I-146
Alison	1858-K-176
Allan, B. F.	1858-J-99
Allan, George G.	1858-S-73
Allan's Children, Sam	1858-H-246
Allan, Doctor	1858-H-98
Allen	1859-K-250
Allen	1859-K-323
Allen	1860-N-63
Allen	1860-N-78
Allen	1860-K-311
Allen, B. F.	1857-J-16
Allen, B. F.	1859-J-148
Allen, C.	1859-L-124
Allen, Elsie	1860-L-11
Allen, Geo. G.	1857-I-31
Allen, Geo. W.	1859-H-141
Allen, George W.	1858-H-2
Allen, M.	1859-L-125
Allen, Martin	1860-L-10
Allen, Samuel	1857-H-117
Allen, Thomas	1857-H-112
Allen, Thomas	1859-H-198
Allen (Old time Doct), Doct	1857-H-59
Allen's children, Sana	1860-H-203
Allen, Dr.	1859-H-128
Allen, Dr.	1860-H-187
Alligator	1859-N-69
Allison	1858-K-121
Alus	1858-K-240
Am-ha-tubby	1859-K-246
Am-ha-tubby	1859-K-292
Amos	1857-I-21
Amos	1859-J-181
Amos	1860-K-430
Amus	1857-K-117
Amy	1857-K-173
Amy	1858-N-146
Amy	1859-N-99
An-ni-ca	1857-N-125
An-nut-tubby	1860-K-350

Name	Reference
An-sin	1857-K-288
Anderson	1857-I-89
Anderson	1859-L-33
Anderson	1860-L-41
Anderson, Ah-to-he-you	1858-N-120
Anderson, Fuo	1857-K-283
Anderson, Hetta	1857-N-173
Anderson, Hitty	1860-N-20
Anderson, John	1858-K-256
Anderson, John	1859-K-264
Anderson, John	1860-K-139
Anderson, John E.	1858-H-102
Anderson, John E.	1859-H-176
Anderson, John E.	1860-H-122
Anderson, John E., Capt.	1857-H-141
Anderson, Lotty	1860-T-259
Anderson, Louiza	1858-N-186
Anderson, Thom.	1860-H-140
Anderson, Thomas	1857-H-142
Anderson, Thomas	1858-H-112
Anderson, Thomas	1859-H-140
Aneky	1857-K-153
Annayah, Doctor	1860-H-177
Ao-wan-tubby	1859-J-41
Apo-amby	1860-K-283
Appokans-tubby	1860-H-57
Ar-he-che-tubby	1859-L-132
Ar-ho-mi-che-tubby	1859-L-152
Ar-kut-chan-tubby	1859-H-35
Ar-lo-co-chy	1859-J-260
Ar-she-hih-tubbee	1859-N-259
Ar-sho-la	1857-N-120
Ar-sho-lish-tubbee	1858-J-303
Ar-to-ker-be	1857-N-18
Ar-wil-la-ne-ha	1860-H-235
Archibald, Solomon	1857-I-179
Arlis	1859-J-225
Armstrong	1858-J-217
Armstrong	1859-J-281
Armstrong, William	1858-K-168
Armstrong, Wm.	1857-K-282
Armstrong, Wm.	1859-K-196
Armstrong, Wm.	1860-K-105
Armstrong, Sen., Wm.	1860-K-140
Artok-lar-cher	1859-H-119
Aseyo	1860-T-261
Ash-ah-lar-tubby	1859-N-185
Ash-tubby, Mule	1857-H-90
Ashimney	1860-K-321
Asholle	1860-T-219
Asom	1858-K-147
Atam-echer	1860-N-5
Ath-lish-tubby	1858-N-56
Ato-how-tubby	1859-N-34
Atokarby	1860-N-24
Atonway, Jackson	1860-K-102
Aur-tin	1857-K-316
Awa-tubby	1859-N-56
Ba-nup-la-it-tubby	1860-T-114
Bacon, H.	1858-S-193
Bacon, H.	1859-L-28
Bacon, Harvy	1860-L-5
Bah pa sah tubby	1859-K-307
Bah-chick-eah-tubby	1857-H-96
Bah-lah-chi, Billy	1857-J-119
Bah-no-wah-tubby	1858-K-221
Bah-no-wah-tubby	1860-K-137
Bah-pa-pa-tubby	1860-K-145
Bah-pe-sah-tubby	1858-K-222
Bah-tah	1858-S-150
Bahtah, William Peter	1857-I-149
Baker, Bird	1859-J-51
Ban	1860-T-264
Bar-cush-chi, Billy	1859-J-84
Bar-no-wat-tubby	1857-K-225
Barn	1860-H-75
Battiste, Solomon	1860-L-66
Beams, Isabella	1859-L-76
Beams, Isam	1857-I-113
Beams, Isom	1858-S-198
Beams, Polly	1860-L-77
Bean, James	1859-J-35
Bean, Jane	1858-J-12
Beaton, Loven	1857-I-181
Becon, Harvey	1857-I-171
Belindey	1859-J-71
Bell, Robt	1857-N-85
Bell, Thompson	1859-K-126
Ben	1857-N-66
Ben	1859-N-183
Ben	1860-L-49
Ben-ambee	1860-T-89
Bend-u-a	1860-K-301
Benjamin	1859-H-149
Benson	1857-I-39
Benton, Loren	1858-S-56
Benton, Thomas	1857-N-195
Benton, Thomas	1858-J-37
Benton, Thomas	1858-N-122
Benton, Thomas	1859-N-37
Benton, Thomas	1859-L-85
Benton, Thomas	1860-T-14
Benton, Thomas	1860-T-210
Benton, Thomas H.	1859-J-87
Benton, Thos. H.	1860-N-34
Benton, Tom	1857-J-29
Betsey	1857-K-123
Betsey	1858-K-53

Name	Reference
Betsey	1858-K-244
Betsey	1859-H-143
Betsey	1859-K-73
Betsey	1859-K-274
Betsey	1859-K-293
Betsey	1860-K-206
Betsey	1860-K-272
Betsey	1860-T-251
Betsy	1857-K-165
Bi-tah-nah-tubby	1858-N-132
Bi-yarn-tubby	1857-H-24
Bickay	1860-K-82
Bidcey	1860-H-202
Billings	1860-L-80
Billy	1858-J-93
Billy	1859-K-145
Billy	1859-K-327
Billy	1860-K-274
Billy	1860-T-28
Billy, Capt.	1859-J-227
Billy, Doctor	1860-K-416
Bilsay	1860-K-173
Bilsey	1859-K-220
Bin-ne-lubbee	1857-N-25
Bin-ni-tubby	1858-N-50
Bird, J.	1858-S-194
Bird, Jack	1857-H-136
Bob	1858-H-26
Bob	1859-H-180
Bob	1859-H-184
Bob	1860-H-217
Bob (half Creek)	1858-H-243
Boh-no-wah-tubby	1859-K-230
Bohanan, Eva	1858-K-268
Bohannan, Eve	1859-K-216
Bohannun, Eva	1857-K-203
Bonds, Nina	1859-J-19
Bonds, Vina	1858-J-113
Bonds, Vina	1860-T-145
Borlan, Reubin	1857-H-135
Bourland, Caroline	1860-T-101
Bourland, R.	1858-S-195
Bourland, R. R.	1860-H-288
Bourland, Reuben	1859-H-161
Bourland, William	1858-J-56
Bourland, William	1859-J-28
Bourland, Wm.	1857-J-3
Boyd, James	1857-J-89
Boyd, James	1858-J-13
Boyd, James	1859-J-112
Boyd, James	1860-T-138
Boyd, T. C. S.	1857-J-76
Boyd, T. C. S.	1859-J-12
Boyd, Thomas	1858-J-26
Boyd, Thomas	1860-T-126
Bradford	1860-K-63
Bradford, Parthinna	1858-K-303
Bratton, William	1857-H-80
Bratton, William	1858-H-238
Bratton, William	1860-H-215
Brooks, Lottie	1860-H-9
Brooks, Lotty	1857-H-34
Brooks, Lotty	1858-H-57
Brooks, Lotty	1859-H-22
Brown, A. V.	1857-H-101
Brown, Aaron	1860-T-22
Brown, Albert	1857-N-199
Brown, Albert	1858-N-178
Brown, Albert	1859-N-117
Brown, Betsey	1858-K-71
Brown, Cannon	1859-N-36
Brown, Cannon	1860-N-100
Brown, Carmen	1858-K-70
Brown, Carney	1857-K-151
Brown, Charley	1857-H-45
Brown, Charlie	1859-H-48
Brown, Charly	1858-H-38
Brown, Che-ullah	1859-H-84
Brown, Chen-alli	1860-H-152
Brown, Cheulla	1858-H-142
Brown, Elijah	1860-N-97
Brown, George	1858-J-333
Brown, George	1859-N-225
Brown, George	1860-T-179
Brown, Giley	1859-H-142
Brown, Gilsey	1858-H-47
Brown, Houston	1860-H-171
Brown, Huston	1859-H-38
Brown, Isiah	1859-J-145
Brown, Jerry	1857-H-66
Brown, Jerry	1860-H-77
Brown, John	1857-K-190
Brown, John	1859-K-212
Brown, John	1860-K-236
Brown, Josiah	1858-J-134
Brown, Josiah	1860-H-214
Brown, Josiah	1860-T-66
Brown, Kic-chi-chi	1860-H-37
Brown, Kirstan	1857-H-69
Brown, L. L.	1858-J-60
Brown, Lewis L.	1857-J-61
Brown, Lewis L.	1860-T-67
Brown, Lewis S.	1859-J-144
Brown, Malindy	1859-J-141
Brown, Milton	1857-K-231
Brown, Milton	1858-K-193
Brown, Milton	1860-K-162
Brown, Oilcey	1860-H-137

Name	Reference
Brown, Te-cum-sey	1858-K-72
Brown, Tecumcy	1860-N-32
Brown, Tecumsey	1857-K-148
Brown, Tecumsey	1859-N-39
Brown, William	1857-H-169
Brown, William	1858-H-68
Brown, William	1860-K-88
Brown, William	1860-L-32
Brown, Wm.	1859-K-81
Brown, Young	1857-K-36
Brown, Young	1858-K-19
Bryant, John	1858-H-247
Bryant, John	1859-H-166
Bryant, John	1860-H-145
Bull, John	1858-J-220
Bull, John	1859-J-273
Burney, D.	1858-J-80
Burney, David	1857-J-66
Burney, David	1859-J-9
Burney, David	1860-T-2
Burney, Rebecca & Susan	1859-J-10
Burney, Susan	1857-J-64
Burney, Susan	1858-J-108
Burris, Harrison	1859-N-49
Burris, Haymon	1860-N-18
Burris, James	1860-N-70
Burris, John	1859-N-171
Burris, Peter	1859-N-86
Burris, Peter	1860-N-4
Burris, Sampson	1858-N-135
Burris, Sampson	1859-N-50
Burton	1860-L-130
Burton, Thomas	1860-L-78
Busley, Robert	1860-T-180
Bussel, J.	1857-J-69
Bussell, E.	1859-J-123
Bussell, J.	1858-J-131
Bussell (Child), J.	1858-J-261
By-tah-nah-tubby	1859-K-173
By-un-tubby	1860-N-156
Byington, Thomas	1858-S-149
Bynum, Lucinda	1859-N-41
Bynum, Tennessee	1859-N-40
Bynum, Tennessee	1860-N-13
Bynum, Turner	1857-N-72
Bynum, Turner	1858-N-96
Byrd, John	1859-H-208
Byrd, John	1860-H-307
Cailup	1860-L-129
Cal-o-sha-chah	1860-K-310
Calhoun, John C.	1857-I-134
Calhoun, John C.	1858-S-46
Calla-shah-cha	1859-N-157
Calup	1857-I-152
Calup, Charles	1859-L-103
Calvin	1859-H-249
Calvin	1860-H-246
Camey, Cha-ta-ha	1858-K-144
Camey, Char-ta-ha	1860-K-70
Camp, Robert	1858-K-254
Campbell, Miki	1860-H-105
Campbell, Susan	1860-T-146
Can-e-a-tubby	1857-H-152
Can-eah-chubby	1857-H-126
Can-har-ho-ya	1857-K-115
Can-nar-ho-tubby	1857-K-51
Can-nush	1858-N-164
Caneway, Jackson	1859-N-243
Caney, Wilson	1859-J-70
Caney, Wilson	1860-T-70
Car-man	1857-N-149
Car-na-lis	1858-H-85
Car-nar-ho-tubby	1859-K-19
Car-pe-shu	1860-K-29
Cardell, Isaac	1858-J-59
Cardell, Roseller	1857-J-62
Carman	1858-J-326
Carmon	1857-J-295
Carmon	1858-J-186
Carmon	1858-N-190
Carmon	1859-J-201
Carmon	1859-N-113
Carmon	1859-N-263
Carmon	1860-K-394
Carne	1857-J-243
Carney	1858-S-196
Carney	1859-L-173
Carney	1860-L-127
Carney, Billy	1857-K-27
Carney, Billy	1860-K-72
Carney, Char-ta-ha	1857-K-30
Carney, Liley	1859-J-269
Carney, Robert	1858-J-149
Carney, Sampson	1858-J-163
Carney, Sampson	1859-J-247
Carney, William	1859-H-169
Carney, Wilson	1857-K-163
Carpenter	1857-I-71
Carter, Colbert	1857-I-5
Carter, Colbert	1858-S-51
Carter, Colbert	1859-L-122
Carter, Colbert	1860-L-87
Cass, Fal-hoky	1857-J-281
Cass, Ful-hoky	1860-K-343
Cass, Lewis	1859-N-17
Cass, Lewis	1860-N-104
Cass, Tulhokey	1859-J-244
Cassey	1857-K-189

Name	Reference
Caty	1857-N-45
Cavender, Anna	1857-J-125
Cavender, Anna	1858-J-112
Cavender, Anna	1860-H-225
Cavender, Sophia	1860-T-149
Ce-vas-ti-ua	1858-K-173
Ceble, Tom	1860-L-54
Cha-fan-tubby, Selina	1858-N-109
Cha-hook-to	1860-K-132
Cha-kat-amby	1860-N-81
Cha-la-chah	1857-H-15
Cha-lash-ti	1860-H-36
Cha-lis	1857-H-18
Cha-u-ah-tubby	1860-K-180
Chaf-fort	1857-H-208
Chaf-fut-tam-bee	1859-N-220
Chaffer	1858-S-166
Chah-foh-tubby	1857-K-170
Chah-kah-lish-tubby	1859-J-31
Chah-lo-ta	1860-N-129
Chah-lot-ta	1858-N-158
Chah-my-oke	1859-N-173
Chah-too-ha-ke-amy	1859-K-118
Chaiya	1857-K-10
Chan-nah-lubbee	1859-K-160
Chan-tam-by	1859-N-2
Char-fer	1859-L-151
Char-lot-ta	1859-N-142
Char-par-nee	1860-T-215
Charlee	1860-K-13
Charles	1859-K-154
Charleston	1859-K-14
Charley	1858-N-45
Charley	1858-K-101
Charley	1860-K-54
Charley	1860-H-218
Charlin	1860-K-304
Chase, Abel D.	1860-L-82
Chass-hook-ta	1859-K-298
Che-a-gle-ho-yea	1857-H-165
Che-ah-lusta	1858-K-275
Che-ah-lusta	1859-K-328
Che-ear-la	1857-H-74
Che-fan-na	1860-N-62
Che-ho-it-tubby	1857-K-45
Che-ho-ka	1857-K-268
Che-ho-ka	1859-K-299
Che-ho-mah	1858-K-232
Che-ho-tubby	1858-H-149
Che-ki-ky	1860-N-79
Che-ko-wah	1857-K-235
Che-lan-ye	1857-N-156
Che-li-le	1857-N-77
Che-li-ye	1858-N-17
Che-liah	1859-N-27
Che-mah-la-ho-key	1858-H-205
Che-mah-la-ho-key	1858-H-245
Che-mar-la-ho-ke	1857-H-230
Che-mul-ta	1857-H-93
Che-pah-ne	1858-N-88
Che-pah-nee	1857-N-134
Che-pany	1859-N-14
Che-par-nee	1858-J-316
Che-par-nee	1859-N-212
Cheadle, James	1857-J-225
Cheadle, James	1858-J-289
Cheadle, James	1859-N-200
Cheadle, James S.	1860-T-174
Cheadle, Thomas	1858-N-95
Cheadle, Thomas	1859-H-157
Cheadle, Thomas	1860-H-26
Cheadles, T. F.	1857-I-159
Cheagle	1857-H-38
Cheak, Sally	1857-I-155
Cheakly	1858-H-124
Cheakly, Nelson	1858-H-126
Chemutta, Robinson	1859-H-200
Chemutta, Robinson	1860-T-133
Chenuette, Robinson	1858-H-242
Cher-ki-ka	1857-K-21
Cher-ta-you-tubby	1860-H-209
Cherokee, Samson	1857-K-25
Cheron	1860-N-9
Cheslin	1858-N-98
Chester	1857-I-15
Chester's child	1858-S-202
Chi-ath-la	1860-K-231
Chi-hin	1858-J-49
Chi-hin	1860-L-68
Chi-ho-ka	1858-K-199
Chi-ki-ka	1858-K-129
Chi-ki-ka	1859-K-98
Chi-ki-ka	1859-K-139
Chi-ma-li-ho-ka	1859-J-128
Chi-ya	1858-K-104
Chi-yun-ni	1858-N-19
Chick-ash-ah-chi	1858-J-259
Chick-il-ho-ya	1858-H-165
Chick-il-lo-ni	1860-H-254
Chick-illoke	1859-H-259
Chickley	1859-H-56
Chickley, Isom	1860-H-18
Chickley, Nelson	1859-H-55
Chickley, Nelson	1860-H-16
Chiel-uc-am-by	1860-K-144
Chil-la	1858-N-134
Chilley	1858-K-86
Chilly	1859-N-108

Name	Reference
Chilly	1860-K-26
Chim-ali-hokee	1860-H-273
Chim-mi-na	1858-K-128
Chim-miney	1860-K-89
Chim-nesh-te	1860-H-243
Chin-a-ye	1860-T-217
Chinch-a-ma-tah	1860-H-65
Chiokey	1860-H-14
Chis-kah-to-ka	1859-K-41
Chis-tah-na	1858-N-44
Chish-ka-to-ka	1860-N-142
Chish-ka-to-ke	1858-N-187
Chish-ka-wan-ne	1857-H-116
Cho-la-chah	1859-N-122
Cho-mey	1859-N-269
Cho-mi-ka	1860-K-60
Cho-yar	1857-K-125
Choat, Charlotte	1857-J-130
Choat, Mrs.	1858-J-100
Choate, Charlotte	1859-J-37
Chock-in-tubby	1857-H-41
Choffa	1860-L-168
Choke-wi-oke	1858-N-185
Choma	1860-T-168
Chomuttee	1858-H-51
Chook-na-ha-cha	1860-H-182
Chook-nar-hacher	1857-I-14
Choplin	1860-T-49
Chote	1857-N-190
Chote, Charlotte	1860-T-76
Chu-mutta	1859-H-126
Chuck-ko-ka	1857-K-56
Chuck-nah-hacher	1858-S-161
Chuck-ni-ha	1859-L-31
Chue-we-unmy	1857-K-237
Chuf-fah-tubby	1858-N-141
Chuf-fah-tubby	1860-K-264
Chuf-fi-cha	1858-K-231
Chuf-fret-tano-bee	1858-J-324
Chuf-fut-am-bee	1857-N-147
Chuffa-tubby	1859-K-203
Chuffah	1857-H-260
Chuffah-tubby	1860-H-205
Chuffar-tarnbee	1860-T-221
Chuffin	1857-I-24
Chuffin	1858-S-75
Chuffin	1860-L-160
Chuk-ah-tubby	1858-N-47
Chul-lut-ty	1857-H-211
Chul-u-o-am-by	1858-K-188
Chul-uc-am-by	1859-K-183
Chun-bey	1859-L-91
Chun-mash-te	1858-H-161
Chun-neek-te	1859-H-217
Chun-nish-te	1857-H-184
Cin-ne-wa	1859-J-162
Cin-ne-wak	1858-J-205
Cio-ne-wa	1857-J-196
Cla-bun	1860-K-61
Cla-burn	1857-K-100
Claburn	1859-N-294
Claybourn	1859-K-164
Claybourn	1860-K-254
Claybourn, Jim	1860-N-159
Co-i-ha	1857-K-326
Co-iha	1859-K-209
Coastinay	1858-H-91
Coatney, Peter	1857-H-40
Cob	1858-J-362
Cobb	1859-N-283
Cobb	1860-T-201
Cobbosh	1857-N-26
Coffee, Nathan	1858-S-92
Coffey, Charlotte	1860-L-97
Coho-ho-tubby	1860-H-5
Coi-ha	1860-K-121
Coiner-yu-chubby	1860-H-148
Col-lo-shar-cha	1857-K-92
Colbert, Abijah	1857-I-40
Colbert, Abijah	1858-S-17
Colbert, Abijah	1859-L-45
Colbert, Abijah	1860-L-17
Colbert, Andrew	1857-H-87
Colbert, Andrew	1858-S-164
Colbert, Andrew	1860-L-175
Colbert, B. F.	1857-I-65
Colbert, B. F.	1858-S-57
Colbert, B. F.	1859-L-114
Colbert, B. F.	1860-L-12
Colbert, Ben	1859-K-22
Colbert, Ben	1860-L-172
Colbert, Benjamin	1857-I-32
Colbert, Benjamin	1858-S-179
Colbert, Benjamin	1859-L-144
Colbert, Benjamin	1860-K-93
Colbert, Benjamin F.	1860-T-87
Colbert, Calvin	1857-I-66
Colbert, Calvin	1858-S-58
Colbert, Calvin	1860-L-13
Colbert, Caroline	1857-H-132
Colbert, Caroline	1858-H-250
Colbert, Caroline	1859-H-27
Colbert, Caroline	1860-H-287
Colbert, Charles	1857-J-67
Colbert, Charles	1859-J-86
Colbert, Charles	1860-T-59
Colbert, Charlin	1858-J-77
Colbert, D	1858-K-30

Name	Reference
Colbert, Daugherty	1857-K-17
Colbert, Daugherty	1859-K-107
Colbert, Dave	1860-K-80
Colbert, David	1857-J-221
Colbert, David	1858-J-247
Colbert, David	1859-K-59
Colbert, Doley	1859-L-3
Colbert, Edmonson	1857-I-145
Colbert, Edward	1859-J-117
Colbert, Edward	1860-T-112
Colbert, George	1859-H-29
Colbert, H.	1859-L-120
Colbert, Henry	1857-J-88
Colbert, Henry	1857-I-29
Colbert, Henry	1859-J-118
Colbert, Henry	1860-L-8
Colbert, Henry	1860-T-110
Colbert, Henry C.	1858-S-52
Colbert, Holmes	1857-H-88
Colbert, Holmes	1858-H-15
Colbert, Holmes	1859-H-20
Colbert, Holmes	1860-H-6
Colbert, Humphrey	1860-K-5
Colbert, J. C.	1859-L-156
Colbert, J. R.	1858-S-188
Colbert, J. R.	1859-L-159
Colbert, Jackson	1859-K-21
Colbert, Jackson	1860-K-21
Colbert, James	1857-H-133
Colbert, James	1858-S-187
Colbert, James	1858-H-262
Colbert, James	1859-H-26
Colbert, James	1859-L-110
Colbert, James	1859-L-155
Colbert, James	1860-H-289
Colbert, James	1860-L-52
Colbert, James	1860-L-107
Colbert, Jincy	1860-K-85
Colbert, Joseph	1857-J-87
Colbert, Joseph	1857-J-164
Colbert, Joseph	1858-J-103
Colbert, Joseph	1859-J-119
Colbert, Joseph	1859-K-114
Colbert, Joseph	1860-K-86
Colbert, Joseph	1860-T-111
Colbert, Lemuel	1857-I-30
Colbert, Lemuel	1858-S-42
Colbert, Lemuel	1859-L-102
Colbert, Levi	1859-L-53
Colbert, Levi	1860-L-167
Colbert, Logan	1857-I-154
Colbert, Logan	1858-S-111
Colbert, Logan	1860-L-147
Colbert, Louisa	1858-S-37
Colbert, Louisa	1859-L-116
Colbert, Louiza	1857-I-131
Colbert, Lucy	1858-K-7
Colbert, Lucy	1859-K-47
Colbert, Lucy	1860-K-20
Colbert, Malsy	1859-H-31
Colbert, Marshal	1859-J-267
Colbert, Marshall	1857-J-156
Colbert, Marshall	1858-J-162
Colbert, Marshall	1860-K-328
Colbert, Mary Jane	1857-I-123
Colbert, Minerva	1859-L-115
Colbert, Molsey	1857-H-139
Colbert, Molsey	1860-H-298
Colbert, Morgan	1857-N-115
Colbert, Morgan	1857-I-38
Colbert, Morgan	1858-S-7
Colbert, Morgan	1858-J-299
Colbert, Morgan	1859-N-206
Colbert, Morgan	1859-L-71
Colbert, Morgan	1860-L-58
Colbert, Morgan	1860-T-155
Colbert, N.	1858-J-231
Colbert, Ned	1860-T-170
Colbert, Nyco	1857-N-114
Colbert, Nyco	1858-J-298
Colbert, Nyco	1859-N-205
Colbert, Parthenia	1860-L-39
Colbert, Randolph	1860-L-171
Colbert, Robert	1857-I-18
Colbert, Robert	1857-H-124
Colbert, Robert	1858-S-72
Colbert, Robert	1858-H-253
Colbert, Robert	1859-H-205
Colbert, Robert	1859-L-142
Colbert, Robert	1860-H-216
Colbert, Robert	1860-L-122
Colbert, S.	1859-L-13
Colbert, S. D.	1859-L-24
Colbert, Sam'l	1857-J-142
Colbert, Sam'l	1858-H-260
Colbert, Samuel	1857-H-137
Colbert, Samuel	1858-J-2
Colbert, Samuel	1859-J-155
Colbert, Samuel	1860-H-294
Colbert, Samuel	1860-T-116
Colbert, Saul	1859-H-28
Colbert, Sloan	1857-K-229
Colbert, Sloan	1858-K-280
Colbert, Sloan	1859-K-279
Colbert, Stephen	1857-H-67
Colbert, Stephen	1860-H-12
Colbert, Susan	1857-H-138
Colbert, Susan	1858-H-261

Name	Reference
Colbert, Susan	1859-H-30
Colbert, Susan	1860-H-297
Colbert, Susan	1860-L-92
Colbert, T.	1858-H-155
Colbert, Thomas	1857-H-73
Colbert, Thomas	1859-H-167
Colbert, Thomas	1860-H-104
Colbert, Van Buren	1860-H-231
Colbert, William	1859-J-6
Colbert, Wilson	1857-N-101
Colbert, Wilson	1858-J-287
Colbert, Wilson	1859-N-197
Colbert, Wilson	1859-N-299
Colbert, Wilson	1860-T-218
Colbert, Winchester	1857-K-6
Colbert, Winchester	1859-K-2
Colbert, Winchester	1860-K-19
Colbert, Zachariah	1857-H-204
Colbert, Zachariah	1858-H-183
Colbert, Zack	1859-L-157
Colbert (child), D.	1858-K-294
Colbert, Capt., W.	1858-K-6
Cole, Jesse	1860-H-70
Cole, Sampson	1857-N-78
Cole, Thompson	1860-H-74
Coley, S.	1859-L-56
Collin, Sem-sin	1857-K-306
Collins, Jerdson D.	1859-K-34
Collins, Judson D.	1857-J-197
Collins, Judson D.	1860-K-65
Collins, T.	1859-L-57
Columbus, C.	1859-K-7
Columbus, C.	1860-K-9
Columbus, Christopher	1857-K-31
Columbus, Christopher	1858-K-25
Con-eyo-tubby	1859-N-28
Conaway, Jackson	1857-N-128
Conoway, Jackson	1858-J-351
Conway, Jackson	1860-T-193
Cooper, Im-ok-loo-hubby	1857-K-183
Cooper, Lila	1857-K-257
Cornelia & Melvina	1857-J-135
Cornelius	1857-H-160
Cornelius	1858-N-28
Cornish-neah-tubby	1860-H-197
Courtney, Peter	1858-H-44
Courtney, Peter	1859-H-158
Courtney, Peter	1860-H-19
Courtney's Child, Peter	1858-H-256
Cowain	1858-J-66
Coyle, Robert	1859-J-287
Coyle, Robt	1857-J-93
Coyle, Rosanna	1858-J-74
Coyle, Rosanna	1859-J-151
Cpubbee, H.	1859-L-10
Cravat, Cornelius	1857-I-10
Cravat, Cornelius	1859-L-66
Cravat, Cornelius	1860-L-135
Cravat, J.	1859-L-17
Cravat, Jeferson	1857-I-129
Cravat, Jefferson	1860-L-48
Cravat, William	1858-N-182
Cravat, William	1860-N-10
Cravat, Wm.	1859-N-62
Cravatt, Benjamin	1858-S-129
Cravatt, Cornelius	1858-S-158
Cravatt, Jefferson	1858-S-128
Cravatt, William	1857-N-17
Cravatt, Wm.	1858-N-3
Creek, George	1857-K-24
Creek John	1860-H-42
Crek, Sarah	1860-N-17
Criner, G. A.	1858-J-102
Criner, Geo.	1857-J-4
Criner, George A.	1860-T-118
Cuba, Ben Haine	1860-H-167
Cubby	1859-N-155
Cullameaser	1857-J-207
Cummey, Shimin	1860-L-72
Cun-i-ubby	1860-L-62
Cun-ish-ma-tubby	1857-H-20
Cun-ish-mar-tubby	1858-S-70
Cun-ni-yut-tubby	1859-J-96
Cun-nim-mater	1859-J-169
Cun-ont-ish-hick-a-ubby	1859-J-97
Cur-he-chur-chey	1859-H-160
Curmuliche, Sampson	1860-K-409
Cush-shea	1859-H-124
Cut-chubby, Rob	1859-K-71
Cut-te-o-tubby	1859-N-92
Cutch-in-ar-chubby	1858-S-124
Cutch-ubby, George	1860-N-54
Cutchchubby, George	1857-K-7
Cwa-eah-chubby	1859-H-127
Cwinewa, Molly	1860-K-365
Cyrus	1858-N-82
D-ka-yam-by	1859-J-39
Daily, Eliza	1858-N-5
Daily, Samuel	1857-I-78
Daniel	1857-I-12
Daniel	1860-K-241
Daniels	1858-J-20
Dau-ken (Blue)	1857-N-48
Dave	1859-K-300
Davenport, Abigail	1857-H-245
Davenport, Barnet	1859-H-243
Davenport, Barnett	1858-H-219
Davenport, Barnett	1858-N-33

Name	Reference
Davenport, Barnett	1860-H-272
David	1859-L-23
Davis	1857-H-55
Davis	1858-H-50
Davis	1858-K-200
Davis	1859-H-164
Davis	1859-K-162
Davis	1859-K-252
Davis	1859-K-322
Davis	1859-N-141
Davis	1860-N-148
Davis	1860-K-126
Davis	1860-K-298
Davis	1860-L-104
Davis, Charlie	1859-H-117
Davis, Daniel	1857-J-288
Davis, Daniel	1858-J-252
Davis, Daniel	1858-N-114
Davis, Daniel	1859-K-236
Davis, I. T.	1860-H-134
Davis, J. T.	1859-H-81
Davis, Joseph	1857-K-217
Davis, Joseph	1858-K-291
Davis, Joseph	1859-K-235
Davis, Joseph	1860-K-240
Davis' Wife, Joseph	1858-K-305
Davy	1858-N-142
Delaware, John	1857-H-46
Delaware, John	1858-H-88
Delia	1858-K-269
Dickerson, Willia	1859-J-33
Dickerson, Willis	1860-T-102
Dickson	1857-K-134
Dickson	1858-K-206
Dickson	1859-K-147
Dickson	1860-K-167
Doake	1860-K-183
Donkin	1857-N-15
Donovan, Thos.	1860-H-293
Dudson	1858-K-130
Duke, Susan	1860-T-78
Duncan	1858-N-85
Duncan	1858-N-184
Duncan	1859-N-87
Duncan	1860-N-61
Duncan, Calvin	1858-H-225
Duncan, Howard	1857-I-75
Duncan, Howard	1858-S-12
Duncan, Howard	1860-L-44
Duncun, H.	1859-L-9
Dunford, Joseph	1857-N-161
Dunford, Joseph	1858-J-330
Dunford, Joseph	1859-N-223
Dunforth, Joseph	1860-T-177
Durant, Dickson	1857-I-115
Durant, Dickson	1858-S-119
Durant, Dickson	1860-L-174
Dyer, Nelly	1858-J-104
Dyer, Nelly	1859-J-99
Dyer, Nelly	1860-T-113
E-ah-comby	1857-H-191
E-ah-corn-by	1858-H-169
E-bah-eyert-tubby	1858-H-25
E-bah-on-ah	1860-T-29
E-bah-toun-by	1859-N-147
E-bah-yo-nah	1858-J-88
E-bar-yuk-lut-tubby	1858-J-180
E-cho-nubby	1860-L-165
E-fah-la-mer's Wife & Mother	1858-J-271
E-fah-lar-mer	1858-J-234
E-fo-lo-mo-tubby	1858-S-100
E-ho-yah-tubby	1858-K-169
E-ho-yin-tubby	1858-N-156
E-kar-ne-yah	1859-N-201
E-kil-lo-kut-tubbee	1859-N-202
E-la-ye-mi-tubby	1858-J-171
E-lah-ho-tubby	1858-S-115
E-lo-ma-tubby	1858-H-111
E-lo-tubby	1858-S-101
E-me-ah-tubby	1857-K-106
E-me-o-nah	1858-K-160
E-mi-hut-tubby	1858-N-63
E-min-te-tubby	1858-J-38
E-mith-i-ca-tubby	1859-L-82
E-mo-nub-bee	1859-H-78
E-mo-qui-cha	1857-J-32
E-moon-tubby	1859-K-15
E-mul-lah-tubby	1858-N-100
E-na-to-wa	1858-J-121
E-no-ki-chee	1858-H-36
E-noon-mon-ho-la-tubby	1859-K-16
E-shah-ky, Jimson	1858-H-32
E-shar-tubby	1858-J-62
E-shar-tuby	1857-J-33
E-shark-ka-san, Jimersan	1857-H-98
E-she-tubby	1859-N-23
E-up-pi-hubby	1859-L-7
E-wah-tubbee	1858-N-193
E-wah-tubby	1860-N-125
E-wah-tubby, John	1858-J-151
E-we-ca-ho-na	1859-N-75
E-whar-tubby	1857-J-263
E-yea-ne-tubby	1860-H-211
E-yer-mit-tubby	1860-H-190
E-yut-tubbee	1860-T-256
E-yut-tubby	1859-N-70
Eah-com-by	1859-H-246
Easha	1859-K-221

Name	Reference
Easter	1857-K-220
Easter	1858-K-186
Easter	1859-K-62
Easter	1860-K-292
Easter	1860-L-143
Eastman	1858-N-90
Eastman	1859-K-177
Eastman	1859-K-309
Eastman	1859-N-114
Eastman	1860-K-267
Eastman	1860-H-176
Eastman, A. P.	1860-L-109
Eastman, C. F.	1859-L-126
Eastman, C. Fox	1860-L-173
Eastman, Charles	1857-I-162
Eastman, Charles F.	1858-S-180
Eastman, Perry	1857-I-161
Eastman, Perry	1858-S-181
Eastman, Doctor	1859-L-123
Eays, Billy	1858-J-197
Eb-bah-ai-yah	1858-J-276
Eba-ho-yo-nah	1859-J-82
Ebah-cho-ko-wah-tubby	1859-J-103
Ebah-choke-wah-tubby	1858-J-34
Ebah-yah-tubby	1859-H-87
Ebar-es-hubby	1857-K-66
Ebar-fron-ker	1858-J-230
Ebar-ho-tubby, Lucy	1857-K-312
Ebar-it-hum-it-tubby	1857-K-167
Ebarfonker	1857-J-171
Eber-ho-yon	1860-H-156
Ebi-ah-tubby	1857-K-314
Ebi-ok-le-har	1859-H-120
Eby-yo-nah	1857-J-110
Edmund	1857-K-107
Edmund	1858-K-108
Edmund	1859-K-58
Edmund	1860-K-32
Efah-larmer	1857-J-252
Efo-lo-mo-tubby	1857-I-11
Eh-te-yer-hoyo	1860-K-362
Ehark-pit-tubby	1860-H-201
Ehi-art-ta-tubby	1857-H-91
Ehi-yo-che-tubby	1859-J-261
Eho-tubby	1859-K-224
Eho-yar-tubby	1860-N-131
Eho-yo-chi-tubby	1860-K-348
Eho-yo-tubby	1859-K-191
Eho-yo-tubby	1859-N-126
Eho-yon-tubby	1857-K-222
Eho-you-tubby	1857-N-42
Eho-you-tubby	1860-K-151
Ehoye-tubby	1857-H-78
Ehuck-sich-it-tubby	1859-H-71
Ehuk-ar-char	1857-K-272
Ei-bar-yah	1859-N-255
Eirin-lit-ubby	1860-T-64
Ek-lah-na-tubby	1859-K-185
Ek-noke-ha-to	1859-H-86
Eka	1860-L-70
Ekah-ni-yut-uby	1857-J-48
Ekil-loki	1860-T-204
Ekit-ar-no	1859-K-68
El-ah-on-hin-che	1860-T-91
El-lah-cha-tubby	1860-K-276
El-lah-fin-ha	1858-J-165
El-lap-tink-bah-tubby	1859-J-59
El-lim-hin-chi	1858-J-47
Elah-che-tubby	1858-K-241
Elah-fia-har	1859-J-206
Elah-fin-hah	1860-K-326
Elah-frio-hah	1857-J-287
Elah-ho-tubby	1859-J-222
Elah-ho-yah	1859-H-39
Elah-ish-tubby	1859-K-148
Elah-noon-tubby	1857-J-255
Elan-ka-tubby, Harris	1860-K-108
Elappa-tubby	1857-H-76
Elaptin-bubby	1859-K-83
Elar-ho-tubby	1857-K-18
Elar-ho-tubby	1857-I-95
Elar-ik-sar-tubby	1857-K-218
Elar-noon-tubby	1857-K-54
Elar-noon-tubby	1859-K-104
Elar-noor-tubby	1860-K-16
Elar-po-nubbee	1860-T-166
Elar-po-tubby	1859-H-37
Elar-wa-cho-kay	1857-K-29
Elas (Missed 3 Annuities)	1857-K-298
Elayimma-to-ner	1857-K-62
Ele-mah-tuna	1859-K-319
Elijah	1857-H-201
Elijah	1858-H-179
Elijah	1859-H-150
Elijah	1859-H-226
Elin	1859-N-73
Elit-ka	1859-K-74
Elit-ka	1860-K-43
Elitha	1857-K-12
Eliyea	1857-I-97
Eliza	1857-N-179
Eliza	1859-N-251
Eliza	1860-K-257
Eliza	1860-K-315
Eliza	1860-T-250
Ellah-ik-sar-che	1858-H-150
Elle-mokey	1859-H-254
Elle-yin-me-tubby	1859-J-197

Name	Reference
Elli-yim-me-to-nak	1858-N-58
Ellis	1859-K-297
Ellis	1860-K-98
Ellis, Benj.	1859-L-158
Ellis, Elijah	1857-I-104
Ellis, Elijah	1858-S-67
Ellis, Elijah	1860-L-115
Ellis, Eliza	1859-L-74
Ellis, John	1857-J-141
Ellis, John	1858-H-110
Ellis, John	1858-J-370
Ellis, Karman	1860-T-209
Ellis, William	1857-I-130
Ellis, William	1858-S-177
Ellis, William	1859-L-143
Elmry	1858-K-11
Elney	1859-K-93
Elo-co-wak	1858-H-228
Elo-mar	1857-K-84
Elo-tubby	1859-L-163
Elo-tubby	1860-L-61
Elotubby	1857-I-50
Elri-ak-lo-has	1860-H-113
Elsi-la	1858-K-257
Elsie	1860-H-141
Elth-co-chy	1858-J-181
Elvia	1860-K-99
Elvira Elise	1860-L-38
Em-a-har-ka	1859-L-54
Em-mar-pher	1860-L-124
Em-marth-tubby	1859-L-130
Em-me-shit-tubbee	1858-J-358
Em-mer-cher-tubbee	1859-N-204
Em-mer-ho-ky	1858-N-23
Em-mo-lah-subby	1858-H-61
Em-moke-cut-tubby	1858-N-24
Em-moo-shi-chee	1859-N-192
Em-mut-tom-tubbee	1859-N-199
Em-or-but-tubby	1860-N-59
Em-pah-tubby	1859-N-290
Em-shumb-by-shewarha	1857-K-162
Ema-shubbee	1859-H-151
Emar-ho-ti-chu	1857-K-118
Emar-lam-tubby	1860-N-60
Emar-shea-tubby	1860-L-64
Emar-warkey	1860-H-123
Eme-cher-ubby	1860-H-132
Eme-hee-tubby	1860-K-79
Eme-le-ho-nah	1860-N-201
Eme-nut-tubby	1859-K-103
Emer-ho-ke	1857-N-12
Emerhotiche, Claburn	1858-K-62
Emerhotiche, Sloan	1858-K-61
Emi-yah-cha	1857-K-242
Emi-yan-hoi-tubby	1857-K-23
Emi-yar-shubby	1857-K-4
Emin-ta-tubby	1857-J-20
Emin-to-tubby	1859-J-62
Emir-lit-tubbee	1857-N-14
Emo-lar-lubbee	1859-H-121
Emo-nar-tubby	1857-K-83
Emo-nubby	1857-K-250
Emoak-cher-tubby	1857-H-97
Emoke-chinto	1860-H-130
Emon-nom-ha-la-tubby	1860-K-58
Emon-tubby	1857-K-149
Emsey	1860-K-199
Emubby, Ben	1857-K-232
Emubby, Ben	1859-K-268
Emur-ho-tic-ho, Chabun	1857-K-124
Emut-te-ke	1857-N-38
En-cons-tiney, Doctor	1858-H-118
En-huck-se-tubby	1858-H-145
En-lensh-tubby	1857-H-247
En-leush-tubby	1860-H-260
En-lush-tubby	1858-H-215
En-lush-tubby	1859-H-242
En-mer-hin-ner	1859-N-209
En-moon-tubby	1859-N-131
En-nah-utto-spa-sat-tubby	1859-H-112
En-nook-ki-chee	1859-H-215
En-nook-ky-chee	1860-H-234
En-tuk-lo	1859-J-61
Ena-to-wa	1857-J-39
Ena-towa	1859-J-67
Enah-kash-che	1859-H-203
Enatoca, Rebecca B.	1859-L-75
Enatona	1860-T-57
Enco-ner-ubby	1860-H-133
Ennah-tubby	1860-N-185
Ennice	1860-L-43
Ennumby, Benjamin	1858-K-194
Eno-gin-cha	1859-J-72
Eno-ki-che	1858-J-82
Eno-qui-che	1860-N-165
Enoka-lo-nubby	1860-H-115
Enubby, Benj.	1860-K-179
Epi-yash-tubby	1859-J-64
Epit-char-chuk-her, Lacher	1857-K-152
Er-lar-po-nubbee	1858-J-281
Er-no-lit-tubbe	1857-N-21
Ermth-likey	1860-L-75
Esha-tubby	1860-T-13
Eshah-kah, Jimson	1859-H-66
Esther	1859-L-42
Esuepa	1859-L-14
Esuepa	1860-L-31
Esuepa, Isom	1860-L-28

Name	Reference
Esuepa, J.	1859-L-18
Esuepa, Johnson	1860-L-30
Et-lar-po-nubbee	1859-N-267
Et-til-lo-waia	1859-H-98
Eten	1860-N-197
Ethli-ka	1860-T-129
Euk-ah-cha	1859-K-199
Euki-ah-cha	1860-K-210
Eunenbby	1859-L-84
Euy-mitchea	1859-K-27
Ey-im-mu-chit-tubby, Louis	1860-H-51
Eya-cam-by	1860-H-251
Eya-ha-tubby, John	1859-J-204
Eyah-corn-by	1860-H-258
Eyah-crubby	1859-H-260
Eyin-ma-chit-tubby, Lewis	1859-H-43
Faba	1859-L-139
Factor, James	1857-I-86
Factor, Kin-ha	1858-S-54
Factor, Kinha	1857-I-172
Factor, Kiw-ha	1859-L-170
Factor, N.	1859-L-138
Factor, Nancy	1858-S-14
Fah-is-tubby	1858-K-204
Fah-lah-mish-tubby	1859-J-43
Fah-lah-mush-tubby	1858-J-27
Fah-lorn-a-tubby	1860-K-319
Fah-lut-ma-ish-tubby	1860-T-63
Fah-ta-cher	1858-K-39
Fal-loo-te-chah	1858-H-235
Fall-ho-key	1858-H-182
Falota	1860-K-146
Far-lar-mer-tubbee	1859-N-235
Far-lar-mo-tubbee	1857-N-171
Far-lar-moon-tubby	1860-T-228
Farmer	1858-S-141
Fartish-cher	1857-J-206
Fe-sho-la, Benj.	1858-K-26
Feletoner	1857-N-189
Felin	1858-H-17
Felin, John	1859-H-212
Feline	1858-J-29
Fi-chah	1860-K-266
Fi-cho-ka	1860-H-265
Fi-ook-la-cha	1857-K-300
Fich-lah-larm-bee, Doct	1857-H-150
Ficka	1857-K-191
Fil-atah	1860-T-42
Fillater	1858-J-65
Fillater	1859-J-42
Filmon, Robinson	1860-H-139
Filmore, Millard	1857-N-11
Filmore, Millard	1858-N-21
Filmore, Millard	1859-N-43
Filmore, Millard	1860-N-82
Fim-mah-ho-yah	1857-H-104
Fim-mi-tubby	1857-J-198
Fim-mu-tubby	1860-K-334
Fin-ma-tubby	1858-J-269
Fin-she-to-ta	1857-K-177
Fisey	1860-K-214
Fisey	1860-K-293
Fisher, D. O.	1857-I-3
Fisher, Elizabeth	1859-L-121
Fisher, O. D.	1858-S-6
Fisher, Osborn	1860-L-103
Fitch-apora	1857-H-95
Fletcher, Eliza	1859-K-215
Fletcher, Eliza	1860-K-163
Fletcher, Jerry	1858-K-266
Fletcher, P. M.	1857-J-63
Fletcher, Perry	1857-K-200
Fletcher, Mrs., E. E.	1858-J-61
Fletonah	1860-T-235
Fo-cho-ho-yea	1858-H-233
Fo-ho-lut-ka	1858-K-93
Fo-lo-ta	1858-K-171
Fo-lo-tah	1857-K-238
Fo-no-chubby	1857-K-270
Foalling, John	1859-L-96
Folo-ta	1859-K-258
Folsom, Cale	1859-N-66
Folsom, Cole	1857-N-62
Folsom, Cole	1858-N-162
Folsom, Cole	1860-H-96
Folsom, Cyrus	1858-K-267
Folsom, Cyrus	1859-K-267
Folsom, Cyrus	1860-K-165
Folsom, David	1857-I-156
Folsom, David	1858-S-190
Folsom, Delia	1857-K-205
Folsom, Dwight	1858-S-49
Folsom, Ebenezer	1858-K-166
Folsom, Gustavas	1860-K-166
Folsom, H. N.	1857-H-206
Folsom, H. N.	1858-H-185
Folsom, H. N.	1860-H-305
Folsom, Hetty	1857-J-147
Folsom, Hetty	1858-J-7
Folsom, Hetty	1858-J-367
Folsom, I.	1860-N-127
Folsom, Isaac	1859-K-214
Folsom, Isaac	1860-K-164
Folsom, Jsaar	1857-K-201
Folsom, M.	1859-L-162
Folsom, Martha	1860-L-106
Folsom, Nathaniel	1857-H-220
Folsom, Nathaniel	1858-H-196

Name	Reference
Folsom, Nort	1859-H-204
Folsom, Reuben	1858-J-25
Folsom, Reuben	1859-J-94
Folsom, Reuben	1860-T-86
Folsom, Sampson	1857-H-205
Folsom, Sampson	1858-H-184
Folsom, Sampson	1859-H-263
Folsom, Sampson	1860-H-306
Folsom, Sealy	1857-N-184
Folsom, Sealy	1858-J-366
Folsom, Sealy	1859-N-275
Folsom, Sealy	1860-T-238
Folsom, Wall	1857-K-208
Folsom, Wall	1858-K-163
Folsom, Wall	1859-K-218
Folsom, Willis	1858-H-96
Folsom, Willis	1859-H-213
Folsom, Willis	1860-H-172
Folsom's Children, Wall	1860-H-224
Folsom, Col., Isaac	1858-K-270
Folsome, Willis	1857-H-130
Foster, John	1858-J-127
Foster, John	1860-T-148
Foster & Susan Camel, John H.	1857-J-133
Foster (& L. Carnell), John	1859-J-108
Fraizer, Jimson	1858-J-120
Frazier, Aaron	1859-N-46
Frazier, Aaron	1860-N-77
Frazier, Annie	1857-K-37
Frazier, Ben. Junior	1857-K-81
Frazier, Benjamin	1858-N-48
Frazier, Benjamin	1859-N-48
Frazier, Benjamin	1860-K-95
Frazier, D.	1860-L-131
Frazier, Dickson	1857-I-6
Frazier, Dickson	1858-S-77
Frazier, Dickson	1859-L-100
Frazier, Easman	1857-J-274
Frazier, Easman	1859-J-234
Frazier, Eastman	1858-J-253
Frazier, Eastman	1860-K-397
Frazier, Fletcher	1860-K-398
Frazier, George	1859-N-297
Frazier, George	1860-N-76
Frazier, Hetty	1857-H-89
Frazier, Hetty	1858-H-13
Frazier, Hetty	1859-H-14
Frazier, Hetty	1860-H-136
Frazier, Isom	1860-K-255
Frazier, Jane	1860-H-23
Frazier, Jennie	1859-H-116
Frazier, Jimson	1857-J-100
Frazier, Jimson	1859-J-5
Frazier, Jimson	1860-T-37
Frazier, John	1857-K-150
Frazier, John	1859-K-30
Frazier, John	1860-K-361
Frazier, Morening	1857-H-127
Frazier, Nancy	1857-K-8
Frazier, Nancy	1858-K-8
Frazier, Nancy	1859-K-108
Frazier, Nancy	1860-K-23
Frazier, Nelson	1857-I-183
Frazier, Nelson	1858-S-143
Frazier, Nelson	1859-L-174
Frazier, Nelson	1860-H-180
Frazier, Sampson	1859-N-68
Frazier, Sampson	1860-N-193
Frazier, Sha-kones	1860-K-25
Frazier, She-ka-na	1859-K-46
Frazier, Shokuna	1857-K-11
Frazier, Shop Kinney	1858-K-300
Frazier, Wilson	1857-N-23
Frazier, Wilson	1858-N-163
Frazier, Wilson	1859-N-47
Frazier, Wilson	1860-N-75
Ful-ho-ka	1858-S-84
Ful-ho-ka	1859-L-43
Ful-ho-ka	1860-L-34
Ful-ho-key	1858-J-160
Ful-hok-ka	1857-I-176
Ful-la-ta-chah	1857-H-94
Ful-lar-ya	1857-K-279
Ful-lo-am-by	1858-K-261
Fulsom, Cyrus	1857-K-202
Gable	1858-H-86
Gabriel	1857-J-14
Gabriel	1859-H-49
Gabriel	1860-H-78
Gaines, James T.	1859-J-11
Gaines, James T.	1860-T-3
Gaines, Jas. T.	1857-J-7
Gaines, Jas. T.	1858-J-92
Gallop	1858-S-148
Gamble, James	1857-H-114
Gamble, James	1858-H-151
Gamble, James	1859-H-191
Gamble, James	1860-H-116
Gardner, Wilson	1857-I-82
Gardner, Wilson	1858-S-107
Garland	1857-H-200
Garland	1858-H-178
Garland	1859-H-225
Garland	1860-H-236
Garrison, Mary	1860-L-81
Gaylet, Wiles	1859-L-55
Gaylord, Willis	1860-L-119
Gaylort, Willis	1858-S-24

Name	Reference
George	1857-J-146
George	1857-N-164
George	1858-N-93
George (Creek)	1859-N-187
Gess, John	1859-L-104
Giffy	1858-J-73
Gilbert	1860-T-31
Gilchrist, Arthur	1859-J-211
Gilchrist, Cor-nor-way	1859-K-133
Gilchrist, Nelson	1858-K-135
Gilchrist, Nelson	1859-K-134
Gilchrist, Rachel	1858-K-133
Gilchrist, Simson	1859-K-10
Gillchrist, Arthur	1857-J-182
Gillchrist, Arthur	1858-J-227
Gillchrist, Carnowa	1857-J-180
Gillchrist, Ginny	1857-J-177
Gillchrist, Nelson	1857-J-181
Gillchrist, Rachel	1857-J-279
Gilsy	1859-J-152
Giny	1857-J-298
Glover, William	1858-N-191
Go-kah-che	1858-H-22
Goforth, Elizabeth	1859-N-301
Goforth, Elizabeth	1860-H-275
Goforth, Malvina	1857-H-226
Goforth, Melvina	1858-H-202
Goforth, Melvina	1859-H-250
Goforth, Melvina	1860-H-274
Goforth, Solomon	1857-H-223
Goforth, Solomon	1858-H-199
Goforth, Solomon	1859-H-252
Goforth, Solomon	1860-N-84
Goforth, William	1857-H-222
Goforth, William	1858-H-198
Goforth, William	1859-H-251
Goforth, Wm.	1860-N-83
Gooding, Charles E.	1858-H-3
Gooding, Charles E.	1859-J-140
Gooding, Charles E.	1860-T-124
Gooding, John	1857-I-116
Gooding, John	1858-S-81
Gooding, John	1860-L-145
Gordin	1857-K-120
Grant, Jane	1857-J-129
Grant, Jane	1858-J-101
Grant, Jane	1859-J-36
Grant, Jane	1860-T-77
Gray, Adam	1859-H-89
Greenwood, Allen	1857-I-105
Greenwood, Allen	1858-S-35
Greenwood, Allen	1859-L-95
Greenwood, Allen	1860-L-148
Greenwood, Amos	1859-N-45
Greenwood, Harris	1857-N-30
Greenwood, Morris	1859-N-21
Greenwood, Samey	1860-L-93
Greenwood, Susan	1860-L-94
Greerson, Elizabeth	1860-K-376
Greirson, Elizabeth	1858-J-238
Grey, Adam	1857-H-51
Grey, Adam	1858-H-77
Grey, Adam	1858-H-257
Grierson, Elizabeth	1857-J-163
Grierson, Jane	1857-J-158
Griffin, Alfred	1860-K-300
Griffith, Alfred	1858-K-292
Grisson, Elizabeth	1859-J-241
Guess, John	1860-L-101
Guest, John	1857-I-132
Guest, John	1858-S-90
Guy, Ami & James	1859-N-292
Guy, Eliza	1859-H-9
Guy, Eliza J.	1858-H-152
Guy, Eliza J.	1860-H-117
Guy, Mary A.	1859-H-11
Guy, Mary Angeline	1858-H-122
Guy, Sena E.	1860-H-118
Guy, Serena	1859-H-10
Guy, Serina J.	1858-H-153
Guy, W. R.	1857-K-327
Guy, William M.	1858-H-121
Guy, Wm. M.	1859-H-12
Guy (& other), Wm. M.	1860-H-119
Ha-a-cha-tubby	1859-K-308
Ha-chit-tubby	1859-H-76
Ha-kut-tubby	1858-H-52
Ha-pah-ke-che-tubby	1857-H-168
Ha-xhah	1859-N-102
Haddison	1859-K-38
Hagan	1860-N-99
Hagin	1859-N-19
Hah-lut-le-tubby	1858-H-35
Hai-tun-tubby	1857-J-113
Haish-cher	1857-J-266
Hal-but-le-tubby	1860-K-119
Hal-lit-ta-tubby	1860-H-161
Hal-low-wi-cha	1860-H-85
Hale, George	1860-K-215
Hali, Thomas	1859-N-215
Hali-ah-chok-tah	1858-S-97
Hallis	1858-K-41
Hambey	1858-K-230
Hambly	1859-K-228
Hambly	1860-K-191
Hamby	1857-K-273
Hamelly	1859-H-239
Han-tut-tubby	1859-J-91

Name	Reference
Haney	1860-N-158
Hanison	1859-K-233
Har-ne-ley	1858-H-209
Har-no-ley	1857-H-236
Hardwick, James	1857-J-90
Hardwick, Jane	1860-T-139
Hardwick, John	1858-J-16
Hardwick, John	1859-J-111
Hare, Thomas	1858-J-319
Harka, Homer	1858-S-25
Harken	1859-K-187
Harkin	1858-K-184
Harkin	1860-K-117
Harkin, Benj.	1860-T-199
Harkin, Benjamin	1858-J-327
Harkins, Benjamin	1857-N-159
Harkins, Benjamin	1859-N-281
Harkins, Elias	1857-J-148
Harkins, Sloni	1860-H-157
Harkins, William	1860-H-158
Harkins, Wilson	1860-T-26
Harlan, Pitman	1859-N-264
Harland, Pitman	1858-J-340
Harlane, Pitman	1857-N-172
Harlin, Pitman	1860-T-198
Harney, W.	1859-L-79
Harney, William	1857-I-67
Harney, William	1858-S-22
Harney, William	1860-L-71
Harri-huskey	1860-L-74
Harri-tea	1860-L-53
Harris	1857-K-39
Harris	1857-J-183
Harris	1858-N-12
Harris	1858-K-252
Harris	1859-H-47
Harris	1859-K-316
Harris	1860-K-195
Harris	1860-K-291
Harris, C.	1859-H-13
Harris, C. P.	1859-L-11
Harris, C. P.	1860-H-67
Harris, C., Govn.	1857-H-3
Harris, Colberson	1858-H-73
Harris, Cyrus	1858-H-120
Harris, Daniel	1857-H-99
Harris, Daniel	1858-H-108
Harris, Daniel	1859-H-159
Harris, Daniel	1860-H-199
Harris, Ellis	1859-K-42
Harris, J. D.	1859-N-4
Harris, J. D.	1860-N-56
Harris, Joseph	1857-N-5
Harris, Joseph D.	1858-N-14
Harris, Mary Jane	1858-S-83
Harris, Wm.	1860-H-28
Harris' Daughter Sofy	1858-N-177
Harris' Grand Children, Dan'l	1858-H-259
Harris, Gov., Cyrus	1860-H-135
Harrison	1857-H-213
Harrison	1858-S-19
Harrison	1858-H-192
Harrison	1859-H-261
Harrison	1860-K-245
Harrison, W.	1858-N-11
Harrison, Wm. F.	1859-N-3
Harrison, Wm. H.	1860-N-72
Hase, Thomas	1857-N-138
Hash-am-by	1858-J-132
Hawkins, Elias	1859-H-170
Hawkins, Elious	1858-H-232
Hawkins, Slone	1858-H-231
Hawkins, Wilson	1857-J-10
Hawkins, Wilson	1858-J-44
Hawkins, Wilson	1859-J-14
Hay-ubby, Capt.	1860-K-318
Hayan, Suky	1860-K-224
Hays, Thomas	1860-T-190
He-a-chit-tubby	1858-N-157
He-acher	1859-N-284
He-chubby	1860-L-46
He-kot-tubbee	1857-N-33
He-la-to-ner	1859-N-279
He-le-to-ner	1858-J-344
He-tar-e-chee	1860-T-216
He-yau-ka-la-chah	1857-H-144
He-you-kil-chia	1860-H-169
Heh-chah	1858-N-119
Heken	1857-N-28
Henck-pitch-chit-tubby	1858-S-69
Henney, Cassey	1859-J-173
Henry	1857-K-240
Henry	1858-N-65
Henry	1858-N-145
Henry	1858-K-262
Henry	1860-K-114
Henry	1860-K-235
Henry, Cassey	1857-J-188
Henry, Cassy	1858-J-203
Her-a-cher	1857-J-73
Her-yash-ut-tubby	1860-H-143
Hern-ubby	1860-K-393
Hey-yor-ca-la-chah	1858-H-67
Hi-a-cher	1858-J-45
Hi-eash-ches	1859-J-57
Hi-ton-tubby	1858-J-124
Hi-ton-tubby	1859-J-3
Hi-yo-che-tubby	1858-J-179

Name	Reference
Hi-yon-tubby	1858-N-71
Hi-yush-it-tibby	1858-H-33
Hicher	1858-J-361
Hicho-chia, James	1858-J-235
Hick-ah-tubby	1858-N-69
Hick-ah-tubby	1860-H-46
Hick-ah-tubby	1860-N-154
Hick-ant-tubby	1859-H-75
Hick-is	1858-S-184
Hick-kis	1858-K-156
Hick-ut-a-tubby	1859-N-53
Hick-ut-tubby	1857-I-143
Hicks	1857-K-197
Hicks	1859-K-282
Hicks	1860-K-251
Hih-le-ha	1860-T-252
Hilhouse, James	1860-L-178
Hillhouse, James	1857-I-140
Hillhouse, James	1858-S-32
Hillhouse, James	1859-L-51
Hillhouse, James	1860-L-40
Hillhouse, Josiah	1859-L-108
Hillhouse, Josiah	1860-L-108
Hillhouse (Insane), James	1858-S-200
Hilliner	1860-H-282
Hinney	1858-N-60
Hinney	1859-K-52
Hinney	1859-N-54
Hiyo-chetubby	1857-J-265
Hlar-ka-fin-tubbee	1858-J-292
Ho-a-chit-tubby	1857-K-253
Ho-ch-ubby	1857-I-22
Ho-chap-ta-tubby	1860-H-184
Ho-che-fo-tubby	1858-H-24
Ho-che-tubby	1859-L-47
Ho-chubby	1858-S-78
Ho-chubby	1860-L-164
Ho-e-lo-tubby	1860-N-176
Ho-gan-to-nah	1858-J-41
Ho-he-ya-tubby	1860-K-31
Ho-ma-acht-cher	1858-S-186
Ho-mah-ta-cha	1860-T-52
Ho-mai-ya-cher	1857-N-124
Ho-mi-a-chah	1859-K-296
Ho-nubby, Jane	1859-L-73
Ho-pah-kicho-tubby	1858-H-28
Ho-pah-kish-tubby	1857-H-103
Ho-pai-ki	1857-J-50
Ho-par-yet-tubby	1857-K-69
Ho-ph-amby	1860-T-80
Ho-pi-a-tubby	1858-K-90
Ho-pi-a-tubby	1859-K-35
Ho-po-kin-tubby	1860-K-279
Ho-ta-la	1858-N-137
Ho-tai-chee	1857-N-129
Ho-tai-chee	1858-J-310
Ho-tai-chee	1859-N-208
Ho-tai-yuten	1859-J-8
Ho-te-ah-ho-ka	1859-K-151
Ho-te-ah-hoka	1860-K-133
Ho-tim-ah-tubby	1857-K-304
Ho-tim-ah-tubby	1859-K-285
Ho-tim-ut-tubby	1858-S-192
Ho-tima-ak-tubby	1860-K-131
Ho-tubby	1857-N-64
Ho-tubby	1859-N-181
Ho-we-ner	1859-J-192
Ho-ya-chah	1860-T-83
Ho-ya-tubby	1859-H-165
Ho-yah-ba	1858-S-125
Ho-yo-ka	1858-K-258
Ho-yubby, Capt.	1858-J-137
Ho-yun-a-cher	1858-S-106
Ho-yut-ta	1859-K-237
Ho-yut-tah	1860-N-135
Ho-yuttubbee	1857-N-36
Hochit-tubby	1860-H-146
Hock-lo-chubby	1857-K-108
Hock-lo-chubby	1858-K-47
Hogan, Suky	1857-J-297
Hogan, Suky	1858-N-112
Hogan, Suky	1859-K-231
Hollen, Archabal	1857-H-118
Hollis	1857-H-241
Hollis	1858-H-213
Hollot-la-tubby	1857-H-42
Holthliche, Capt.	1857-H-1
Holton, Cephas	1859-L-41
Holton, Cephas	1860-L-155
Holton, John	1857-I-111
Holton, W.	1859-L-40
Holton, William	1860-L-166
Holufisha	1857-K-9
Homah-ta-cher	1859-J-85
Homer, Frank	1857-J-306
Homo-i-a-chah	1858-K-277
Honuacher	1860-L-132
Hooh-pak-ish-tubby	1860-K-62
Hook-chubby	1860-L-141
Hoolatubby, Silvy	1857-J-190
Hoop-pak-ish-tubby	1859-K-99
Hoop-par-kin-tubby	1859-K-141
Hoper-kin-tubby	1857-K-72
Hork-ahm-by	1857-J-120
Hosh-am-by	1859-J-40
Hotaa	1859-K-189
Hotala	1860-K-186
Hothliche (Capt)	1859-H-1

Name	Reference
Hothliche, Capt.	1860-H-1
Hothliche, Captain	1858-H-1
Hoti-his-ta	1860-T-43
Hotim-ah-tubby	1858-K-251
Hotim-utt-ubby	1857-I-180
Hotubby	1858-N-118
Hotubby	1860-N-50
Houbby	1860-L-152
Houston	1860-N-162
Howard	1857-N-37
Howard	1858-N-126
Howard	1859-H-163
Howard	1859-N-112
Howard	1860-H-219
Howell	1860-N-23
Hoy-ah-ba	1857-I-108
Hoy-ubby	1857-J-155
Hoyubby, Capt.	1859-J-218
Hu-min-ar-tubby	1859-N-84
Huck-ne-chubby	1858-N-55
Huck-see-chit-tubby	1857-I-44
Hufman	1857-K-112
Hul-lut-le-tubby	1857-K-210
Hul-lut-le-tubby	1858-K-239
Hul-ut-a-cher, Bob	1858-S-136
Huli-ra-chah	1859-H-210
Hum-ma-chah	1858-N-173
Humes, Alfred	1860-H-63
Humphreys, R. D.	1859-H-104
Humphreys, R. J.	1857-H-68
Humphreys, R. J.	1858-H-72
Humphreys, Sally	1860-T-109
Humphreys, Sarah	1857-H-86
Humphreys, Sarah	1858-H-9
Humphreys, Sarah	1859-H-21
Hun-nub-by	1858-J-177
Hun-nub-by	1859-J-278
Hun-nubby	1857-J-276
Hush-cutch-ubbee	1857-N-144
Hush-kutch-ubbee	1858-J-321
Husten	1858-N-72
Hutch-on-ar-chubby	1857-I-110
I-a-to-tubby	1859-N-151
I-ah-hun-ta	1858-J-15
I-ah-to-tubby	1858-N-152
I-ah-tubby	1860-N-146
I-ah-tubby	1860-N-198
I-ah-yah-tim-ten	1860-T-20
I-ai-mer	1857-J-267
I-ak-ah-tubby	1858-S-121
I-ak-kam-ba	1858-K-24
I-ar-kar-tubby	1858-K-49
I-cha-co-chee	1858-N-25
I-esh-tubby	1858-K-124
I-ho-ya	1858-K-50
I-ish-tubby	1859-K-149
I-ish-tubby	1859-K-171
I-kar-ne-yah	1857-N-106
I-kar-ne-yah	1858-J-290
I-ki-ka	1857-K-75
I-ki-ka	1858-K-88
I-ki-ka	1859-K-48
I-kil-lo-ke-tubbee	1858-J-291
I-kith-kotubby	1860-T-191
I-u-kah-tubby	1857-K-233
I-wah-tubby	1858-N-49
I-ya-na-tubby	1858-K-44
I-ya-na-tubby	1859-K-23
I-ya-nai-tubby	1857-J-282
I-yah-hau-tah	1859-J-124
I-yah-ho-ka-tubby	1860-K-308
I-yah-hun-tah	1860-T-12
I-yah-mo-nubby	1858-K-243
I-yah-ton-tubby	1860-T-39
I-yak-kutty	1857-J-26
I-yar-ho-tubbee	1859-N-257
I-yar-ho-tubby	1857-K-215
I-yar-ho-tubby	1859-K-31
I-yar-kar-tubby	1857-K-110
I-yattubby	1860-K-36
I-yea-ma-yubby	1860-T-56
I-yen-ne-yah	1858-J-35
I-yen-nea-yer	1857-J-46
I-yer-harn-tah	1857-J-15
I-yer-ho-ker-tubby	1858-J-183
I-yer-ho-ker-tubby	1859-J-262
I-yer-ho-kut-ubby	1858-K-94
I-yer-ho-tubby	1858-K-28
I-yer-hoker-tubby	1857-J-264
I-yer-tubby	1858-K-112
I-yo-kil-cher	1859-H-145
I-yock-an-tubby	1858-K-237
I-yock-im-tubby	1860-K-194
I-yock-un-tubby	1857-K-290
I-yock-un-tubby	1859-K-180
I-youk-pah-tubby	1857-H-53
I-yup-pa-hubby	1858-S-132
I-yut-tam-bee	1858-J-282
I-yut-ter-bee	1859-N-268
I-yut-tubby	1858-N-35
Ia-to-tubby	1857-N-53
Ib-i-ah-tubby	1858-K-167
Ich-mar-tubby	1860-T-240
Ick-ah-yo-kah-mo-tubby	1860-T-5
Ick-ap-che-na-tubby	1859-N-145
Ick-i-tar-no	1858-K-10
Ick-lun-ubby	1858-K-116
Ick-ta-nubby	1860-K-83

Name	Reference
Icy	1857-N-122
Icy	1858-J-305
Icy	1859-N-261
Icy	1860-T-162
Ie-a-lou-a-cho	1858-N-26
Ie-to-tubby	1860-N-7
Iesh-stim-ah-ka-a-chah	1857-H-175
Iesh-tubby	1857-K-307
Iho-ya	1857-K-111
Ik-a-chre-nu-chubby	1860-N-144
Ik-ah-cheu-nah-tubby	1858-N-161
Ik-il-lo-kit-tubbee	1857-N-107
Ik-it-nar-muk-tubby	1860-K-101
Ik-kah-yo-ho-mit-uby	1857-J-94
Ik-lan-nah-tubby	1858-K-191
Ik-nook-wi-yo-ic-sho-kis-tuby	1857-J-25
Ikar-chun-ar-chubbee	1857-N-180
Ikit-hur-no-ka-tubby	1857-K-64
Iky	1858-J-363
Il-ah-che-tubby	1859-K-273
Il-ah-cit-tubby	1857-K-324
Il-bah-chuck-was-tubby	1860-T-15
Il-lah-ik-orsh-tubby	1857-H-173
Il-lah-ish-tubby	1857-K-294
Il-lah-tookey	1858-H-203
Il-lai-yah-ty	1858-J-69
Il-lap-im-neh-lit-tubby	1859-J-92
Il-lap-po-tubby	1860-H-93
Il-lap-tink-bat-uby	1857-J-108
Il-lap-tiook-bah	1858-J-30
Il-lar-ho-tubby	1858-K-141
Il-lar-moon-tubby	1858-K-92
Il-li-o-ka	1857-K-263
Il-un-hin-cha	1857-J-68
Illap-in-uth-lis-uby	1857-J-75
Illar-took-key	1857-H-228
Ilup-took-bah-luky	1860-T-69
Im-a-la-tubby	1859-N-12
Im-aeh-pa-sah-tubby	1858-K-181
Im-ah-hou-tubby	1858-H-80
Im-ah-ubby	1860-L-37
Im-ake-lan-tubby	1860-N-192
Im-an-tubby	1860-L-84
Im-ha-tubby	1860-N-116
Im-ma-ham-by	1858-S-140
Im-ma-shubby	1858-H-29
Im-mah-cha-tubby	1860-H-154
Im-mah-cham-tubby	1860-H-41
Im-mah-ho-ka	1860-N-85
Im-mah-hon-tubby	1857-H-172
Im-mah-hun-tubby	1859-H-174
Im-map-no-yah	1858-H-230
Im-mar-chan-tubbee	1860-T-188
Im-mar-char-tubbee	1857-N-109
Im-mar-toon-tubbee	1860-T-187
Im-me-honah	1860-H-270
Im-me-hun-tubby	1860-N-65
Im-me-lar-hones	1860-N-31
Im-mer-him-ner	1857-N-131
Im-mer-hin-ner	1858-J-313
Im-mer-nompo-la	1857-K-52
Im-mi-ar-che-tubby	1858-K-35
Im-mi-arsh-tubby	1858-S-99
Im-mi-ish-tubby	1858-S-163
Im-mi-key	1859-L-92
Im-mi-nubby	1858-H-227
Im-milth-ar-tubby	1858-S-133
Im-mo-mika	1860-L-159
Im-mo-na-tubby	1860-N-145
Im-mo-nat-tubby	1858-K-51
Im-mo-ni-ka	1857-I-23
Im-mo-nubby	1857-J-242
Im-mo-nubby	1858-J-155
Im-mo-nubby	1858-J-268
Im-mo-nubby	1859-J-245
Im-mo-nubby	1860-K-345
Im-mock-ah-tubby	1860-N-174
Im-mock-in-tubby	1858-K-260
Im-mock-un-tubby	1857-K-295
Im-mok-chut-tubby	1859-N-133
Im-mok-cut-tubby	1858-N-78
Im-mok-ut-tubby	1860-N-14
Im-mon-noon-tubby	1858-S-79
Im-mon-tubby	1858-N-150
Im-moon-tubby	1858-K-77
Im-moon-tubby	1860-K-87
Im-mun-moon-tubby	1857-I-102
Im-mus-tubby	1859-L-99
Im-mut-toon-tubbee	1857-N-104
Im-mut-toon-tubbee	1858-J-288
Im-nis-ni-kal	1858-S-74
Im-oak-lo-hubby	1858-K-91
Im-ok-lah-ubby	1860-T-11
Im-ok-lan-tubby	1859-N-15
Im-ok-law-tubby	1858-N-139
Im-pah-tubby	1857-K-319
Im-pah-tubby	1858-K-162
Im-pun-nah-tubby	1857-H-48
Im-uck-larnby	1857-J-92
Im-ulth-pa-sah-tubby	1857-K-236
Im-ulth-pe-sut-lubby	1857-N-71
Im-un-nom-po-lit-tubby	1858-K-89
Im-un-o-yer	1857-J-144
Im-uth-pasatubby	1860-K-190
Immah-armby	1857-I-150
Immah-ho-ty	1857-J-9
Immah-to-bah	1857-I-139
Immar-shar-tubby	1857-I-45

Name	Reference
Immar-yo-nah	1857-K-264
Imme-lah-hi-mah	1857-H-148
Immer-wi-ka	1857-K-57
Immi-arsh-tubby	1857-I-55
Immi-ho-tubby	1857-N-82
Immilth-ar-tubby	1857-I-84
Immo-ni-ka	1857-K-61
Immook-lo-nubby	1857-I-128
Immur-hun-tubby	1857-K-171
In-kar-ne-yah	1860-T-192
In-keen-neah-he-mah	1858-J-380
In-kun-neah-ho-nah	1857-H-239
In-kun-nish-ho-nah	1859-J-130
In-ma-honah	1860-H-266
In-mar-char-tubbee	1858-J-293
In-mar-shar-tubby	1858-S-82
In-me-lah	1858-H-65
In-me-lah-honer	1857-J-268
In-mi-wi-ka	1858-N-129
In-mock-in-tubby	1859-K-142
In-mok-ist-tubby	1859-N-169
In-moke-loo-nubby	1858-H-41
In-na-qui-she, Gray	1857-H-57
In-nar-moon-tubby	1859-L-61
In-no-ki-che	1858-H-172
In-nook-lo-hubby	1859-K-100
In-nuth-pa-ta	1859-K-263
In-te-la-ho, Ahfam-mit-tubby	1857-K-130
In-te-la-lo, Chilly	1857-K-131
In-tick-kon-non-tubby	1860-T-128
In-to-tubby	1860-L-67
In-to-tubby, Lusa	1858-S-185
In-took-lot-tubby	1857-K-234
In-took-lut-tubby	1859-K-36
In-took-to-tubby	1860-K-305
In-wah-tubby	1859-N-168
Ink-kubby	1860-L-112
Inna-yah	1857-H-54
Int-ho-lo	1858-N-74
Into-lubby	1857-I-178
Iph-twik-le	1860-K-150
Ir-nok-wah-ik-sho-kit-tubby	1858-J-36
Irra-tubby, John	1860-K-395
Is-a-ener-nipy	1859-L-15
Is-lar-po-nubbee	1857-N-96
Is-tim-ah-tok-ah	1858-J-258
Isey	1857-N-54
Ish-ah-cho-ma	1860-K-219
Ish-e-tubby	1860-K-159
Ish-fah-la-mah	1860-K-41
Ish-fah-lah-mah	1857-J-116
Ish-fah-lah-mah	1857-I-96
Ish-fah-lah-mah	1857-H-246
Ish-fah-lah-mah	1859-J-129
Ish-fah-lah-mah	1859-K-64
Ish-fah-lap-moh	1860-H-264
Ish-fal-la-mah	1858-J-94
Ish-fal-lah-mah	1858-S-114
Ish-far-lar-mar	1859-K-63
Ish-fo-lo-mo-tubby	1857-K-85
Ish-for-lar-ma	1860-K-91
Ish-ful-lah-mah	1858-J-382
Ish-han-nar	1859-L-133
Ish-ho-yan-nee	1859-H-232
Ish-ho-yen-ne	1857-H-209
Ish-ho-yen-nu	1860-H-247
Ish-ho-yo-pa	1858-S-43
Ish-ho-yo-pa, Isom	1858-S-36
Ish-ho-yo-pa, Logan	1858-S-45
Ish-ho-yon-ney	1858-H-189
Ish-hoy-opa	1857-I-133
Ish-hoy-opa, Isam	1857-I-124
Ish-hoy-opa, Logan	1857-I-125
Ish-kar-nah	1857-I-177
Ish-kar-nar	1858-S-182
Ish-ki-ha	1859-K-289
Ish-ki-ha	1860-N-181
Ish-kim-up-ah-tubby	1860-N-124
Ish-mar-tubbee	1857-N-118
Ish-mar-tubbee	1858-J-301
Ish-mat-tubbee	1859-N-229
Ish-mi-ut-tubby	1858-J-211
Ish-mi-ut-tubby	1859-J-183
Ish-mi-uttubby	1857-J-202
Ish-min-lie-ubby	1858-K-85
Ish-min-ti-tubby	1857-K-47
Ish-min-til-ubby	1860-K-77
Ish-min-tubby	1860-K-359
Ish-mul-la-tubbee	1857-N-130
Ish-mul-la-tubbee	1858-J-311
Ish-nun-ta-tubbee	1858-K-295
Ish-nun-tut-tubby	1859-K-17
Ish-pah-nubby	1857-H-257
Ish-pah-nubby	1858-K-154
Ish-stick-yau	1857-H-161
Ish-ta-cun-nis-tubby	1860-L-169
Ish-ta-ficher	1859-K-219
Ish-ta-ki-go	1860-H-83
Ish-ta-ma-tot-ka	1860-T-71
Ish-ta-mar-tubby	1859-L-150
Ish-tah	1859-H-172
Ish-tah-ah	1858-H-64
Ish-tah-ah	1860-H-81
Ish-tah-bah-wah-tubbee	1858-K-296
Ish-tah-ho-yea	1860-K-112
Ish-tah-kah-ne-yo-tubby	1858-S-167
Ish-tar-bar-mar-tubby	1859-K-140
Ish-tar-tubby	1857-K-243

Name	Reference
Ish-tauo-by	1858-K-265
Ish-taw-tubby	1858-S-162
Ish-te-chuck-kee	1857-N-123
Ish-te-chuckee	1859-N-207
Ish-te-cuck-er	1858-J-306
Ish-te-falar-mah	1860-K-2
Ish-te-far-lar-mar	1859-K-3
Ish-te-fi-a-key	1858-J-194
Ish-te-fioky	1857-J-233
Ish-te-ful-lah-mah	1858-K-2
Ish-te-fullarmar	1857-K-3
Ish-te-ho-yan-pa	1860-N-112
Ish-te-ho-yoh-pe	1857-N-9
Ish-te-ki-yo	1858-H-74
Ish-te-ki-yo	1858-K-100
Ish-te-ki-you	1857-K-248
Ish-te-ki-you-ka-tubby	1857-J-178
Ish-te-ko-no-tubby	1857-J-194
Ish-te-kono	1859-J-175
Ish-te-lih-cher	1857-N-86
Ish-te-mo-ni-ya	1857-K-59
Ish-te-mon-tubby	1857-K-103
Ish-te-yer-ha-yo	1857-J-189
Ish-te-yer-ho-yo	1857-J-271
Ish-tee-yer-ho-yo	1859-J-174
Ish-temerka-cher	1857-K-15
Ish-ter-yer-ho-yo	1858-J-208
Ish-tero-oner-har-ya	1858-J-323
Ish-ti-ki-yea	1860-K-53
Ish-tic-e-cher	1860-N-55
Ish-tick-iyen	1859-H-183
Ish-tick-ki-yo	1859-K-90
Ish-tick-ki-yo, Charles	1859-K-89
Ish-tick-ki-yo, Martin	1859-K-92
Ish-til-le-chah	1858-N-76
Ish-tim-ah-li-key	1857-H-218
Ish-tim-ah-li-ky	1858-H-195
Ish-tim-ar-ye-chen	1860-T-247
Ish-tim-arkee	1860-T-245
Ish-tim-i-cher	1858-K-46
Ish-tim-i-tol-kah	1857-J-150
Ish-tim-ma-to-kah	1859-J-55
Ish-tim-mah-co-ye-chah	1858-H-140
Ish-tim-mah-co-yea-chah	1860-H-204
Ish-tim-mai-ya-cher	1857-N-100
Ish-tim-mer-har-ya	1857-N-146
Ish-tim-mer-har-ya	1859-N-219
Ish-tim-mer-ho-tuner, Billy	1857-J-230
Ish-tim-muck-ka	1857-N-113
Ish-tim-muck-kee	1859-N-273
Ish-tim-mul-lubby	1858-S-165
Ish-tim-o-ah-tubby	1859-K-247
Ish-tim-o-tubby (James)	1860-N-123
Ish-tim-o-yea-tubby	1859-N-123
Ish-tim-on-tubby	1858-K-106
Ish-tim-pon-no-ho-yo	1857-J-137
Ish-tim-up-po-cher	1858-S-53
Ish-tim-up-pol-che	1857-I-41
Ish-tim-we-ah-tubby	1860-N-115
Ish-tin-cha-yo	1858-K-114
Ish-tin-che-yon	1859-K-13
Ish-tin-cheyo	1857-K-13
Ish-tink-lo	1857-K-308
Ish-tink-lo	1859-K-254
Ish-tink-lo-kit-ubby	1858-K-192
Ish-tino-no-ah-tubby	1858-N-143
Ish-to-fi-aka	1859-J-176
Ish-to-fi-okey	1860-K-400
Ish-to-ko-mo-tubby	1860-K-405
Ish-to-ko-no-tubby	1858-J-207
Ish-to-mah-to-yoka	1860-T-58
Ish-to-mar-yar-char	1859-N-254
Ish-to-mibby	1859-K-94
Ish-to-moon-tubby	1859-K-8
Ish-to-ni-ha	1857-K-182
Ish-to-nubby	1857-K-258
Ish-to-nubby	1858-K-69
Ish-to-nubby	1858-K-212
Ish-to-nubby	1859-K-109
Ish-to-nubby	1859-K-240
Ish-to-nubby	1860-K-286
Ish-to-nut-la	1859-K-55
Ish-to-yah-ho-ho	1859-H-52
Ish-to-yer-ho-you	1858-H-94
Ish-ton-to-ma	1860-H-303
Ish-toon-tubby	1860-K-262
Ish-tu-ho-yea	1860-K-408
Ish-tum-lubby	1857-I-13
Ish-tumi-to-yo-ky	1859-J-79
Ish-tun-mucker	1858-J-297
Ish-tun-no-ka-char	1857-J-184
Ish-tun-noah-tubby	1857-K-284
Ish-tun-nubby	1858-J-229
Ish-tun-nutty	1857-J-205
Ish-war-my	1857-K-98
Ishe-tubby	1860-N-119
Isho-cah-yea	1857-J-304
Ishtim-mah-lap-ubby	1860-T-142
Iskanno, Unnoyer	1859-J-63
Isom	1857-K-184
Isom	1859-K-91
Isom	1859-K-202
Isom	1860-K-4
Isom	1860-K-157
Isome	1860-K-100
Iste-moon-tubby	1860-K-42
It-bah-ai-yah	1857-N-89
It-lap-irmth-tubby	1860-T-85

Name	Reference
It-tah-be-ni-li	1859-H-109
It-tar-charkie	1860-T-160
It-ti-no-la	1859-H-134
It-til-lak-wa	1858-H-89
It-til-low-a-tubby	1857-H-153
Ith-co-chy	1857-J-257
Ittc-pa-pah	1860-K-234
Iu-look-lo-tubby	1858-K-289
Iy-uppa-hubby	1857-I-59
Iya-hoker-tubby	1860-K-324
Iya-na-tubby	1857-K-43
Iyah-han-tubby	1859-H-206
Iyah-kut-to	1859-J-47
Iyamio-tubby	1857-J-249
Iyar-ho-kar-tubby	1857-K-143
Iyea-nit-tubby	1859-H-132
Iyen-ne-yah	1859-J-48
Iyer-honer	1860-K-388
Iyo-mun-tubby	1859-L-34
Iyut-tam-bee	1857-N-97
Iza-nun-tubby	1860-K-378
Ja-co-che, Ben	1858-N-117
Jackson	1858-J-204
Jackson	1858-N-188
Jackson	1859-J-178
Jackson	1860-N-171
Jackson	1860-T-130
Jackson, Andrew	1857-J-303
Jackson, Andrew	1859-K-84
Jackson, William	1857-I-54
Jackson, William	1858-S-71
Jacobs	1859-L-165
Jak-ar-tubby	1857-I-118
Jake Mexican's wife	1858-S-169
James	1859-N-178
James	1860-K-202
James, Allan	1858-S-88
James, Allen	1857-I-46
James, Allen	1859-L-52
James, Bond	1859-J-101
James, Booker	1857-K-186
James, Booker	1857-J-121
James, Booker	1858-J-81
James, Booker	1858-K-78
James, Booker	1859-J-106
James, Booker	1859-K-178
James, Booker	1860-K-233
James, Booker	1860-H-196
James, Dace & Martin	1859-N-228
James, Dace & Martin	1860-T-223
James, Geo. D.	1857-J-1
James, Geo. D.	1859-J-1
James, George D.	1860-T-34
James, Isom	1859-N-82
James, Isum	1860-N-177
James, John	1857-K-260
James, John	1858-K-80
James, John	1859-K-146
James, John	1860-K-268
James, Joseph	1857-N-167
James, Joseph	1858-J-335
James, Joseph	1859-N-227
James, Lotty	1857-J-165
James, Martin	1859-K-265
James, Martin	1860-K-189
James, Reuben	1858-J-334
James, Reuben	1858-K-79
James, Reuben	1859-K-210
James, Reuben	1860-K-187
James, Roberson	1857-N-165
James, Rubin	1857-K-133
James, Rubin	1857-K-261
James, Rutha	1857-J-123
James, Silas	1859-N-226
James, Silas	1860-T-239
James, Simon	1858-J-70
James, Simon	1859-J-15
James, Simon B.	1857-J-58
James, Simon B.	1860-T-35
James, W.	1860-K-442
James, Walton	1858-J-242
James, Walton	1859-J-240
James, Winsey	1858-N-170
James the King	1859-J-74
James' 2 Sons, Davis	1858-J-115
James, Captain, G. D.	1858-J-1
James, two sons, David	1857-J-134
Jamis	1857-J-40
Jasey	1858-J-14
Jc-lah-po-tubby	1858-H-53
Je-she-tubby	1857-K-196
Jefferson	1857-J-109
Jefferson	1858-J-72
Jefferson	1859-J-49
Jefferson	1860-T-60
Jefferson, Abel	1858-J-224
Jefferson, Abel	1859-J-221
Jefferson, Abel	1860-K-353
Jefferson, Isaac	1857-I-112
Jefferson, Isaac	1858-S-20
Jefferson, Isaac	1859-L-50
Jefferson, Mitchel	1859-J-216
Jefferson, Mitchell	1857-J-308
Jefferson, Mitchell	1858-J-222
Jefferson, Tecum-seh	1858-J-223
Jefferson, Tecumseh	1857-J-167
Jefferson, Tecumsey	1860-K-352
Jefferson, Tecumsy	1859-J-220

Name	Reference
Jeffery, Joseph	1859-L-70
Jeffrey, Joseph	1858-S-151
Jeffrey, Josey	1860-L-47
Jerry	1857-N-50
Jerry	1858-H-54
Jerry	1859-N-124
Jerry, Capt.	1858-N-160
Jerry, Capt.	1860-N-128
Jesse	1857-J-199
Jesse	1858-J-198
Jesse	1859-J-223
Jessie	1860-K-415
Jiamey	1860-K-204
Jim	1857-N-63
Jim	1858-N-53
Jim-my	1858-N-179
Jimmey, Adam	1860-T-107
Jimmey, Billy	1860-T-108
Jimmy, Adam	1857-J-80
Jimmy, Adam	1858-J-42
Jimmy, Adam	1859-J-150
Jimmy, Billy	1859-J-143
Jimmy, Vina	1857-J-83
Jimson	1860-K-176
Jinney	1859-K-181
Jinney	1860-T-207
Jinny	1858-N-147
Joel	1857-H-32
Joel	1859-H-201
Joel	1860-N-190
John	1857-K-58
John	1858-S-127
John	1860-N-126
John-e-co, Lewis	1857-H-149
Johnson	1857-K-315
Johnson	1857-J-86
Johnson	1857-N-41
Johnson	1857-N-75
Johnson	1857-H-122
Johnson	1858-N-127
Johnson	1858-K-246
Johnson	1859-K-110
Johnson	1859-K-321
Johnson	1859-K-329
Johnson	1859-N-134
Johnson	1859-N-149
Johnson	1860-N-147
Johnson	1860-K-154
Johnson, A. B.	1857-J-222
Johnson, A. B.	1859-K-87
Johnson, Elizabeth	1860-K-373
Johnson, James	1857-H-156
Johnson, James C.	1857-H-170
Johnson, Jno. M.	1859-H-6
Johnson, John M.	1857-H-71
Johnson, Mary	1859-H-3
Johnson, Mary	1860-K-374
Johnson, Mitchel	1857-H-157
Johnson, Tom	1857-K-331
Johnson, Tom	1859-L-175
Johnson, W. C. M.	1859-H-5
Johnson, William	1857-H-158
Johnson, Wm. M.	1859-H-4
Johnston, James	1858-H-59
Johnston, John M.	1860-H-127
Johnston, Mary	1860-H-29
Johnston, Mitchel	1858-H-60
Johnston, Mitchell	1860-H-30
Johnston, Te_cumsey	1858-K-132
Johnston, Thomas	1858-K-123
Johnston, William	1858-H-76
Johnston, Wm. M.	1860-H-31
Jones	1859-L-153
Jones, Bertha	1859-J-2
Jones, Elcy	1859-J-274
Jones, Mollis	1858-J-254
Jones, Morlis	1860-K-364
Jones, Susan	1857-H-229
Jones, Susan	1858-H-204
Jones, Susan	1859-H-238
Jop-tim-ar-herge	1860-T-175
Joseph	1858-N-39
Joseph	1859-N-135
Joseph	1860-N-138
Joseph	1860-T-10
Joseph, Nicholas	1860-N-8
Josey	1857-J-11
Josey	1858-K-242
Josey	1859-J-113
Josey	1859-K-200
Josey	1859-N-132
Josey	1860-N-98
Joshua	1857-H-185
Joshua	1858-H-162
Joshua	1859-K-161
Joshua	1860-K-209
Josiah	1860-T-227
Joy, Salin	1859-N-5
Judy	1858-J-345
Judy	1859-N-280
Juncy	1859-K-166
Jusang, Mississippi	1857-J-79
Juzan, Mississippi	1859-L-171
Juzan, Mississippi	1860-T-75
Ka-ah-cher	1860-T-158
Ka-le-chah	1858-H-93
Ka-nubby	1857-K-278
Ka-stin-na	1857-H-35

Name	Reference
Ka-tok-ai	1857-J-254
Ka-yubby	1859-J-202
Kah-ha	1858-K-22
Kah-la-kah	1860-T-44
Kah-nah-ho-tubby	1858-H-240
Kah-nah-ho-yea	1858-H-229
Kah-nah-ka	1857-H-81
Kah-nah-wa-chah	1858-H-117
Kah-ne-yah-chubby	1858-H-14
Kah-sharply	1858-H-81
Kah-she	1858-H-45
Kah-te-yo-tubby	1858-N-108
Kah-tin	1857-K-318
Kai-che-him-mah	1858-H-193
Kai-yo-min-tah (Mik-o)	1857-J-118
Kam-e-cha	1859-N-164
Kamettubbee	1860-N-25
Kami	1859-K-11
Kan-ah-ho-tubby	1860-H-66
Kan-ah-ta	1858-K-180
Kan-che-him-mah	1857-H-214
Kan-che-him-mah	1860-H-237
Kan-e-yat-by	1860-N-58
Kan-i-hah-kin-mah	1859-H-235
Kan-is-mar-tubby	1859-N-55
Kan-nah-ta	1859-K-326
Kanan-cha-tubby	1859-K-167
Kannush	1857-K-286
Kar-booh	1860-T-163
Kar-ha	1857-K-53
Kar-ha	1859-K-39
Kar-ho-kee	1857-N-112
Kar-ho-kee	1858-J-296
Kar-ho-kee	1859-N-272
Kar-ho-kee	1860-T-233
Kar-lush	1857-N-121
Kar-lush	1858-J-304
Kar-lush	1859-N-260
Kar-nar-hom-tubby	1859-K-32
Kar-ne-at-tubby	1859-N-166
Kar-nim-o-nubbee	1858-J-317
Kar-nine-o-nubbee	1857-N-136
Kar-sha	1857-H-64
Kar-sharp-la	1859-H-187
Kar-she-ni-ah	1859-N-30
Kar-tar-po-tubbee	1858-J-354
Kar-tar-po-tubby	1860-T-171
Kar-tar-pr-tubbee	1859-N-246
Kar-te-yo-tubbee	1857-N-154
Kar-ter-po-tubbee	1857-N-92
Karm	1858-K-125
Karm	1860-K-44
Karney, M.	1857-N-157
Kas-ta-na	1859-H-51
Katy	1858-N-174
Katy	1859-N-158
Kaw-nun-cha-tubby	1858-K-218
Kayubby	1857-J-241
Ke-an-tubby	1859-K-79
Ke-na-ta	1860-K-148
Ke-nubby	1859-K-256
Ke-to-yea	1858-J-145
Ke-yah-chee	1857-N-99
Ke-yah-mon-tah	1860-T-84
Ke-yan-tubby	1858-K-38
Ke-yan-tubby	1860-K-18
Keamey, Billy	1859-K-119
Kearney, Benson	1858-S-103
Kearney, Robert	1857-J-251
Kearney, Sampson	1857-J-250
Kearney, William	1858-K-5
Keas-ta-na	1860-H-47
Keel, Booker	1857-K-187
Keel, Booker	1858-K-179
Keel, Booker	1859-K-175
Keel, Booker	1860-K-197
Keel, David	1858-K-3
Keel, David	1858-K-297
Keel, David	1859-K-4
Keel, David	1860-K-3
Keel, Isom	1857-K-2
Keel, Isom	1858-K-4
Keel, Isom	1859-K-5
Keel, Overton	1857-J-111
Keel, Overton	1858-J-33
Keel, Overton	1859-J-27
Keel, Overton	1860-T-92
Keel, Simon	1859-H-41
Keel, Simon	1860-H-43
Keel, Capt., Geo.	1859-K-1
Keel, Capt. (or Ell-up-am-by)	1860-K-1
Keel, Captain	1857-K-1
Keel, Captain	1858-K-1
Kemp, Ben	1860-L-140
Kemp, Benjamin	1857-I-4
Kemp, Benjamin	1858-S-8
Kemp, Benjamin	1859-L-26
Kemp, Bob	1860-K-357
Kemp, Gibson	1860-L-118
Kemp, J.	1859-L-119
Kemp, Jackson	1857-I-2
Kemp, Jackson	1858-S-3
Kemp, Jackson	1860-L-86
Kemp, Joel	1858-S-2
Kemp, Joel	1859-L-2
Kemp, Joel	1860-L-33
Kemp, Joel, Capt.	1857-I-1
Kemp, Levi	1859-L-160

Name	Reference
Kemp, Levi	1860-L-123
Kemp, R.	1859-L-32
Kemp, Reuben	1857-I-122
Kemp, Reuben	1858-S-5
Kemp, Reuben	1860-L-35
Kemp, Robert	1857-J-168
Kemp, Robert	1858-J-225
Kemp, Robert	1859-J-165
Kemp, Virginia	1860-L-9
Kemp, W.	1859-L-49
Kemp, William	1857-I-74
Kemp, William	1858-S-4
Kemp, William	1860-L-116
Kenubby	1860-K-143
Ker-ne-uttubbe	1857-N-19
Kermedy, Mrs.	1860-H-24
Kerya-chee	1858-J-284
Keyubby	1858-J-187
Ki-ah-chubby	1860-K-213
Ki-ash-tubby	1858-K-248
Ki-o-mo-ter	1858-J-46
Ki-oka	1858-K-245
Ki-to-yea	1859-J-268
Ki-yo-mo-tah	1859-J-46
Kia-chubby	1859-K-168
Kia-nar-wa-cha	1860-H-193
Kiamin-cha-tubby	1860-K-130
Kie-la-cher	1860-H-52
Kiffa	1860-T-9
Kil-la-cher	1859-H-73
Kilchrist, Camarioa	1860-K-46
Kilchrist, Coneway	1858-K-102
Kilchrist, Johney	1860-K-47
Kilchrist, Nelson	1860-K-317
Kilchrist, Rachel	1860-K-57
Kim-ah-hoon-tubby	1860-K-246
Kim-ah-ma	1860-H-69
Kim-hil-chee	1859-N-216
Kim-ma-yut-tubby	1860-T-93
Kin-ha	1860-L-111
Kin-hee-chee	1857-N-143
Kin-hi-cha	1860-T-153
Kin-hih-chee	1858-J-320
Kin-tubby, Hoper	1858-K-137
Kincade, Kitty	1858-J-331
Kincaid, Kitty	1857-N-162
Kincaid, Kitty	1859-N-224
Kincaid, Kitty	1860-T-178
King, James	1860-T-82
King, Jas.	1858-J-85
King, William	1859-N-179
King, William	1860-N-39
King (& Sisters), Joshua	1860-H-242
Kinney, M.	1857-J-228
Kinney, M.	1858-N-18
Kinney, Young Wash.	1857-J-152
Kinneys' Son, Wash-shi	1858-J-106
Kis-hip-lah	1860-H-80
Kis-sar-to-kubby	1859-K-111
Kisey	1857-K-241
Kish-tubby, Hoper	1858-K-127
Kissin	1859-K-144
Kissin	1860-K-226
Kisson	1858-K-64
Kit-la-chah	1857-H-44
Kit-to-yea	1860-K-341
Kitty	1859-K-207
Kitty	1860-K-178
Kntchubby, Robert	1857-J-179
Ko-a-by	1859-L-39
Ko-loop-sha	1859-K-102
Ko-lop-sha	1858-K-103
Ko-sharp-la	1857-H-131
Ko-tah-kah	1859-H-70
Kolooh-sha	1860-K-45
Kon-ul-la-chubby	1857-H-143
Koos-te-na	1857-K-178
Koos-tena	1860-K-188
Koos-ti-na	1859-K-143
Koy-ubby	1860-K-333
Ku-sish-ho-yea	1860-N-93
Kubby	1857-H-252
Kubby	1858-H-221
Kubby	1859-H-244
Kubby	1860-H-268
Kuchubby, Bob	1860-K-56
Kul-lo-shar-cha	1857-K-289
Kul-lush-shah-che	1858-N-166
Kum-mih-cher	1857-N-24
Kun-ah-tubby, Silas	1859-K-251
Kun-e-on-tubby	1859-K-157
Kun-eah-tubby	1858-N-151
Kun-er-ho-ter	1858-K-17
Kun-ish-mah-tubby	1858-N-86
Kun-ish-tar-tubby	1859-L-134
Kun-nar-wa-char	1859-H-85
Kun-ne-oun-tubby	1858-K-273
Kun-ne-yut-tubby	1858-N-15
Kun-ner-ho-tubby	1858-K-96
Kun-noon-cha-tubby	1857-K-214
Kun-noow-tubby	1858-K-20
Kun-nush	1859-N-137
Kun-on-tubby	1858-K-159
Kunny-on-tubby	1857-K-168
Kush-o-ni-ya	1857-K-322
Kush-o-ni-yea	1858-K-234
Kut-chubby, George	1859-K-88
Kut-tah-yo-tubby	1860-H-101

Name	Reference
Kutch-ubby, Bob	1858-K-107
Kutego-tubby	1859-H-95
L-yt-ka	1859-N-136
La-cha	1860-K-227
La-chah \gomy\	1860-K-313
La-che	1858-H-104
La-hullh-la	1860-K-92
La-ma-tu-nor	1859-K-53
La-no-la	1857-H-61
La-tow-a-ky	1858-J-182
Lacha	1860-K-258
Lachas	1860-T-263
Lacher	1857-K-48
Lacher	1858-K-98
Lacher	1859-K-121
Lacher	1859-N-180
Lachin	1859-K-241
Laflore, M.	1859-L-29
Lah-chah	1859-K-193
Lah-nah-tubby	1857-K-195
Lah-nah-tubby	1860-K-156
Lah-pa-ler	1857-J-44
Lah-ta-chah	1859-N-184
Laly (or Ellup-no-ubby), Daniel	1858-S-96
Lan-tubby	1857-J-143
Lannis	1859-N-74
Lap-chubby	1860-L-55
Lar-cha	1857-K-88
Lar-cher	1860-N-36
Lar-kin-tubby	1860-T-195
Lar-te-chee	1860-N-35
Larn-tubby	1857-H-50
Larp-tim-tubby	1860-K-90
Larson	1858-S-98
Laver, George	1859-J-105
Lavers, Geo.	1857-J-19
Lavina	1860-T-208
Le-sho-fa, Benjamin	1857-K-216
Le-tu-woky	1860-K-402
LeFlore, Susan	1859-J-17
LeFlore, Thomas	1857-H-147
Leader, Beckey	1860-K-8
Leader, Edward	1857-K-334
Leader, Edward	1858-K-9
Leader, Edward	1859-K-106
Leader, Edward	1860-K-24
Leader, John	1857-K-32
Leader, John	1859-K-25
Leader, John	1860-K-10
Leader, Noah	1857-K-38
Leader, Noah	1858-K-45
Leader, Noah	1859-K-82
Leader, Noah	1860-K-14
Leader, Robert	1857-K-33
Leader, Robert	1859-K-112
Leader, Robt.	1860-K-6
Leader, Shom	1860-K-7
Leader, Shum	1859-K-113
Leader, Sloan	1857-K-35
Leader, Sloan	1858-K-18
Leader, Sloan	1859-K-40
Leader, Sen., John	1858-K-105
Lealem, Alfred	1859-N-239
Lecher	1857-N-70
Lecher	1858-N-52
Lee-yr-ta	1859-N-238
Leflore, James	1859-N-71
Leflore, James	1860-N-199
Leflore, Lotty	1859-L-106
Leflore, Martha	1860-L-6
Leflore, Susan	1857-J-122
Leflore, Susan	1858-J-109
Leflore, Susan	1860-T-143
Leflore, Thomas	1858-N-36
Lei-ynah	1860-H-147
Leigy	1860-H-213
Leiva	1860-K-228
Len-ah	1859-N-148
Leri-sua	1860-H-159
Levi	1857-H-16
Levi	1858-H-19
Levi	1859-H-211
Lewis	1857-K-80
Lewis	1857-K-213
Lewis	1857-N-29
Lewis	1858-H-176
Lewis	1858-N-9
Lewis	1858-N-37
Lewis	1858-N-183
Lewis	1859-H-223
Lewis	1859-K-33
Lewis	1860-H-263
Lewis	1860-T-254
Lewis, B R	1860-N-52
Lewis, Benj. R.	1857-J-210
Lewis, Benj. R.	1858-N-102
Lewis, Benj. R.	1859-N-154
Lewis, Caroline	1860-H-25
Lewis, Cornelius	1857-N-175
Lewis, Cornelius	1859-N-174
Lewis, Cornelius	1860-N-49
Lewis, George	1857-J-209
Lewis, J.	1859-L-48
Lewis, James	1857-J-104
Lewis, John	1857-N-198
Lewis, John	1858-N-140
Lewis, John	1859-N-153
Lewis, John	1860-L-45

Name	Reference
Lewis, John	1860-N-107
Lewis, L. W.	1858-S-41
Lewis, L. W.	1860-H-128
Lewis, Lusey	1859-N-156
Lewis, Susa	1858-K-110
Lewis, William	1857-I-36
Lewis, Wilson	1857-K-55
Lewis, Wilson	1859-K-105
Lewis, Wilson	1860-K-17
Lewis Doctor	1857-K-104
Lewis (Bek Smith)	1857-K-317
Lewis, Capt.	1857-H-13
Lewis, Doctor	1859-K-75
Lewis, Doctor	1860-K-66
Lewis, Dr.	1858-K-119
Ley-o-ta	1857-N-185
Leyo-ta	1858-J-342
Leyo-ta	1860-T-242
Lidy	1858-J-359
Lieuit	1857-H-110
Light, Amos	1858-S-44
Lika, Sampson	1860-N-121
Likey, Sampson	1859-N-26
Lila	1859-H-58
Lila	1859-K-271
Lila	1860-K-124
Lilly	1858-H-113
Lily	1858-J-226
Lincy	1860-H-79
Liney	1860-K-423
Linsey	1857-J-18
Lise, Amos	1860-L-157
Lister, Joshua	1859-H-218
Lit-e-he-chah	1859-N-163
Lit-ho-ke	1857-N-69
Lit-ka	1858-K-29
Liza	1858-J-368
Liza	1858-K-131
Liza	1859-K-18
Lo-chubby	1860-N-91
Lo-mi-ka	1857-K-226
Lo-she-mah	1857-K-209
Lo-sho-wah	1859-K-262
Lo-shy	1860-K-434
Lo-tark-ka	1857-H-14
Locklayer, David	1857-J-284
Locklayer, David	1860-K-419
Locklyn, David	1858-J-250
Login	1860-K-110
Lon-chubby	1859-N-130
Lon-mi-ka	1858-K-223
Lon-na-chah & Mother	1857-H-217
Long, John	1860-T-94
Long, Lucy	1857-H-155
Long, Lucy	1858-H-244
Lonishto	1859-L-129
Loo-mah	1859-N-159
Lookey, Hallis	1858-K-67
Loomah	1859-K-192
Looney	1860-K-160
Loorn-hai	1860-K-344
Loren	1859-L-20
Loren	1860-L-98
Lorie-ah-tubby	1860-H-165
Lorn-a-tubby	1860-L-19
Loseau	1859-N-288
Lotson	1857-I-147
Lottie	1859-H-188
Lotty	1857-I-174
Lotty	1859-K-249
Lotty	1860-K-153
Lotty	1860-K-307
Loty	1859-K-283
Lou-a-tubby	1857-I-98
Lou-ih-cher	1857-I-126
Loui-cher	1858-S-120
Louis	1857-H-174
Louis, Caroline	1858-H-4
Louisa	1858-N-121
Louisa	1858-K-264
Louisa	1860-N-21
Louisa	1860-T-260
Louiza	1857-N-174
Love, C. S.	1858-J-9
Love, Calv.	1857-J-6
Love, Calvin S.	1859-J-25
Love, Calvin S.	1860-T-32
Love, Elizabeth	1857-H-85
Love, Elizabeth	1858-H-10
Love, Elizabeth	1859-H-207
Love, George	1860-T-33
Love, Henry	1857-I-164
Love, Henry	1859-J-24
Love, Henry	1859-L-168
Love, Henry	1860-L-3
Love, Henry	1860-L-96
Love, Henry C.	1858-S-94
Love, Isaac	1857-I-33
Love, Isaac	1858-S-39
Love, Isaac	1860-L-1
Love, L.	1859-L-105
Love, Nathaniel	1859-H-199
Love, Nathaniel	1860-H-8
Love, O.	1859-L-127
Love, Overton	1857-I-163
Love, Overton	1858-S-91
Love, Overton	1860-L-100
Love, Rob't	1857-J-8

Name	Reference
Love, Rob't	1858-J-10
Love, Robert	1859-J-13
Love, Robert	1860-T-104
Love, Saml	1860-L-4
Love, Samuel	1857-I-35
Love, Samuel	1858-S-170
Love, Tish-kah-nu-yer	1857-J-54
Love, Wilson	1857-H-33
Love, Wilson	1858-H-55
Love, Wilson	1859-H-19
Love, Wilson	1860-H-7
Love, Wyatt	1857-I-34
Love, Wyatt	1858-S-40
Love, Wyatt	1860-L-2
Love, Wyatt C. M.	1859-L-147
Love, Capt., Isaac	1859-L-1
Lovina	1857-I-160
Low-a-tubby	1858-S-153
Low-chubby	1857-K-230
Low-sho-ma	1860-T-99
Lowry, James	1858-J-142
Lu-cheya	1860-H-304
Lucko	1857-K-114
Lucy	1857-H-242
Lucy	1858-H-220
Lucy	1858-K-66
Lucy	1859-J-127
Lucy	1859-N-186
Lucy	1860-N-122
Lucy	1860-K-196
Lucy	1860-K-278
Lucy	1860-H-278
Lucy Ann	1859-N-121
Lucy Ann	1860-N-182
Lucy Ann	1860-H-33
Lucy Ann	1860-T-258
Luffui	1858-K-58
Luh-ma-tubbee	1857-N-126
Luh-mer	1857-N-119
Luh-mer	1858-J-302
Luite	1860-T-257
Luk-mu-tubbee	1858-J-307
Luke	1858-K-60
Lum-a-tubby	1860-K-386
Lum-mer	1857-J-247
Lumart-tubby	1859-H-103
Lumkey	1860-N-12
Lummy	1859-J-193
Lump-ka	1857-I-100
Lunepka	1858-S-134
Lup-pi-o-kay	1859-K-136
Lup-pih-cher	1857-I-182
Luppicher	1858-S-47
Lush-kah-tubby	1858-N-159
Lush-ker-tubby	1859-N-103
Lush-un-ma	1857-J-60
Lwoel	1857-H-52
Lyarta	1860-T-54
Lydia	1857-I-141
Lydia	1858-S-28
Lynum	1857-K-276
M-sho-lar-kar	1857-K-135
Ma-cha-na-chah	1860-K-238
Ma-ha-chah	1857-H-259
Ma-har-tubby	1857-I-37
Ma-him-tubby	1860-H-53
Ma-ho-mutty	1859-J-114
Ma-ho-mutty, Polly	1859-J-115
Ma-tah-oya	1860-H-38
Ma-tubby, Canish	1860-N-151
Madison	1858-K-138
Madison	1859-K-320
Mah-chin-in-cha	1859-K-266
Mah-chuh-nin-cha	1857-K-188
Mah-ha-cher	1859-J-272
Mah-hah-hokey	1859-J-58
Mah-hi-kah	1859-N-120
Mah-ho-mutty	1857-J-27
Mah-ho-nah	1857-K-292
Mah-ho-nah	1858-K-255
Mah-ho-nah	1859-K-314
Mah-ho-ti-cha, Capt.	1858-K-52
Mah-kin-tubby	1858-N-116
Mah-lo-ti-cha, Betsey	1860-K-208
Mah-shu-la-tubby	1859-K-318
Mah-ta-ha-ya	1857-H-107
Mah-ta-you	1857-K-244
Mah-ta-you	1858-K-278
Mah-tah-ho-yea	1858-H-248
Mak-tah-ho-yea's Child	1858-J-273
Mal-la-chubby	1857-K-247
Malah, A.	1857-H-70
Malbert	1860-K-358
Malinda	1859-H-136
Malinda	1860-K-271
Malisey	1859-L-135
Malla-tun-tubby	1858-K-195
Mar-ha-cher	1857-J-258
Mar-he-co-che, James	1859-N-42
Mar-him-er	1860-T-156
Mar-ka-ho-ya	1859-N-256
Mar-ka-ho-yo	1857-N-90
Mar-ka-ho-yo	1858-J-277
Mar-ka-hr-yo	1860-T-165
Mar-tia-chee, Shim	1859-N-296
Mar-to-ho-yea	1858-J-51
Marga	1860-N-106
Marshal	1857-H-82

Name	Reference
Marshall	1858-H-115
Marshall	1859-H-146
Marshall	1860-H-55
Martha	1859-H-67
Martha Ann	1858-J-236
Marthy	1857-J-256
Marthy	1858-H-27
Martin	1857-J-149
Martin	1860-K-55
Mary	1858-J-272
Mary	1859-J-81
Mary Ann	1858-N-176
Mashubby	1860-N-105
Mat	1860-H-44
May-ha-chubby	1857-H-43
May-hah-ya	1858-H-92
May-he-chah	1858-N-124
May-sha-lin-che	1857-H-159
May-tubbee	1860-H-285
May-tubbee, Isom	1860-H-291
May-tubbee, Peter	1860-H-292
May-tubbee, Toney	1860-H-286
May-tubbee, Wesley	1859-N-44
May-tubby, Isam	1858-H-214
May-tubby, Tunry	1860-L-138
May-yo-chubby	1858-H-37
Maytubbe, Wesley	1857-N-13
Maytubby, Isom	1857-H-227
Maytubby, Isom	1859-H-253
Maytubby, Lyman	1860-N-87
Maytubby, Mariah	1857-H-255
Maytubby, Wesley	1858-N-22
Maytubby, Wesley	1860-N-86
Maytubby, Sr., Isom	1857-H-243
McCauly, Susan	1860-K-184
McCoy, A.	1860-L-125
McCoy, Absalom	1857-I-9
McCoy, Absalom	1858-S-156
McCoy, Absalom	1859-L-64
McCoy, James	1857-I-8
McCoy, James	1858-S-155
McCoy, James	1859-L-65
McCoy, James	1860-L-134
McCoy, Ruben	1860-H-296
McCoy, Susan	1857-H-224
McCoy, Susan	1858-H-200
McCoy, Susan	1859-L-60
McCoy, Susan	1860-L-137
McCurley, F. C.	1860-H-138
McCurly, Isabella	1860-L-176
McCurtain, Tennessee	1860-T-248
McG, Jinny	1860-N-113
McGee, Alex	1858-N-106
McGee, Alex	1860-H-103
McGee, Alexander	1857-N-150
McGee, Alexander	1859-K-244
McGee, Allick	1859-H-93
McGee, Amos	1857-N-152
McGee, Amos	1858-N-169
McGee, Archibald	1857-N-44
McGee, Archie	1859-H-91
McGee, Archy	1858-N-105
McGee, Archy	1860-H-100
McGee, Charles	1857-J-128
McGee, Charles	1858-J-126
McGee, Charles	1859-J-20
McGee, Charley	1860-H-232
McGee, Cornelius	1857-N-153
McGee, Cornelius	1858-N-107
McGee, Cornelius	1859-H-92
McGee, Cornelius	1860-K-12
McGee, Edmund	1857-K-332
McGee, Edmund	1858-K-75
McGee, Edmund	1859-H-94
McGee, Edmund	1860-H-98
McGee, Humphrey	1857-J-151
McGee, Isaac	1857-N-151
McGee, Isaac	1858-N-104
McGee, Isaac	1859-H-90
McGee, Isaac	1860-H-95
McGee, James	1859-H-101
McGee, James	1860-H-99
McGee, John	1860-H-97
McGee, Lottie	1859-H-96
McGee, Lotty	1860-H-129
McGee, Sam	1857-H-151
McGee, Sam	1860-N-196
McGee, Saml.	1859-N-72
McGee, Samuel	1858-N-38
McGee, Samuel	1860-T-253
McGee, Solomon	1860-N-44
McGee, Uncy	1859-K-229
McGee, Vina	1857-J-124
McGee, Vina	1860-H-226
McGilberry, Mary	1859-N-64
McIntosh, Eliza	1860-K-294
McIntosh, Elizabeth Ann	1859-K-217
McIntosh, John	1857-K-204
McIntosh, John	1858-K-271
McIntosh, John	1860-H-300
McKarly, F. C.	1857-I-64
McKearly, F.	1858-K-285
McKeely, F.	1859-K-310
McKing, William	1859-L-154
McKinney	1857-N-181
McKinney	1858-J-173
McKinney	1859-J-196
McKinney	1859-N-298

Name	Reference
McKinney	1860-N-94
McKinney	1860-K-385
McKinney, Alex	1860-H-222
McKinney, Alexander	1857-I-58
McKinney, Alexander	1858-S-50
McKinney, Alexander	1859-L-145
McKinney, Caroline	1857-J-136
McKinney, Ed	1857-J-78
McKinney, Edmund	1860-H-223
McKinney, Henry	1857-H-58
McKinney, Henry	1858-H-56
McKinney, Henry	1859-H-34
McKinney, Henry	1860-H-220
McKinney, J.	1859-L-12
McKinney, John	1858-S-60
McKinney, John	1860-L-156
McKinney, Margaret	1857-I-42
McKinney, Ned	1859-J-286
McKinney, Rusell	1857-I-43
McKinney, Russel	1860-H-221
McKinney, Russell	1858-H-75
McKinney, Russell	1859-L-107
McKinney, William	1857-I-63
McKinney, William	1858-H-139
McKinney, William	1860-L-95
McLaughlin, Ben	1858-J-57
McLaughlin, Benj.	1857-J-34
McLaughlin, Benj.	1859-J-23
McLaughlin, Benj.	1860-T-72
McLaughlin, Ed	1857-J-35
McLaughlin, Ed	1858-J-58
McLaughlin, Ed	1859-J-22
McLaughlin, Jane	1857-H-262
McLish, B. F.	1859-H-182
McLish, Ben F.	1860-H-142
McLish, Benjamin	1858-H-12
McLish, G. F.	1859-H-24
McLish, G. Frazier	1858-H-8
McLish, Geo. F.	1857-H-128
McLish, George F.	1860-H-126
McLish, James	1857-H-25
McLish, James N.	1858-H-6
McLish, James N.	1859-H-23
McLish, James N.	1860-H-124
McLish, Richard	1858-H-11
McLish, Richard	1859-J-16
McLish, Richard	1860-H-10
McLish, Sampson	1857-H-2
McLish, Sampson	1858-H-46
McLish, Skelton	1857-H-47
McLish, Skelton	1859-H-100
McLish, Skelton	1860-H-168
McLish, Towlie	1860-T-25
McLish, Tuel	1859-J-284
McLish, William	1857-I-7
McLish, William	1858-S-13
McLish, William	1860-L-105
McLish, Wm.	1859-L-8
McLish, Wm.	1860-N-188
McLish or Folsom, Susan	1860-H-183
Mchallon	1860-T-136
Me-ah-mon-tubby	1858-S-113
Me-ha-cha	1860-N-168
Me-ha-tubbee's child	1858-S-201
Me-hah-tubby	1857-J-305
Me-har-moon-tubby	1858-K-120
Me-hay-min-tubby	1860-K-67
Me-he-tin-tubby	1860-K-136
Me-ho-ta	1859-N-110
Me-ho-ta	1860-N-150
Me-ho-yo-chubby	1859-H-107
Me-hut-tu-bee	1859-N-35
Me-hut-tubby	1858-N-99
Me-ke-tiphen	1859-H-105
Me-lin-da	1860-H-191
Me-o-asha	1860-N-117
Me-pha-tin-che	1860-H-76
Me-sha	1857-K-252
Me-shah-lin-che	1857-K-249
Me-sho-lin-che	1859-H-178
Me-yer-cher-ubby	1860-H-144
Meatirson	1860-K-104
Mee-hah-to-ner	1859-J-203
Meer-ne-cher	1858-J-153
Mehona	1860-H-280
Melinda	1859-K-294
Melinda	1860-T-53
Melvina	1859-L-36
Meosha	1859-N-146
Mepick, Mr.	1857-H-178
Mepix, Charles	1858-S-89
Mesh-tubby	1858-K-178
Meshah	1858-K-175
Meshah	1859-H-197
Mi-ah-tubby	1859-K-223
Mi-ho-lin-tubby	1859-K-227
Mi-hok-te	1857-N-39
Mi-hou-moon-tubby	1859-K-45
Mi-ku-pecker, Wm.	1860-L-126
Mi-mey	1858-H-188
Mi-shi-chi, Capt.	1860-T-152
Miah-chah	1859-K-195
Mike	1857-K-49
Mike	1858-K-40
Mil-ba	1860-L-42
Miller, Anderson	1857-N-103
Miller, Anderson	1858-J-286
Miller, Anderson	1859-N-198

Name	Reference
Miller, Hutchenson	1860-T-186
Miller, Robert	1859-K-277
Miller, Robt.	1860-K-78
Miller, Tennessee	1857-N-116
Miller, Thomas	1858-J-147
Miller, Thomas	1859-J-257
Miller, Thomas	1860-K-322
Miller, Wilson	1858-J-371
Millissey	1858-H-114
Milly	1857-H-250
Milly	1859-J-131
Milma	1857-I-93
Milma	1858-S-118
Milnoy	1860-K-134
Milsey	1857-N-196
Milsey	1860-T-90
Milsey	1860-T-206
Milsy	1858-J-369
Milsy	1859-N-252
Milton	1859-K-269
Mimto	1860-L-151
Mimy	1859-J-184
Min-a	1857-K-156
Min-ta-haim-by	1857-J-154
Min-tubby	1857-K-172
Min-tubby	1858-N-144
Min-tubby	1859-K-204
Min-tubby	1860-N-166
Miney	1858-J-248
Miney	1859-H-231
Miney	1859-K-97
Miney W.	1859-K-51
Mining	1857-J-227
Minney	1860-K-440
Minney	1860-H-248
Mins	1858-N-34
Mis-sho-pick	1859-J-157
Misey	1858-K-299
Misey	1860-K-138
Mish-ah-lish-tubby	1858-H-84
Mish-ow-turn-by	1858-K-250
Misha	1858-K-213
Mitchell, Catherine	1857-I-166
Mitchell, Eli	1858-K-122
Mitchell, Elizabeth	1860-T-74
Mitchell, Susan	1860-T-137
Mitchell, T. G.	1857-J-5
Mitchell, Thomas	1858-J-11
Mitchell, Thomas L.	1859-J-34
Mivre, Gillom	1860-N-22
Mo-kin-tubby	1858-K-146
Mo-sai-che, Capt.	1858-J-274
Mock-im-tubby	1860-K-288
Mocubbe, John	1859-K-60
Mocubbee, Lizzie	1859-K-61
Moe-hi-ya	1860-H-49
Moh-ka	1860-K-169
Molay	1858-S-137
Molbert	1857-J-169
Molbert	1859-J-179
Moley	1860-L-25
Mollis	1857-J-272
Molly	1857-J-286
Molly	1857-I-28
Molly	1857-H-235
Molly	1858-S-86
Molly	1858-J-206
Molly	1859-J-167
Molsey	1857-K-291
Molsey	1858-K-253
Molsey	1859-J-156
Molsy	1857-I-72
Molsy	1858-J-218
Molsy	1858-K-36
Molsy	1858-K-263
Molsy (Orphans)	1857-J-186
Momin-tubby	1858-K-282
Momin-tubby	1860-N-183
Mon-tèr, Carmin	1858-J-178
Moncrief, Mary	1857-J-218
Moncrief, Mary	1858-J-244
Moo-sho-la-kah	1857-K-259
Moon-tubby	1858-K-126
Moon-tubby	1858-K-185
Moontah	1857-I-94
Moor, Ewing	1860-T-196
Moore, Eween	1857-N-93
Moore, Ewen	1858-J-353
Moore, Ewing	1859-N-245
Moore, George	1857-H-134
Moore, George	1858-H-249
Moore, George	1859-H-32
Moore, George	1860-H-295
Moore, Gillium	1858-H-223
Moore, Gillum	1857-H-254
Moore, Kilam	1860-T-262
Moore, Loren	1857-K-70
Moore, Loren	1858-K-143
Moore, Loren	1860-K-69
Moore, Lorin	1859-K-12
Mor-nin-tubbee	1857-N-158
Morris	1858-N-84
Mosely, Lafayette	1857-K-155
Mosher-lika	1859-N-79
Moshichee, Capt.	1857-N-87
Muh-on-tubby	1860-K-263
Muko-is-cher	1859-H-154
Mul-la-e-chubby	1860-K-250

Mul-lah-toon-tubby	1859-K-272	Nat-po-wa-tah	1860-T-17
Mul-lik-toon-tubby	1860-K-123	Ne-ar-wa	1859-K-117
Mulla-chubby	1857-K-147	Ne-ca-pow-a	1858-J-219
Mulla-chubby	1859-K-77	Ne-car-po-wa	1859-J-200
Mullah-toon-tubby	1857-K-207	Ne-car-po-wa	1860-K-403
Mullee	1858-J-377	Ne-muh-amby	1857-K-285
Mullen-chubby	1858-K-87	Ne-nock-am-by	1859-N-61
Mum-mah-to	1860-N-163	Ne-nok-am-by	1859-N-139
Muncrief, Mary	1859-J-239	Ne-nuk-am-by	1858-N-16
Mur-hih-cher	1857-N-10	Ne-o-ey	1857-K-67
Murphey	1859-H-106	Ne-yar-way	1857-K-91
Murray, J. A.	1857-H-234	Ne-you-a	1858-K-15
Murray, J. A. N.	1858-H-208	Nea, Levi	1857-J-49
Murray, J. H. A.	1859-J-153	Nea, Rob't	1857-J-52
Murray, Margaret	1858-J-378	Neal, Dorathy	1857-N-79
Murray, Margaret	1859-J-154	Neal, Dorothy	1860-H-277
Murray's Child, Doctor	1858-H-254	Ned, Bob	1858-J-87
Mus-ko-gee	1860-T-234	Ned, Bob	1859-J-80
Mus-ko-gee's Children	1859-N-276	Ned, Bob	1860-T-47
Musaka, Doctor	1860-T-40	Ned, Duncan	1857-H-6
Musaker, Doctor	1859-J-136	Ned, Duncan	1858-H-48
Mush-e-la-ka	1858-K-211	Ned, Duncan	1859-H-125
Musko-gee's Children	1858-J-312	Ned, Duncan	1860-H-32
Mymey	1858-K-287	Ned, Levi	1860-T-106
Nacher	1857-K-113	Ned, Capt.	1857-N-1
Nah-an-cey	1860-K-232	Ned, Capt. (or Mo-sho-tubby)	1859-N-1
Nah-co-che	1858-H-87	Ned, Capt. (or Mo-sho-tubby)	1860-N-1
Nah-co-chee	1858-K-76	Ned, Captain	1858-N-1
Nah-ha-chah	1860-K-280	Neel, Dorothy	1858-J-379
Nah-ko-che	1857-H-129	Neel, Dorothy	1859-J-132
Nah-ko-te	1860-K-338	Nei-yosh-it-tubby	1859-H-50
Nah-no-mah-tubby	1858-H-16	Nellie	1859-H-63
Nah-po-wai-ter	1858-J-63	Nelson, Cale	1858-N-32
Nah-po-waiter	1859-J-90	Nelson, Catherine	1859-H-16
Nah-wan-tubby	1858-J-64	Nelson, Catherine	1860-H-11
Nail, Catherine	1857-J-132	Nelson, Coleman	1860-H-279
Nail, Edward	1860-L-79	Nelson, Jerome	1859-H-18
Nail, Jonathan	1858-J-136	Nelson, John	1857-H-37
Nail, Jonathan	1859-J-137	Nelson, John S.	1858-H-129
Nail, Jonathan	1860-T-147	Nelson, Liny	1857-I-168
Nail-lubby	1857-H-72	Nelson, Luisa	1858-S-160
Nak-ne-chubby	1859-N-20	Nelson, Nacy	1859-L-67
Nallit-tiko-shu-cho-ki-ka	1860-K-68	Nelson, Nancy	1860-H-290
Nan-a-mah-tubby	1857-H-22	Nelson, Rhoda	1857-H-244
Nan-nubby, William	1860-L-121	Nelson, Rhoda	1858-H-218
Nancy	1860-N-28	Nelson, Rhoda	1859-H-262
Nancy	1860-L-29	Nelson, Syney	1859-L-69
Nancy	1860-L-133	Nelson, Mrs, Edward	1857-I-167
Nanur-tubby	1860-K-366	Nelson, Mrs., E.	1860-H-227
Nar-co-cha	1859-K-20	Nenock-amby	1860-N-57
Nar-ha-cher	1858-K-95	Neoway	1860-K-218
Nar-lit-tubby	1859-H-54	Nesha	1860-H-194
Nas-tok-cha	1859-J-73	Netuck-in-che	1858-H-147
Nash-ker	1860-K-103	Newberry, Gilbert	1858-J-119

Name	Reference
Newberry, Gilbert	1859-J-75
Newberry, Harriet	1860-T-122
Newberry, Lewis	1857-I-68
Newberry, Lewis	1858-S-21
Newberry, Lewis	1859-L-77
Newberry, Lewis	1860-L-110
Newberry, Rachel	1858-J-75
Newberry, Robert	1857-I-69
Newberry, Robert	1858-S-23
Newberry, Robert	1859-L-78
Newberry, Robert	1860-L-21
Newbery, Gilbert	1857-J-101
Newbery, Levi	1857-J-103
Newton	1860-T-24
Nichols, Susan	1860-T-140
Nick-ar-powa	1857-J-237
Nick-ka	1858-J-175
Nick-o-wah, John	1860-L-153
Nick-pa	1860-K-290
Nickey	1859-J-259
Nicky	1857-J-224
Nicky	1860-K-429
Nie-hi-yea	1859-H-53
Nik-ka	1860-K-106
Nina	1859-J-95
Nina	1859-H-102
Nip-ka	1859-L-62
Nip-ka	1860-L-26
Nip-ke	1859-N-285
Nipka	1857-I-92
Nipka	1858-S-18
Nipki	1860-T-202
Nis-took-chubby	1860-T-229
Nit-tak-kin-chee	1859-H-42
Nith-an-tam-by	1859-N-144
Nittah-kim-che	1860-H-4
Nitter-he-cher	1858-J-138
Niush-cut-ch-ubbee	1859-N-217
No-hai	1860-K-369
No-ko-wa	1858-S-178
No-nook-ky-che	1857-H-195
No-ubby	1858-N-103
No-wa-chubby	1858-N-138
No-wah-chubby	1857-K-271
No-wah-tubby	1859-J-158
No-werhoke	1857-N-20
Noah	1857-I-117
Noah-tubby	1857-J-176
Noah-ubby	1859-N-38
Noah-ubby	1860-N-33
Nock-iro-itch-che	1857-H-21
Nock-le-chubby, Wm.	1859-N-81
Nock-ma-chubby	1860-L-27
Nock-na-chubby	1859-N-105
Nock-na-chubby	1860-N-46
Nock-nu-chubby	1859-L-140
Noes-took-cha	1860-T-30
Noginka	1860-K-256
Nok, John	1860-L-154
Nok-ish-ter-yer	1857-N-7
Nok-o-wah	1857-I-170
Nok-sho-per	1857-N-27
Nok-sho-per	1858-N-13
Nok-sho-per	1859-N-167
Nok-wah-yo-ikcho-kit-tubby	1859-J-38
Nolh-ho-yo-key	1859-N-293
Non-mah-lubby	1859-H-257
Nook-chato	1857-I-120
Nook-chitte	1858-S-122
Noosaker, Dr.	1857-J-36
Nos-tok-char	1857-J-37
Nous-tok-cher	1858-J-86
Nowah-cubby	1859-N-125
Nu-sa-ker, Dr.	1858-J-78
Nuc-ko-cha	1857-K-139
Nuck-na-chubby	1857-K-71
Nuck-na-chubby	1857-I-88
Nuk-cho-che	1860-K-94
Nuk-ki-yar-chubby	1857-K-224
Nuk-sho-hah	1860-N-133
Nullet-ce-tubby	1859-K-281
Nust-oak-chubby	1858-J-364
Nust-ook-chubbee	1859-N-250
O-nah-kun-tubby	1857-K-299
O-nah-te	1858-J-164
O-nar-ya	1858-J-356
O-ni-ah	1859-J-266
Oak-cham-tubbee	1859-N-265
Oak-lar-dhin-tubbee	1858-J-355
Oak-lar-kin-tubbee	1857-N-133
Oak-lar-kin-tubbee	1858-J-315
Oak-lar-shin-ter	1857-N-105
Oap-lar-kew-tubbee	1859-N-211
Ock-to-ho-nah	1859-N-118
Oco-yute-la	1860-K-314
Oh-la-ka	1860-N-95
Ohim-ah-ka	1859-K-190
Ok-ah-yah-umby	1860-T-4
Ok-chan-tubby	1858-K-161
Ok-chan-tubby, John	1859-K-222
Ok-char-ut-tubby, John	1857-K-254
Ok-chau-tubby	1860-K-192
Ok-chm-tubby	1860-T-173
Ok-kit-chit-tubby	1857-I-62
Ok-la-che-ah-ya	1859-H-152
Ok-la-che-ya	1860-H-90
Ok-la-nah-nubby	1859-K-286
Ok-lah-che-ah-tubby	1858-H-210

Name	Reference
Ok-lah-che-yea	1857-H-251
Ok-lah-cho-yut-tubby	1857-H-237
Ok-lah-nah-nubby	1858-K-153
Ok-lah-nah-nubby	1860-K-113
Ok-lah-no-ubby	1857-H-248
Ok-lah-no-ubby	1859-H-245
Ok-lar-nan-ubby	1857-K-82
Ok-lar-shin-tar	1860-T-213
Ok-leh-mah-hah	1857-H-105
Ok-lin-hant-uby	1857-J-106
Ok-lo-harsh-tubby	1860-T-23
Ok-lo-hubby, Sarah Ann	1857-I-127
Ok-loo-harsh-tubby	1858-J-31
Ok-loo-harsh-tubby	1859-J-65
Ok-lur-shew-tubbee	1859-N-247
Ok-nok-wah-Ik-pho-ke-tubby	1860-T-55
Okah-yamby	1857-J-105
Oke-lah-i-hey-ut-tubby	1859-H-240
Oke-lah-no-ubby	1858-H-216
Oki-lah-no-ubby	1860-H-261
Ol-yut-ta	1857-K-330
Om-ar-han-tubbee	1860-T-184
Omut-tubby	1857-K-119
On-ah-ty	1857-J-238
On-che-tubby	1858-S-152
On-che-ubby	1857-I-85
On-hick-un-moon-tubbee	1858-K-298
On-na-yah-tubby	1857-H-75
On-nar-tah-ha	1857-K-223
On-nar-tato-ha	1859-K-132
On-ner-hun-tubbee	1858-J-285
On-ni-yea	1858-J-246
On-ni-yea	1860-K-425
On-non-nut-ubbee	1857-N-191
On-ock-in-tubby	1858-K-235
On-ta-yut-tubby	1859-N-57
On-tah-yubby	1860-T-46
On-tai-yubby	1858-J-21
On-tam-bi	1858-S-130
On-te-ah-tubby	1860-N-187
On-te-mar-ye	1857-N-188
On-te-me-ah-shubby	1858-K-14
On-te-mi-ya	1857-K-301
On-te-mi-yea	1858-J-168
On-te-yo-tubbee	1857-N-32
On-tee-kun-noo-tubby	1859-K-127
On-ti-tubby	1858-K-37
On-tick-a-nom-tubby	1859-K-248
On-tick-ah-noon-tubbee	1857-N-200
On-tim-ah-yea	1858-K-306
On-to-mi-yea	1859-J-180
On-toi-yubby	1859-J-7
On-ton-uby	1857-I-158
On-tu-yo-ubby	1859-K-78
On-tum-ah-no-yah	1858-N-175
Onah-hin-tubby	1859-J-56
Onah-ka	1859-J-248
Onah-kun-tubby	1859-K-290
Onah-ti-ha	1858-K-155
Onah-ti-ha	1860-K-275
Onata	1859-J-185
Oner-hun-tubbee	1857-N-102
Oni-a	1857-H-162
Oni-yea	1857-J-220
Oniha	1859-L-16
Ono-ut-ubby	1859-J-205
Onopy	1859-L-164
Ont-tai-yut-uby	1857-J-96
Onut-tubby	1858-K-55
Oon-ner-tubbee	1859-N-262
Op-yar-hubby	1859-K-131
Op-yar-subby	1857-K-280
Opa-yash-tuby	1857-J-43
Opah-ka-che-tubby	1859-N-90
Opi-am-by	1857-K-185
Opi-am-by	1858-K-274
Opi-uash-tubby	1858-J-32
Opo-a-subby	1860-K-306
Or-gut-tembee	1860-T-167
Or-hol-ta-nubby	1860-T-169
Otim-miu	1860-K-323
Ou-te-ubba	1860-K-15
Oun-tah-yubby	1857-N-52
Our-laish-tubby	1857-H-63
Our-ton-tubby	1857-N-61
Out-he-ke-yut-tubbee	1858-J-309
Overton, B. F.	1859-J-120
Overton, B. F.	1860-T-125
Owa-tubby	1857-J-223
Owa-tubby	1858-K-136
Owa-tubby	1860-K-380
Owe-tubby	1859-N-116
Owen, Sucky	1860-T-220
Owens, Sucky	1859-N-213
Owetubby	1860-N-170
Oxberry, Americus	1857-J-59
Oxberry, Americus	1858-J-96
Oxberry, Americus	1860-T-68
Oxberry, James	1857-J-193
Oxberry, James	1858-J-209
Oxberry, James	1859-J-172
Oxberry, James	1860-K-413
Oxberry, Malinda	1857-J-289
Oxberry, Samuel	1860-T-105
Oxberry, Selina	1857-H-256
Oxberry, Selina	1858-H-224
Pa-ce-ubby	1859-N-25
Pa-chee	1860-T-154

Name	Reference
Pa-lais-lubby	1858-J-150
Pa-lais-tubby	1857-J-248
Pa-lash-tubby	1857-K-138
Pa-lash-tubby	1859-H-68
Pa-lish-tubby	1859-K-120
Pa-til-la-cha	1860-K-203
Pack-tai-ya-cher	1857-N-135
Pah-kah-che	1860-H-82
Pah-kan-che	1858-H-138
Pah-la	1860-N-164
Pah-la-ma	1860-T-16
Pah-lah	1858-K-201
Pah-lah	1859-K-198
Pah-lah	1860-K-265
Pah-lah-me	1858-H-137
Pah-lin-cha	1857-K-274
Pah-lin-cha	1858-K-202
Pah-lin-cha	1860-K-171
Pah-lish-ta-tubby	1860-H-174
Pah-lish-tubby	1858-K-82
Pah-me-che	1858-H-171
Pah-na-cher	1858-K-32
Pah-yo-key	1858-H-173
Pah-yok-ky	1859-H-220
Pail-ish-tubby	1857-H-19
Pak-ah-sho-yea	1859-K-306
Pal-kah	1858-J-40
Pal-lish-tubby	1860-K-161
Palish-tubby	1859-K-324
Pallam-my	1857-J-91
Pallia	1859-H-131
Palm-mi-che	1857-H-193
Palmer, William	1859-H-234
Palmer, William	1860-H-238
Palumma	1858-J-39
Par-far-mo-tubbee	1857-N-186
Par-na-cha	1859-K-67
Par-na-cha	1860-K-107
Par-na-cher	1857-K-86
Par-shook-chum-bee	1858-S-55
Parch, Thomas	1858-H-157
Parker, Capt.	1857-J-28
Parker, Capt.	1858-J-91
Parker, Capt.	1859-J-29
Parker, Capt.	1860-T-18
Parlis	1860-K-360
Parry, Rogers	1857-I-169
Parsh-im-no-yer	1858-K-68
Parsh-ok-charby	1857-I-53
Pas-hon-yar	1859-N-8
Pas-ubby	1858-N-2
Pash-ka-tubby	1860-H-185
Pash-un-no-ya	1857-K-116
Pash-un-o-yea	1860-N-141
Pass-lin-cha	1859-K-238
Pasubbee	1858-J-374
Pasubbee, Johnson	1858-J-375
Pasubby	1859-N-104
Patch, Thomas	1857-I-144
Patsey	1857-K-175
Patsey	1859-N-111
Patsey	1860-K-118
Patsy (Shucky's Daughter)	1858-K-302
Patterson, Aggy	1859-N-33
Patterson, Aggy	1860-N-2
Patterson, James	1857-N-3
Patterson, James	1858-N-4
Patterson, Jinsey	1859-N-67
Paul, Smith	1857-J-139
Paul, Smith	1858-J-129
Paul, Smith	1859-J-89
Paul, Smith	1860-T-132
Pay-lish-tubby	1858-H-23
Pay-subby	1857-H-219
Paysubby, Johnson	1860-H-267
Pe-kin-na	1859-H-114
Pe-mah-ka	1859-K-138
Pe-sa-cher	1859-L-5
Pe-subbee	1857-N-4
Pe-subby	1859-J-133
Pe-yo-ka	1860-L-65
Pearson, James	1857-K-251
Pearson, Robert	1857-K-255
Pearson, Robert	1857-J-217
Pearson, Robt.	1859-J-277
Peirson, James	1860-H-106
Peirson, Robert	1858-J-257
Peirson, Robert	1858-K-157
Per-she-ker	1860-L-14
Perch, Thomas	1859-H-74
Percy, C.	1859-J-26
Percy, Charles	1858-J-107
Percy, Charles	1860-T-36
Perkins, Po-nai-cher	1858-J-140
Perkins, Pon-ai-ischer	1860-K-337
Perkins, Poniacher	1857-J-260
Perry, B. F.	1858-K-142
Perry, B. F.	1859-K-37
Perry, Ben F.	1860-K-22
Perry, Dilia	1857-J-170
Perry, Edmund	1857-J-293
Perry, Edmund	1859-J-236
Perry, Edmund	1860-K-411
Perry, Ely	1859-J-285
Perry, Hardy	1860-K-354
Perry, Isaac	1857-J-161
Perry, Isaac	1858-J-240
Perry, Isaac	1859-J-235

Perry, Jackson	1857-J-259
Perry, Jackson	1858-J-152
Perry, Jackson	1859-J-190
Perry, Jackson	1860-K-330
Perry, James	1857-H-119
Perry, Johnson	1857-J-160
Perry, Johnson	1858-J-245
Perry, Johnson	1859-J-238
Perry, Johnson	1860-K-441
Perry, M.	1859-L-59
Perry, Mary	1859-J-213
Perry, Mary	1860-K-356
Perry, Morgan	1857-I-157
Perry, Morgan	1858-S-157
Perry, Morgan	1860-L-7
Perry, Olive	1860-K-379
Perry, Oliver	1857-J-162
Perry, Oliver	1858-J-237
Perry, Oliver	1859-J-237
Perry, Roger	1860-H-228
Perry, Rogers	1858-S-159
Perry, Rogers	1859-L-68
Perry, Rogers	1860-L-136
Perry, Sampson	1860-K-355
Perry, Sily	1859-J-214
Perry, Stephen	1857-J-307
Perry, Stephen	1858-J-239
Perry, Stephen	1859-J-160
Perry, Stephen	1860-K-375
Perry & brother, Louise	1857-H-181
Perry (& Brother), Louise	1858-H-159
Perry's child, Morgan	1858-S-199
Pershe-kah	1857-I-121
Person, James	1859-H-192
Persons, Jim	1858-K-281
Pessah-hun-tubby	1859-H-209
Pesubby, Johnson	1859-J-134
Peter, James	1859-L-46
Peter, James	1860-L-139
Petigrew, James	1859-H-36
Petigrove, James	1858-H-226
Petigrove, Morgan	1858-J-4
Petigrove, Morgan	1859-J-146
Pettigrew, Jim	1860-H-20
Pettigrew, Morgan	1860-T-115
Pettigrive, James	1857-H-154
Pettigrove, Morgan	1857-J-84
Philip	1860-K-97
Philip, Chis-co-wah-mo	1860-H-120
Phillip	1857-K-158
Phillip	1858-H-156
Phillip	1858-N-91
Phillip	1859-H-194
Phillip	1859-K-76
Phillip	1859-K-201
Phillip	1860-N-88
Pi-ha-che	1857-H-179
Pi-sar-muck-in-tubbee	1858-J-283
Piabers, William	1860-H-125
Picken, David	1857-J-145
Pickens, David	1858-J-6
Pickens, David	1859-N-289
Pickens, David	1860-T-181
Pickens, Edmund	1857-J-31
Pickens, Edmund	1859-J-110
Pickens, Edmund	1860-T-6
Pickens, Jefferson	1859-J-125
Pickens, Jefferson	1860-T-24
Pickens, Johnson	1857-J-30
Pickens, Johnson	1858-J-5
Pickens, Silas	1859-K-287
Pickens, Siney	1858-J-372
Pickens, Col., E.	1858-J-3
Pika, Ben	1858-K-172
Pika, Benson	1859-H-195
Pikey, Benson	1860-H-151
Pink-ney	1860-H-166
Pinkney	1858-H-97
Pino-mah-ko	1858-K-152
Pirt-ok-chah-ah	1857-J-107
Pis-ah-to-kubby	1860-K-111
Pis-ar-ha-cubby	1860-T-236
Pis-ar-mar-kin-tubby	1860-T-157
Pis-hah-hon-tubbee	1858-H-251
Pis-pah-moon-tubby	1860-K-135
Pis-sah-ho-tubby	1858-H-63
Pis-sah-moon-tubby	1857-K-277
Pis-sah-moon-tubby	1858-N-171
Pis-sah-moon-tubby	1859-K-184
Pis-sar-he-chubbee	1858-J-343
Pis-sar-he-cubbee	1859-N-278
Pis-sar-mo-tubby	1859-K-29
Pis-sar-muck-in-tubbee	1857-N-98
Pis-sar-took-ubby	1858-K-293
Pis-ser-he-cubbee	1857-N-187
Pis-tok-cha-yea	1859-J-116
Pis-took-cha-yah	1860-T-97
Pis-ut-ha-cubby	1860-N-153
Pisnubby, Johnson	1857-H-215
Pissah-moon-tubby	1858-K-226
Pitchlyn, Ebenezer	1860-H-229
Pitchlyn, Ebenzer	1857-H-221
Pitchlyn, Hiram	1860-T-224
Pitchlyn, Jeff	1860-H-45
Pitchlyn, John	1857-H-100
Pitchlyn, John	1860-H-192
Pitchlyn, John T.	1859-H-156
Pitchlynn, Ebenezer	1858-H-197

Name	Reference
Pitchlynn, Ebenizer	1859-H-248
Pitchlynn, Hiram	1857-N-170
Pitchlynn, Hiram	1858-J-338
Pitchlynn, Hiram	1859-N-234
Pitchlynn, Jefferson	1858-H-234
Pitchlynn, John	1858-H-109
Platt, Jane	1860-N-29
Po-chee	1857-N-94
Po-chee	1858-J-278
Po-nah-cha-tubby	1859-K-260
Po-nah-cha-tubby	1860-K-172
Po-nah-chi-tubby	1858-K-219
Po-ni-a-cher	1859-J-255
Po-nock-hi-yea	1859-N-96
Po-nok-hi-ah	1859-N-10
Pochee	1859-N-194
Pock-ah-nubby	1860-K-229
Poh-lah	1857-K-219
Poh-yoh-ky	1857-H-194
Pok-ah-che	1857-H-182
Pol-pha-cha	1860-K-122
Pol-sha-cha	1859-K-208
Polk, James K.	1857-N-183
Polk, James K.	1858-N-29
Polk, James K.	1859-N-100
Polk, James K.	1860-N-48
Pollia	1860-H-189
Polly	1858-S-27
Polly	1858-H-70
Polly	1858-J-79
Polly	1858-K-214
Polly	1859-H-193
Pon-nah-chit-tubby	1857-K-239
Ponockhiah	1860-N-27
Ponubby, Jackson	1857-I-103
Ponubby, Jackson	1860-K-407
Porter, Anderson	1857-J-300
Porter, Anderson	1858-J-148
Porter, Anderson	1859-J-208
Porter, Anderson	1860-K-331
Porter, James	1857-J-57
Porter, James	1857-J-159
Porter, James	1858-J-143
Porter, James	1858-J-260
Porter, James	1859-J-252
Porter, James	1860-K-381
Porter, James M.	1860-T-131
Porter, John	1857-N-140
Porter, John	1858-J-146
Porter, John	1859-J-209
Porter, Stump	1860-L-177
Porter, Susan	1860-K-327
Porter, Susy	1859-J-159
Pos-took-cha-yer	1858-J-98
Poter, Frank	1859-N-83
Poter, James	1859-J-69
Poter, William	1859-L-86
Potts, J. P.	1860-L-91
Potts, Rhoda	1857-I-56
Potts, Rhoda	1858-S-65
Potts, Rhoda	1859-L-25
Powel	1857-K-128
Powel	1858-K-63
Powley	1860-H-107
Pratt, H.	1858-H-158
Pratt, Horace	1857-H-180
Pratt, Horace	1859-H-214
Pratt, Horace	1860-H-233
Predy, James	1858-H-58
Priddy, James P.	1859-H-2
Priddy, James P.	1860-H-3
Puck-ash-che	1859-H-181
Puck-nar-tubby	1860-K-390
Puck-ner-tubby	1859-J-187
Puck-nubby	1857-K-157
Puck-nut-tubby	1858-J-185
Puck-nuttubby	1857-I-184
Puckner-tubby	1857-J-214
Puh-kit-tubby	1859-J-76
Pul-le-yir	1858-K-27
Pul-lin-ney	1858-J-256
Pul-lum-ma	1857-H-30
Pul-lum-ma	1859-H-113
Pul-lum-ma	1860-H-114
Pul-lum-mi	1859-J-88
Pul-lum-my	1859-J-271
Pul-lum-my	1860-K-351
Pulcox, Elijah	1857-K-94
Pulh-kit-tubby	1858-J-118
Pullar	1858-J-266
Pullar	1859-K-130
Puller	1857-J-200
Pullumy	1857-J-195
Pulse, E.	1858-K-109
Pursley (son of N. P), Robt	1859-N-266
Push-chum-ba	1860-L-158
Push-i-ker	1858-S-30
Push-kush, Duncan	1860-N-191
Push-shas-ho-yo	1860-K-109
Pushaka, Eliza	1860-H-17
Pusley, Nancy	1857-N-166
Pusubby	1860-N-103
Put-hotlo	1857-N-35
Puth-kih-tubby	1859-H-69
Puth-kit-tubby	1858-H-21
Py-tah-nah-tubby	1860-K-168
Pychin, Hiram	1859-K-125
Rabon	1857-J-175

Name	Reference
Rabon	1858-J-190
Rabon	1860-K-370
Rachel	1857-K-122
Red, James	1860-N-37
Reid, Anthony O.	1858-K-73
Reynolds, Gum	1860-L-15
Reynolds, L. M.	1857-I-19
Reynolds, Lem	1860-L-36
Reynolds, Lemuel	1857-I-27
Reynolds, Lemuel	1858-S-175
Reynolds, Lemuel	1859-L-117
Reynolds, M.	1859-L-128
Reynolds, Montgomery	1858-S-63
Reynolds, Thomas	1857-I-26
Reynolds, Thomas	1858-S-176
Reynolds, Thomas	1859-L-118
Reynolds, Thomas	1860-L-102
Richard	1858-K-224
Richard	1860-K-212
Richmond	1857-H-166
Richmond	1858-H-83
Richmond	1859-H-186
Richmond	1860-H-56
Riddle's family, Capt., Jno.	1858-J-318
Riddle, Capt., Jno.	1859-N-214
Riddles family, John, Capt.	1857-N-137
Right, Jarvis	1857-N-169
Rirch, Thomas	1860-H-110
Robbert	1857-K-246
Roberson	1858-K-97
Roberson	1859-K-302
Roberson, William	1857-H-121
Robert	1857-K-0
Robert	1858-S-105
Robert	1858-K-57
Robert	1859-K-276
Robert	1859-L-113
Robert	1860-N-89
Robert	1860-K-142
Robertson	1859-K-275
Robertson	1859-L-6
Robertson, Lewis	1860-H-131
Robertson, Morgan	1859-J-210
Robinson	1857-K-179
Robinson	1857-K-325
Robinson	1858-N-149
Robinson	1859-K-95
Robinson	1859-K-239
Robinson, Aaron	1858-H-119
Robinson, Morgan	1857-J-185
Robinson, Morgan	1858-J-139
Robinson, Stephen	1859-K-24
Robinson, William	1858-H-7
Robinson, Wm	1859-H-25
Robison	1857-H-108
Rrodle, John	1860-T-197
Ruban	1859-J-212
Rufus	1857-K-199
Rufus	1858-K-225
Rufus	1859-K-226
Rufus	1860-K-261
Rule, John	1858-J-135
Rule, John	1859-J-21
Russel, Ben	1860-K-28
Russell	1858-S-154
Russell, Ben	1859-K-28
Russell, John T.	1860-T-73
Russell, Sally	1860-H-153
Sa im bia	1859-L-90
Sa tow ah ky	1859-J-229
Saffarans, Benjamin	1860-N-69
Saffarans, Daniel	1858-N-130
Saffarans, Daniel	1859-N-138
Saffarans, Daniel	1860-N-68
Saffin	1859-L-172
Saffin	1860-K-260
Saffrons, Daniel	1857-H-123
Saimer, Sam	1860-L-163
Sain-tubby	1860-L-146
Saley	1859-L-141
Salina	1858-N-189
Salina	1859-N-95
Salina	1859-N-129
Salina	1860-N-172
Sally	1858-N-7
Sally	1859-N-109
Salvia	1860-T-255
Sama-tu-nah	1860-K-49
Samar-cut-chubby	1860-K-11
Samis	1860-N-200
Sampson	1858-N-94
Sampson	1860-N-19
Sampson	1860-K-239
Sampson	1860-K-383
Sampson (Cherokee)	1859-N-188
Sampson Cherokee	1860-K-52
San-ah-tubbee	1858-K-304
Sapster	1859-L-109
Sar-che (Creek)	1859-N-29
Sar-unt-cher	1858-J-295
Sar-watch-ar	1860-T-232
Sarah	1859-L-169
Sash-killy, Vina	1859-J-283
Saymey	1859-H-230
Saymy	1857-H-207
Saymy	1858-H-186
Scott, Rachel	1857-J-65
Scott, William	1858-H-239

Name	Reference
Scott the Great	1857-H-49
Scursey	1859-K-54
Seaburn, Alfred	1860-T-176
Sealy	1859-N-22
Sealy	1859-N-106
Sealy	1860-N-179
Sealy, Abel	1858-J-214
Sealy, Abel	1859-J-164
Sealy, Abel	1860-K-436
Sealy, Benson	1857-H-115
Sealy, Benton	1858-K-205
Sealy, David	1858-H-154
Sealy, David	1859-H-196
Sealy, Jam	1859-J-263
Sealy, Johnson	1858-H-144
Sealy, Joseph	1858-K-283
Sealy, Joseph	1859-N-31
Sealy, Joseph	1860-N-16
Sealy, Levi	1857-J-191
Sealy, Levi	1858-J-215
Sealy, Levi	1860-K-417
Sealy, Mellisa	1859-H-147
Sealy, S.	1859-L-30
Sealy, Sam	1858-J-156
Sealy, Sampsom	1858-K-139
Sealy, Sampson	1859-K-115
Sealy, Sevy	1859-J-171
Sealy, Silvey	1858-J-216
Sealy, Simon	1857-I-148
Sealy, Simon	1858-S-16
Sealy, Simon	1860-L-85
Sealy, Theodore	1858-J-54
Sealy, Theodore	1858-K-284
Sealy, Theodore	1859-J-60
Sealy, Tila	1859-H-138
Sealy, Tyler	1857-I-79
Sealy, Wiley	1857-J-234
Sealy, Wiley	1858-J-196
Sealy, Wiley	1860-K-399
Sealy, William	1858-J-53
Sealy, William	1859-J-50
Sealy, William	1860-T-8
Sealy, Wily	1859-J-177
See-quah	1859-H-77
Seely, Abel	1857-J-187
Seely, David	1860-H-121
Seely, Tally	1860-H-111
Seely, Theodore	1857-J-12
Seely, Wilson	1857-J-13
Seely, Capt., T.	1860-T-1
Seena	1860-K-349
Seeny	1857-K-142
Sel-cey	1860-N-136
Selby	1858-S-93
Selby, Robert	1859-J-149
Selina	1857-J-302
Sellina	1857-N-22
Seney	1858-K-84
Sequiah, John	1859-H-83
Serfinah	1860-N-43
Sewa, Robert	1860-L-24
Seyo-tubbee	1860-K-59
Sh-aniha	1857-J-240
Sha-cho-ma-che	1860-T-103
Sha-cho-mi-cha, Amy	1859-J-52
Sha-chu-nuka	1858-K-217
Sha-kah-tuph-pa	1859-H-46
Sha-kin-ha, Simon	1858-H-148
Sha-ni-a	1857-H-164
Sha-taph-ka	1860-H-27
Shah-ar-ui-cher	1859-L-94
Shah-cha-nai-ka	1857-K-194
Shah-cho-mi-cha	1857-J-74
Shah-cho-mi-che	1858-H-175
Shah-cho-wai-ka	1857-J-56
Shah-chu-kikey	1857-J-208
Shah-chu-mi-che	1857-H-197
Shah-chu-mi-ka	1859-K-270
Shah-co-na-hah	1858-H-116
Shah-pai-yah-ky	1857-J-117
Shah-tah-wa	1857-J-261
Shah-tah-wa	1858-J-141
Shah-wah-no-chubby	1857-J-204
Shah-wi-oka	1857-K-297
Shah-wi-oka	1858-K-177
Shah-wi-oka	1860-N-175
Shak-pi-yah-ky	1857-J-23
Shal-ke	1859-N-85
Sham-mey	1859-N-152
Shamma	1860-N-110
Shan-he-kee	1860-T-214
Shar-chee-mi-chee	1859-H-222
Shar-chi-mi-chy	1858-J-84
Shar-cho-me-cha	1858-K-83
Shar-cho-mi-che	1860-H-262
Shar-cho-mi-key	1859-J-83
Shar-cubby	1858-S-138
Shar-cubby	1859-L-148
Shar-ko-nar-tar	1858-S-189
Shar-lo-ka	1857-K-96
Shar-ma	1857-K-26
Shar-ma	1858-K-148
Shar-ma	1859-K-124
Shar-mar-no-chubby	1859-K-129
Shar-ned	1858-N-83
Shar-ti-ais-cher	1860-K-424
Shar-wah-no-chubby	1858-J-202
Shar-war-no-chubby	1859-J-282

Name	Reference
Shar-yo-ta	1858-K-140
Sharcubby	1857-I-80
Shat-oh-tup-ka	1857-K-169
Shaua, Joseph	1858-S-139
She-ana	1860-L-63
She-ar-nah	1858-S-146
She-ash-ha, James	1860-N-134
She-cho-ki-koo	1859-K-44
She-fol-ku	1858-N-62
She-ful-ka	1857-K-46
She-ful-ka	1858-K-115
She-ful-ya	1859-K-66
She-ha-che	1859-K-234
She-ha-ye	1859-N-78
She-he-cher	1858-J-357
She-he-cher	1859-N-248
She-ho-ka	1857-I-101
She-ho-ka	1858-S-131
She-ho-ka	1859-L-63
She-ho-ni-ash-cher	1857-J-270
She-ho-po-yah	1858-S-68
She-ho-tah-ky	1857-J-216
She-ho-tah-ky	1859-J-195
She-ho-tar-key	1858-J-172
She-ho-thli-che	1857-K-20
She-ho-toky	1860-K-387
She-hoady	1858-H-170
She-hood-ty	1859-H-219
She-houd-ty	1857-H-192
She-im-hai	1859-J-207
She-lih-bee	1857-N-141
She-ma-ta-cha	1860-T-7
She-mah	1859-J-251
She-mah-ho-ke	1858-J-332
She-mak-ka-ka	1858-N-61
She-mar-ho-kee	1859-N-287
She-mar-la	1858-K-111
She-mar-ti-a-cher	1857-K-126
She-me-tah	1857-K-321
She-me-tah	1859-K-156
She-met-tah	1858-H-103
She-mi-yo-cun-na	1858-S-135
She-min-tah	1859-H-130
She-miu-ta	1860-H-35
She-mo-lai-ya-char	1857-N-182
She-mo-tai-ya-cher	1858-J-350
She-mo-tai-ya-cher	1859-N-274
She-mul-ho-ya	1857-K-212
She-mut-no-yea	1860-K-287
She-mut-to-che	1859-H-224
She-nah	1859-K-245
She-nah-ha	1858-J-166
She-nak-ka	1860-K-182
She-ni-li-na	1859-K-49
She-no-te	1860-H-302
She-nubby	1858-S-123
She-o-ka	1860-L-20
She-tah-we	1857-N-201
She-tah-we	1858-J-349
She-tah-we	1859-N-242
She-ubby	1857-I-119
She-wa-ke, James	1859-N-191
She-wah-ha	1857-H-62
She-wah-ha	1858-H-69
She-wah-ha, James	1858-N-64
She-wah-he	1860-H-163
She-wah-nee	1859-H-133
She-wak-cha, Robert	1858-K-34
She-wan-ni-yea	1858-J-169
She-war-ka, James	1857-K-159
She-wi-yea	1857-I-175
She-wi-yea	1858-S-85
She-won-ni-yea	1857-J-262
She-yo-ta	1860-K-216
Shearmer	1857-I-49
Sheaty	1860-L-114
Sheco, Charles	1857-I-114
Sheco, Charles	1858-S-11
Sheco, Charles	1859-L-83
Sheco, Charley	1860-L-60
Sheco, M.	1859-L-137
Sheco, Martin	1857-I-83
Sheco, Martin	1860-L-16
Sheco, Captain, Martin	1858-S-1
Shel-loya	1859-K-72
Shen-wa-no-chubby	1860-K-410
Sheo-ni-ah	1859-J-254
Sher-cho-me-che	1857-K-14
Sher-chu-ki-ka	1858-K-117
Sher-ho-ye-char	1858-S-38
Sher-ho-yih-cher	1857-I-106
Sher-nish-cher	1860-K-340
Sher-ta-wa	1860-K-336
Sherta	1859-L-21
Shewarha, Bob	1857-I-61
Shi-ni-har	1860-K-320
Shim-a-har-ka	1860-K-296
Shim-ah-ta-cher	1857-J-112
Shim-i-a-pa	1857-H-187
Shim-i-a-py	1858-H-164
Shim-i-ck	1859-L-80
Shim-i-uppy	1860-H-253
Shim-iopy	1859-H-258
Shim-ma-yopy	1860-T-141
Shim-mah-ho-kee	1857-N-163
Shim-mat-ti-che	1860-H-259
Shim-mpy	1860-L-76
Shim-mut-te-chah	1858-H-177

Name	Reference
Shim-mut-te-cher	1857-H-199
Shim-or-tar-ye-chen	1860-T-246
Shim-pi-ka	1860-K-295
Shimmon	1857-I-153
Shimmon	1858-S-147
Shimpey	1860-L-89
Shin-ah-hook-ta	1860-K-247
Shin-poia	1859-L-72
Shin-ti-a-cher	1859-N-176
Shin-ti-e-cher	1858-J-233
Shin-ti-yeh-cher	1857-J-299
Shin-to-e-cher	1860-N-41
Shiota	1859-K-165
Shiras-teh-key	1860-N-189
Shle-ki-in	1860-L-144
Shluck-e-cher	1860-N-6
Sho-cho-mika	1860-T-121
Sho-chubby	1860-L-162
Sho-ful-ya	1860-K-75
Sho-key	1859-K-186
Sho-key	1860-K-116
Sho-ko-mi-ha	1860-K-277
Sho-la-ta	1858-S-144
Sho-lo-co-chah	1859-N-119
Sho-mi-ya	1857-K-176
Sho-mi-yea	1858-J-144
Sho-mi-yea	1858-N-148
Sho-mi-yea	1859-K-169
Sho-mi-yea	1860-K-205
Sho-pi-ka	1858-K-290
Sho-tar-wa	1859-J-256
Sho-wa-ka	1859-J-219
Sho-wa-ky	1858-J-199
Sho-wa-ky	1860-K-367
Sho-wah-nah-ha	1858-H-31
Sho-wai-ki	1857-J-55
Sho-war-ma	1858-K-150
Sho-war-me	1860-H-160
Sho-woun-ar-he	1859-N-189
Shocky	1858-K-182
Shoh-chu-mi-ka	1860-K-220
Shoh-like	1860-H-207
Shok-a-waka	1860-K-243
Shok-ah-pah-la	1858-K-209
Shok-ho-thla-chah	1857-K-221
Sholo-ca-cha	1860-K-269
Sholota	1857-I-136
Shom-mi-yea	1859-J-217
Shook-ah-pah-la	1860-K-211
Shook-hul-yer	1860-T-231
Shoom-mi-yea	1857-J-253
Shopick, Nancy	1857-J-285
Shopick, Nancy	1858-J-251
Shou-ana, Simon	1857-I-60
Shou-wi-ka	1857-N-43
Shoua, Joseph	1857-I-151
Show-ar-ma	1859-K-57
Show-ti-a-cher	1859-J-265
Showaky	1857-J-173
Showaky, Vicy	1857-J-174
Shu-hi-yut-kah	1860-T-45
Shu-kin-ah-ty	1858-H-18
Shu-la-cher	1860-L-23
Shu-mar-ker	1859-L-101
Shu-me	1860-H-210
Shu-mill	1857-K-328
Shu-mill	1859-K-188
Shu-mill	1860-K-115
Shu-mon-nai-ha	1860-K-335
Shu-tah-pa-la	1859-K-211
Shuana, Simon	1858-S-172
Shubby, Emery	1857-K-198
Shuc-co-nar-ha	1859-H-148
Shuck-a-nia	1857-H-92
Shuck-ah-not-ha	1857-H-106
Shuck-hah-lup-ka	1857-H-171
Shuck-hul-kee	1857-N-110
Shuck-hul-kee	1858-J-294
Shuck-hut-yea	1859-N-270
Shuck-rir-key	1858-J-17
Shuck-wai-ky	1857-J-17
Shuck-wi-key	1859-J-109
Shucko-nahity, Nina	1859-J-142
Shucky	1860-N-180
Shueco-narta	1859-H-62
Shuester	1860-L-149
Shuforick, Nancy	1860-K-420
Shuiha	1859-L-44
Shuk-hah-tup-key	1858-H-39
Shuk-ky	1857-K-211
Shuk-up-pah-la	1857-K-313
Shul-ka	1857-K-160
Shulla	1858-K-233
Shully	1857-K-164
Shully	1859-K-280
Shully	1860-K-141
Shum-he-kee	1858-J-308
Shum-ma-hai	1860-K-339
Shum-mon	1859-L-161
Shuman	1860-L-128
Shumill	1858-K-134
Shumill	1858-K-183
Shumul	1859-K-170
Shun-hee-kee	1857-N-127
Shup-pi-ih-ka	1857-I-87
Shuppi-ik-ka	1858-S-15
Shuppika	1860-K-81
Shur-per-yea-cho	1859-H-179

Name	Reference
Sila	1858-N-59
Silas	1859-N-88
Silas	1859-N-107
Silas	1860-N-111
Silas	1860-K-242
Sillis	1857-H-249
Sillis	1858-H-217
Sillis	1860-H-281
Silvey	1860-K-418
Silvey	1860-T-194
Silvy	1858-J-352
Silvy	1859-J-170
Silvy	1859-N-244
Simms, Mary	1859-L-146
Simon	1857-H-39
Simpson	1858-S-145
Simpson	1859-N-89
Simpson	1860-N-102
Simpson	1860-H-22
Simpson, William	1857-H-202
Simpson, William	1858-H-181
Simpson, William	1859-H-228
Simpson, William	1860-H-240
Simpy	1860-K-433
Sina	1859-H-227
Sina	1859-N-94
Sina	1860-H-244
Sinah	1860-N-130
Siney	1857-K-68
Siney	1859-J-198
Siney	1860-K-363
Siney	1860-T-205
Siney (Near Doaksville)	1858-H-258
Siny	1858-J-360
Siny	1859-N-249
Sirm-pkey	1860-K-389
Sirmah	1860-H-34
Sirmme	1858-J-184
Sitty	1858-K-229
Siyihke, Sampson	1857-N-16
Skelton	1858-H-107
Slone	1859-H-171
Smallwood, Annie	1860-H-250
Smallwood, John	1860-H-230
Smallwood, Nancy	1857-H-225
Smallwood, Nancy	1858-H-201
Smith, George	1859-K-69
Soa-tubby	1859-L-136
Socinda	1857-N-74
Socklayer, David	1859-J-168
Sofa	1859-K-259
Sofa	1860-K-125
Sofy	1858-S-197
Solomon	1859-H-202
Solomon	1860-H-72
Solomon \Ahno\	1860-K-223
Somah	1860-T-161
Soney	1858-H-62
Soney	1860-N-3
Sooko-ner	1859-J-246
Soomer	1859-J-243
Soona	1859-H-122
Sophia	1857-H-176
Sophia	1858-H-141
Sophia	1859-H-155
Sophia	1860-H-206
Sophia	1860-L-150
Sou-a	1860-N-47
Sou-ubby	1857-N-46
Spring, Eliza	1857-J-157
Spring, Eliza	1858-J-243
Spring, Eliza	1859-J-215
Spring, Eliza	1860-K-431
Steel, Esh-til-lehchah	1859-N-63
Steephen, Edward	1857-N-197
Stephen	1857-K-245
Stephen	1860-K-421
Stephen	1860-T-244
Stephen (Alberson)	1858-K-220
Sth-ta-cha	1860-N-195
Stif-fa	1859-J-78
Stim-ah-tote-kah	1858-K-215
Stima-lhapa	1859-N-160
Stin-cha-you	1860-K-248
Strickland, C.	1860-K-428
Strickland, Charles	1857-J-294
Strickland, Charles	1858-J-191
Strickland, Charles	1859-J-275
Strickland, J. R.	1858-J-192
Strickland, J. R.	1860-K-427
Strickland, John R.	1857-J-296
Strickland, John R.	1859-J-276
Stush-in-na-cha	1859-K-150
Such-cum	1858-K-190
Sucha	1860-L-161
Sucko-nubby	1859-K-225
Sucky	1857-K-262
Suffy	1857-I-25
Suffy	1858-S-110
Suh-ma-tubbee	1859-N-253
Sully	1859-K-312
Sumer	1859-N-258
Sumey	1860-T-88
Summer	1860-H-86
Sunney	1857-J-213
Sur-war-cher	1859-N-271
Sur-wut-cher	1857-N-111
Surn-mi	1860-K-432

Name	Reference
Susan	1860-K-175
Susan	1860-K-252
Susan	1860-T-48
Sush-ka-tubby	1860-N-108
Sush-kee-tubby	1857-N-56
Susie	1860-N-53
Sut-ta-char	1857-H-27
Sy-at-tubby	1859-K-43
Sylia	1860-H-88
Sylvia	1859-K-176
Syney	1858-H-82
Syney	1858-H-180
Ta-her	1860-L-113
Ta-kin-tubby	1858-K-228
Ta-mah	1858-N-168
Ta-pa-ha-ubby	1859-N-16
Ta-to-wah-key	1857-J-278
Ta-wa	1857-N-177
Taffy	1858-K-187
Tah-ah-tubby	1857-H-28
Tah-be-ni-lah	1860-H-179
Tah-bert, John	1858-N-155
Tah-chuk	1858-K-207
Tah-hah-tubby	1858-H-135
Tah-he-na-la	1858-H-71
Tah-him-tubby	1860-H-109
Tah-ho-com-by	1857-H-210
Tah-ho-com-by	1859-H-233
Tah-ho-coneby (and Brother)	1858-H-190
Tah-ho-corn-by	1860-H-239
Tah-ho-ke	1860-H-21
Tah-ho-tah	1858-S-116
Tah-hon-nah	1859-N-231
Tah-hub-ba	1857-K-19
Tah-hubby	1858-K-259
Tah-hubby	1859-K-155
Tah-hut-tubby	1859-H-137
Tah-kah-pi-cher	1859-L-93
Tah-na-cha	1859-N-128
Tah-na-cha	1860-N-173
Tah-ne-tubby	1858-H-212
Tah-ota	1857-I-90
Tah-pa-lah	1860-T-65
Tah-pa-ler	1858-J-97
Tah-pa-ler	1858-J-270
Tah-pook	1860-K-270
Tah-sook	1857-K-287
Tah-sook	1858-K-279
Tah-te-chah	1858-N-110
Tah-ut-tubby	1860-T-135
Tah-uttubby, Willis	1857-I-47
Tah-ya-la	1858-H-42
Tah-yarsh-tubbee	1859-N-286
Tah-ye	1858-H-174
Tah-yea	1857-H-196
Tah-yea	1859-H-221
Tah-yea	1860-H-241
Tah-yoa-la	1860-T-50
Tai-yash-tubbee	1857-N-142
Taih-subby	1858-J-67
Tailor	1859-N-175
Tak-la-tubby	1860-H-301
Tal-li-yea	1860-K-147
Tammy	1857-J-301
Tan-it-tubby	1860-H-269
Tan-tubby	1859-J-98
Tani-tubbee	1859-H-264
Tank-tubby	1860-T-154
Tano-hora	1860-L-69
Tap-bo-in-tubby	1859-K-101
Tar-far-mo-tubby	1858-J-365
Tar-far-mon-tubbee	1859-N-277
Tar-far-moon-tubby	1860-T-237
Tar-ho-te	1859-L-37
Tar-honah	1860-T-226
Tar-in-tubbee	1860-H-283
Tar-lar-mo-tubbee	1858-J-339
Tar-pher	1860-L-51
Tar-she-war-hea	1859-H-80
Tar-yait-tubby	1858-J-176
Tar-yanah-tubby	1860-T-211
Tarn	1860-N-178
Tas-sook	1859-K-315
Tash-che-yea	1858-S-173
Tash-co-mer-tubby	1860-H-208
Tash-killo	1858-J-89
Tash-kut-tubby	1858-J-24
Tat-ho-tubby	1859-L-38
Tat-wah-ye	1860-T-185
Tau-tubby	1858-H-78
Tautubby, Nelly	1858-J-105
Tawa	1859-N-101
Taylor	1857-J-273
Taylor	1858-N-97
Taylor	1860-K-73
Taylor, Zachariah	1857-J-21
Tazar, John	1860-N-80
Te-ash-tubby	1860-N-169
Te-cum-sey	1857-H-212
Te-cum-sey	1858-H-191
Te-ha-a	1859-L-22
Te-hee-cher	1859-J-194
Te-ho-tubbee	1858-J-348
Te-ho-tubbee	1859-N-241
Te-ho-tubby	1857-J-292
Te-ho-tubby	1857-N-59
Te-ho-tubby	1858-N-153
Te-ho-tubby	1859-N-127

Name	Reference
Te-ho-tubby	1860-T-230
Te-ho-tubby	1860-N-118
Te-hot-tubbee	1857-N-194
Te-ko-nubby	1857-J-245
Te-ko-nubby	1860-K-346
Te-me	1857-N-67
Te-me-ah-shubby	1859-K-153
Te-mi-yar-subby	1859-K-6
Te-ook-la-cha	1859-K-291
Te-wa-po-tubby	1859-K-194
Te-wah-po-tubby	1857-N-47
Te-wah-po-tubby	1858-N-133
Te-wah-po-tubby	1860-K-316
Te-wah-tubby	1857-J-231
Te-way	1858-N-30
Te-yo-he	1857-N-8
Tearh-tubby	1859-N-93
Tebun	1858-N-51
Teckey	1860-H-89
Tecumse	1860-N-90
Tee-yo-ko-mo-tubby	1859-J-100
Tem-fy	1859-J-191
Temples, Susan	1858-S-66
Ten-o-tubby	1857-H-240
Tennessee	1857-K-267
Tennessee	1860-K-149
Tenny (or James Sowey)	1859-J-253
Tenola	1860-K-177
Tep-po-ni-yea	1860-H-256
Ter-ba-in-tubby	1858-K-16
Ter-hoty	1860-K-382
Ter-mi-lish-tubby	1859-J-242
Ter-wil-lais-tubby	1858-J-167
Teshoyo	1859-K-295
Teth-oyo-tubby	1860-K-302
Teth-u-to-bah-tubby	1860-K-170
Teu-haister	1860-K-329
Th-li-cha-cha	1857-N-55
The-kiche	1857-N-65
The-yo-hubby, John	1858-N-113
Thlar-ko-fen-tubbee	1859-N-203
Thlar-ko-fin-tubbee	1857-N-108
Thlat-ko-fin-tubbee	1860-T-189
Thle-cha-chah	1860-N-132
Thli-cha-cha	1858-N-125
Thli-cha-cha	1859-N-150
Thlip-po-ni-ya	1859-J-77
Thlock-fa-cha	1859-K-304
Thluck-a-chah	1858-N-77
Thluck-ke-chee	1859-N-165
Thlup-o-ni-yah	1857-J-71
Thlup-o-ni-yea	1858-J-71
Thlup-on-ni-yea	1860-T-95
Thomas	1859-H-123
Thomas	1860-K-284
Thomas	1860-H-73
Thomas	1860-H-212
Thomas, Ben	1860-H-84
Thomas, Charles	1857-H-7
Thomas, Charley	1857-H-4
Thomas, Charley	1858-H-132
Thomas, Gabriel	1857-H-26
Thomas, Gabriel	1858-H-133
Thomas, Gabriel	1859-H-7
Thomas, Gabriel	1860-H-108
Thomas, Isaac	1857-H-11
Thomas, Levi	1857-H-12
Thomas, Levi	1857-H-113
Thomas, Robert	1857-H-8
Thomas, Robert	1859-H-59
Thomas, Robinson	1858-H-127
Thomas, Robinson	1860-H-2
Thomas, Sloan	1857-H-5
Thomas, Sloan	1857-H-9
Thomas, Sloan	1859-H-15
Thomas, Slone	1858-H-130
Thomas, William	1857-H-10
Thomas, William	1858-H-134
Thomas, Wm	1859-H-8
Thomas, Jr., Levi	1858-H-131
Thomas, Sen'r, Levi	1858-H-128
Thomas, Sr, Levi	1859-H-17
Thompson	1860-K-249
Thompson, Doct	1858-H-237
Thompson, G. W.	1857-N-6
Thompson, G. W.	1860-H-200
Thompson, Green	1858-H-236
Thompson, Liney	1860-H-276
Thompson, P.	1860-K-299
Thompson, T. J.	1859-H-82
Thompson (Wolf)	1860-N-139
Thomson, P.	1858-K-43
Ti-ah-ho-ka	1859-J-199
Ti-arsh-tubby	1858-K-54
Ti-na-lush-tubby	1860-K-325
Ti-ook-la-cha	1860-K-158
Ti-uke-la-cha	1858-K-236
Ti-wah-ha	1857-H-84
Ti-yars-tubby	1857-J-280
Ti-yars-tubby, Bill	1860-K-438
Ti-yubby (or Ah-lick-chi)	1859-J-104
Ti-yush-tubby	1857-K-127
Tiash-tubby, Bill	1859-J-279
Tich-a-pa-yea	1859-H-144
Tich-bah-yut-tubby	1858-J-116
Tick-a	1857-H-31
Tick-bah-yah-ut-tubby	1860-T-27
Tick-bah-yat-ubby	1859-J-30

Name	Reference
Tick-ber-tar-po-la	1858-K-42
Tick-bon-tah-yah, Dr.	1858-N-115
Tick-bow-ti-ah	1860-N-45
Tick-fah-yut-uby	1857-J-98
Tick-fin-ky	1860-N-184
Tick-fon-ti-ah	1859-N-177
Tick-fun-ka	1858-N-75
Tick-funky	1859-N-59
Tickbon-tubby, Dock	1857-J-269
Tickey	1858-H-43
Tier-sey	1858-J-18
Tight, Amos	1859-L-89
Tik-fun-ke	1857-N-34
Tik-ka	1859-H-40
Tik-lar-tar-po-le	1857-K-44
Til-look	1858-N-67
Til-low-woh-tubby	1860-H-62
Tillok	1857-N-31
Tillook	1859-N-143
Tim-a-sha-pa	1860-K-152
Tim-me-tubby	1859-J-250
Tim-mun-no-yah	1857-H-258
Timpy	1857-J-291
Tin-i-yea	1860-T-123
Tin-nai-ya	1857-J-45
Tin-ne-yea	1859-J-53
Tiney	1858-N-46
Tinneyea	1858-J-68
Tip-po-na-yea (& Mother)	1859-H-256
Tip-po-ni-ya (and Mother)	1858-H-166
Tip-po-ni-yea	1857-H-188
Tish-a-han-tubby	1857-H-60
Tish-a-to-bast-tubby	1859-H-108
Tish-as-yo-tubby	1858-J-22
Tish-cun-no-yea	1858-S-76
Tish-ish-tai-yer	1858-J-83
Tish-kar-yah-hok-tah	1858-S-9
Tish-o-hon-tubby	1858-H-99
Tish-o-ish-tah-ah	1860-T-120
Tish-o-tobut-tubby	1860-K-64
Tish-oh	1858-S-80
Tish-oh-a-mah, Jacob	1858-S-87
Tish-u	1857-K-269
Tish-u-ish-tah-ah	1857-J-53
Tisho, Doctor	1860-H-170
Tisho-hon-tubby	1858-K-247
Tisho-to-but-tubby	1857-K-102
Tisho-to-but-ubby	1858-K-118
Tisho-un-tubby	1859-H-129
Tisho-un-tubby	1860-H-188
Tit-ho-ka	1858-N-54
Tith-ai-ot-uby	1857-J-97
Titsaw	1859-L-166
Tittook	1860-N-160
Tiych-ke, Sampson	1858-N-8
Tiyoky	1857-J-215
To-ah-thla	1858-K-12
To-che-ya	1858-H-168
To-che-yea	1859-H-247
To-che-yea	1860-H-257
To-ho-lut-ka	1859-K-65
To-ho-lut-ka	1860-K-37
To-hulth-thlo	1859-K-135
To-ma-ra	1859-H-44
To-nah	1858-K-238
To-ne-cher	1859-N-190
To-ne-cher	1860-N-11
To-sho-ma	1858-K-196
To-sho-yo-tubby	1858-S-29
To-smith-thla	1859-K-70
To-uch-to	1859-L-149
To-wah-tah-la-chah	1860-T-38
To-wah-to-la-cha	1859-J-4
To-wah-to-lar-chah	1857-J-114
To-wah-to-lee-cher	1858-J-125
To-wah-tubby	1858-J-210
To-wah-tubby	1859-J-230
To-wah-tubby	1860-K-414
To-wi-ka	1857-I-91
To-wi-kah	1858-S-117
Toe-chubby	1858-N-136
Toh-che-yea	1857-H-190
Tola-tubby, Susan	1859-L-167
Tom, Henry	1857-J-51
Tombs, Henry	1859-J-54
Ton-o-lo	1858-S-109
Tonah	1860-K-120
Tone	1858-N-6
Tony	1859-N-18
Too-nah	1859-K-213
Took-lion-tubby	1860-L-83
Toombs, Henry	1858-J-23
Toombs, Henry	1860-T-61
Toonah	1857-K-206
Toonah	1860-K-129
Tosh-o-yo-tubby	1857-I-173
Tosh-to	1857-I-81
Tosh-to	1858-S-171
Tow-wile	1858-H-66
Towers, George	1858-J-19
Tsh-tam-by	1857-K-302
Tsh-to-nubby	1860-K-38
Tu-a-ha	1858-N-92
Tuck-it-ubby	1859-L-98
Tue-lo-am-by	1860-K-217
Tuh-hubby	1860-L-18
Tuika	1859-L-35
Tul-ho-key	1859-H-229

Name	Reference
Tul-ho-ky	1857-H-203
Tul-li-yea	1858-K-272
Tul-li-yea	1859-K-257
Tul-o-am-by	1859-K-172
Tulth-thlish-tubby	1859-K-86
Tum-hoka	1860-K-127
Tum-lo-ke	1859-K-182
Tum-mi-tubby	1858-J-188
Tum-ul-a-cher, Lartin	1858-S-104
Tun-a-chah	1857-N-58
Tun-a-ho-yea	1859-K-243
Tun-ah-ho-yea	1859-K-284
Tun-ih-cher	1857-I-99
Tun-ish-char	1858-S-31
Tun-ne-chah	1858-N-154
Tun-nup-ho-chubbee	1857-N-139
Tunnontubby	1857-K-5
Tup-a-ham-by	1859-K-313
Tup-pa-ham-by	1858-K-189
Tup-pa-humby	1857-K-161
Tuquire, Betsey	1858-S-10
Turnbull, Eliza	1860-H-299
Turnbull, Eliza	1860-T-150
Turnbull, Robert	1858-J-128
Turnbull, Robt	1857-J-131
Turnbull, Susan	1858-J-376
Turnbull, Mrs., R.	1859-J-107
Turner	1858-J-189
Tus-kin-ka	1859-K-255
Tus-koonah	1860-K-273
Tus-kuw-we-ah	1859-N-65
Tush-co-nah	1858-N-181
Tush-co-ner	1858-K-33
Tush-coon-nah	1857-H-163
Tush-coon-tah	1858-K-301
Tush-cun-noyea	1857-I-48
Tush-en-na-cher	1860-T-222
Tush-i-tam-bee	1859-L-87
Tush-ka-tarmby	1858-H-5
Tush-kah-tam-ubby	1860-H-150
Tush-kah-tarmby	1859-H-61
Tush-kah-tubby	1857-J-70
Tush-kah-tubby	1859-J-93
Tush-kah-tubby	1859-J-102
Tush-kah-tubby	1860-T-96
Tush-kan-nart-tubby	1859-H-97
Tush-ker-yar-hook-ta	1857-I-77
Tush-ki-ka	1857-K-320
Tush-ki-u-kal	1858-K-286
Tush-kim-nah	1860-H-102
Tush-ko-nah-tubbee	1857-N-155
Tush-koon-tah	1857-K-275
Tush-kun-o-yea	1860-N-101
Tush-shau-cher	1858-J-347
Tush-she-wah-he	1860-H-162
Tush-shur-cher	1859-N-237
Tush-to	1860-L-22
Tush-to-ho-yo	1860-K-332
Tush-un-cher	1857-N-193
Tusk-ki-you-ka	1860-K-222
Tusk-koon-ta	1860-N-92
Tut-ta-char	1860-K-34
Tut-ta-cher	1859-K-80
Tuth-kit-uby	1857-J-99
Tuth-lish-tubby	1860-K-96
Tuvis	1857-H-198
Tyson, Lotty	1857-I-165
Ualth-tish-tubby	1857-K-60
Uar-sha	1857-K-42
Ub-bit-tim-no-yah, Robert	1859-N-295
Ub-it-ah	1859-K-50
Ubbit-ah, Henry	1860-K-50
Ubbit-ah, Lily	1860-K-51
Ubbit-he-kah	1857-N-168
Ubbit-la-yah	1857-K-78
Ubbit-oh-yah	1860-K-48
Ubbit-to-no-yea, Wm.	1859-K-179
Ubbit-tum-no-yar, William	1857-K-137
Ubbut-he-kah	1858-J-336
Ubby-o-hick-a	1860-H-58
Ubit-tonoyo, Robert	1860-K-312
Ubit-tonoyo, Wm.	1860-K-181
Uh-ul-lo-hee	1859-N-221
Ui-ap-pe-hubby (& mother)	1859-H-237
Uin-nut-la	1857-H-56
Uk-il-lo-hee	1858-J-325
Uk-illo-hee	1857-N-148
Uke-ish-tah	1858-N-81
Ukish-tah	1860-N-109
Ul-lar-wa-chee	1857-N-176
Ul-lar-wa-chee	1858-J-341
Ul-lo-co-ky	1858-J-174
Ul-lut-te-ho-yo	1860-H-245
Ul-lut-te-ho-you	1857-H-238
Ul-lut-to-ho-yo	1858-H-211
Ular-wa-cher	1859-N-236
Ullup-picher	1858-S-59
Ullut-to-ho-yo	1859-H-241
Um-ma-shubby	1857-H-167
Um-mah-lilly	1858-H-163
Um-mah-lily	1857-H-186
Um-mo-sho-tubby	1857-H-216
Um-mo-sho-tubby	1858-H-194
Um-mo-sho-tubby	1859-H-236
Un-a-yah	1860-T-62
Un-ah-tubby	1860-K-285
Un-aha-ah	1857-H-17
Un-char-tubby, Edmund	1858-S-108

Name	Reference
Un-chubby	1859-L-131
Un-ha-cher	1857-J-219
Un-hais-tubby	1858-J-195
Un-haish-tubby	1857-J-235
Un-haish-tubby	1859-J-163
Un-moh-billy	1860-H-252
Un-na-cher	1858-J-267
Un-nar-ka	1858-K-48
Un-ne-cher	1858-J-154
Un-ne-tubbee	1858-N-192
Un-no-yah	1857-I-76
Un-no-yer	1860-H-94
Un-nook-fil-lit-tubby	1858-K-113
Un-onah-tubby	1858-J-265
Un-te-ah-tubby	1858-N-70
Un-te-ah-tubby	1860-N-161
Un-ti-yubby	1857-J-309
Un-tish-tubby	1860-T-19
Un-tom-ba	1859-L-19
Un-turn-ba	1860-L-56
Uncharhubby, Edmond	1857-I-73
Underwood, Cornelius	1857-K-93
Underwood, Cornelius	1859-H-190
Underwood, Cornelius	1860-H-71
Underwood, Joseph	1857-N-91
Underwood, Thomas	1858-K-174
Underwood, Thomas	1859-K-253
Unechee, James	1859-J-189
Unno-yer	1857-J-77
Unnoyah, Doctor	1858-H-143
Unnoyah, Doctor	1859-H-173
Up-pa-ler	1857-J-172
Up-pala	1860-K-439
Up-yust-tubby	1860-T-51
Uppa-san-tubby	1858-K-81
Uppala	1859-J-224
Uppales	1858-J-221
Upshaw, A. M. M.	1857-H-140
Upshaw, A. M. M.	1858-H-123
Upshaw, Lucky	1860-H-13
Upshaw, Lucy	1859-H-57
Ur-uil-lan-a-ha	1859-H-216
Urinoyer, In-tok-loyo	1858-J-8
Ut-fit-picker	1859-N-232
Ut-ha-tah	1858-N-172
Ut-hu-ter	1857-K-89
Van, Mary	1857-H-102
Vicey	1860-K-426
Vina	1860-K-207
Vine	1858-H-222
Viney	1857-H-253
Viney	1860-H-271
Wa-ti-ni-yea	1860-K-303
Wade, Abel	1859-N-76
Wade, Anna	1858-J-264
Wade, Anne	1859-J-232
Wade, Anne	1860-K-396
Wade, John	1857-I-16
Wade, John	1858-S-62
Wade, John	1859-L-88
Wade, John	1860-L-59
Wade, Susan	1857-J-275
Wade, Susan	1858-J-255
Wade, Susan	1859-J-233
Wade, Susan	1860-K-371
Wade, Thomas	1859-J-122
Wade, Thomas	1860-T-134
Wade, Thos.	1857-J-140
Wade (or Waite), Thomas	1858-J-130
Wadkins, Theodore	1858-K-210
Wadkins, Theodore	1859-K-311
Wah-hai-cha	1857-J-95
Wah-ho-nubby	1858-J-76
Wah-na-cher	1859-H-72
Wah-ne-chah	1858-H-106
Wah-ta	1857-K-227
Wah-tah	1858-K-216
Wah-to-ni-yo	1859-J-45
Waiter, Nah-po	1857-J-47
Wal-den	1857-N-132
Wal-lis	1857-N-178
Walden	1858-J-314
Walden	1859-N-210
Walker, Susan	1858-H-255
Walker, Susan	1859-H-185
Wall	1858-S-61
Wall	1860-L-120
Wall, Abel	1860-N-202
Wall Cherokee	1860-T-127
Wallace	1858-N-31
Wallace	1859-K-205
Wallace	1859-N-140
Wallace	1860-K-230
Wallace, G.	1860-H-149
Walner (Doc.t), William	1857-I-17
Walter	1860-T-159
Wan-key	1858-J-133
War-na-cher	1860-H-195
Ward, Dixon	1858-J-373
Ward, Dixon	1859-J-147
Ward, Sina	1859-K-288
Warner, William	1860-L-57
Warner, Doctor	1859-L-4
Warner, Dr	1858-S-174
Wash	1857-J-290
Wash	1858-J-159
Wash	1859-J-188
Wash	1860-N-203

Wash-kin	1860-K-289
Washington	1857-K-265
Washington	1858-K-197
Washington	1859-K-303
Washington, George	1857-N-161
Washington, George	1858-J-329
Washington, George	1859-N-222
Washington, George	1860-T-241
Wat-tin-tubby	1858-N-123
Waters, Bob	1859-K-317
Waters, Bob	1860-N-96
Waters, George	1857-K-146
Waters, George	1858-K-165
Waters, George	1860-K-282
Watkins, Sarah	1860-K-185
Watkins, Susan	1859-K-278
Watkins, Theadore	1857-K-228
Watkins, Theadore	1860-K-281
Watta	1858-J-280
Watta	1859-N-196
Waukey	1859-J-44
Way-ish-tubby	1859-K-206
We-ah-tim-ner	1860-K-384
We-har-ye-nubbee	1858-J-322
We-har-yer-nubby	1857-N-68
We-har-yo-nubbe	1859-N-218
We-har-yo-nubbee	1857-N-145
We-har-yo-nubby	1860-T-212
We-mitta	1859-H-189
We-not-ley	1860-N-30
We-nut-le-tubby	1858-H-30
Weaver	1858-K-31
Weigh-to-ni-ya	1859-K-9
Wellington, William	1859-K-261
Wellington, Wm.	1857-K-311
Wellington, Wm.	1858-K-65
Wesler, Davison	1859-N-230
Wesley	1859-J-228
Wesley, Davidson	1860-T-225
Wesley, Davison	1857-N-117
Wesley, Davison	1858-J-300
Westley Cherokee	1860-T-119
Whi-na-cha	1859-L-112
White, Huel	1857-N-83
White, Hugh L.	1858-N-111
White, Hugh L.	1860-N-42
Wilburn	1860-K-198
Wile	1859-H-168
Wiley, Morris	1860-H-87
Wiliston, Payson	1857-I-135
Wilkin	1857-K-63
Will	1858-H-90
Will	1860-H-39
William	1858-N-180
William	1858-K-21
William	1858-K-59
William	1859-K-159
William	1859-L-111
William	1860-H-68
William, Robert	1860-L-142
William, Sloan C.	1858-J-328
William (To be examined)	1857-K-323
Williams	1857-N-81
Williams, Benitte	1857-H-231
Williams, Bennett	1858-H-206
Williams, Bennett	1859-J-126
Williams, Bermita	1860-H-284
Williams, Sloan C.	1857-N-160
Williams, Sloan C.	1859-N-282
Williams, Slone	1860-T-200
Willie	1858-J-279
Willis	1859-N-195
Willis	1860-T-172
Willis, Hamp	1857-J-2
Willis, James H.	1858-J-55
Willis, James H.	1859-J-32
Willis, James H.	1860-T-100
Willis, R. B.	1857-J-138
Willis, R. B.	1858-J-114
Willis, R. B.	1859-H-162
Willy	1858-J-200
Willy	1860-K-368
Wilscy	1860-K-193
Wilson	1857-K-129
Wilson	1857-K-281
Wilson	1858-N-131
Wilson	1859-N-9
Wilson	1859-N-115
Wilson	1860-N-143
Wilson	1860-K-237
Wilson	1860-K-244
Wilson	1860-K-377
Wilson, Bob	1857-J-72
Wilson, Bob	1858-H-241
Wilson, Bob	1858-J-48
Wilson, Bob	1859-H-139
Wilson, Bob	1860-H-48
Wilson, Ellen	1857-J-127
Wilson, Ellen	1858-J-110
Wilson, Ellen	1859-J-18
Wilson, Ellen	1860-T-203
Wilson, Jane	1857-J-126
Wilson, Jane	1858-J-111
Wilson, Jane	1859-J-121
Wilson, Jane	1860-T-144
Wilson, John	1857-H-120
Wilson, John	1858-H-146
Wilson, John	1858-N-167

Name	Reference
Wilson, John	1859-H-115
Wilson, John	1860-K-297
Wilson, Johnston	1860-H-50
Wilson, Wm.	1860-K-253
Wilson & Cassey	1857-J-24
Wilson (& Sho-ir-key)	1858-J-52
Wilsten	1858-N-73
Wimon	1860-K-33
Winchester	1858-S-95
Winchester	1859-L-97
Winchester	1860-L-99
Winnie	1860-N-64
Winny	1857-N-84
Winsey	1858-N-27
Winton, Wm.	1860-N-155
Wioka	1860-N-120
Wisdom	1860-N-157
Wisey	1860-K-309
Wisley	1860-N-186
Wisturn	1857-N-40
Wmacher, James	1860-K-391
Wolf, Delilah	1860-H-15
Wolf, Leila	1860-H-186
Wolf, Lida	1857-H-36
Wolf, Lila	1857-H-83
Wolf, Lilly	1858-H-125
Wolf, Simon	1857-J-203
Wolf, Simon	1858-J-212
Wolf, Simon	1859-J-182
Wolf, Simon	1860-K-435
Wolf, Wilson	1857-N-51
Wolf, Wilson	1858-N-79
Wolf, Wilson	1859-N-161
Wolf, Wilson	1860-N-194
Won-key	1857-J-38
Won-nah-yea	1857-I-142
Wonokey	1860-L-73
Woolf, Sila	1859-H-177
Woolly, Isto	1860-K-35
Woukey	1860-T-98
Wright	1857-K-50
Wright	1858-K-99
Wright	1859-K-122
Wright	1860-K-259
Wright, Jarvis	1858-J-337
Wright, Jarvis	1859-N-233
Wright, Jarvis	1860-T-183
Wright, Sanders	1857-H-183
Wright, Sanders	1858-H-160
Wutta	1857-N-95
Wy-oky	1859-N-24
Wyat	1860-H-64
Yah-ha-co-cha	1859-N-182
Yah-ha-co-che	1860-N-40
Yah-ha-co-che, James	1860-N-38
Yah-ho-ka-che, Jim	1857-K-333
Yar-ha-co-chi, Ben	1860-N-51
Yar-ka-cha, James	1858-K-74
Yar-ti-ya	1857-K-95
Yarn-mut-la-chah	1857-K-166
Yauk-ka-lubby	1857-H-177
Yaw-wa	1858-N-68
Ye-bah-ho-yo-tubby	1860-H-54
Ye-pa-sha	1857-K-180
Yem-mar-shubby	1857-K-144
Yern-e-chit-tubby, Lewis	1858-H-79
Yew-wea	1857-N-57
Yi-yar-nin-tubby	1857-K-90
Yim-me	1858-J-381
Yim-me-ho-ka	1857-K-101
Yim-mi	1857-N-80
Yn-nah-tubby	1859-K-163
Yo-chubby, John	1858-K-145
Yo-cubby, Lizzy	1860-K-71
Yo-har-thla	1857-K-65
Yo-ho-but-ka	1857-K-136
Yo-wah-chubby	1860-N-114
Yock-a-pa-cher	1860-L-50
Yock-ma-tubby	1857-K-174
Yocubby, John	1860-K-437
Yocubby, Lizzie	1857-K-28
Yok-hum-ka	1857-N-49
Yok-ish-ta-ubby	1859-N-13
Yoo-mah	1857-K-181
Yostin	1859-N-60
You-way	1859-K-123
Yow-ah-lish-tubby	1857-J-239
Yowery, James	1857-J-226
Yubba-na-la	1857-K-76
Yuch-uppi-cher	1858-S-34
Yuk-up-pih-cher	1857-I-107
Yum-mak-in-tubby	1858-K-151
Yum-mar-kin-tubby	1857-K-145
Yum-mit-ta-cha	1859-K-158
Yum-mut-ta-cha	1860-K-201
Yun-nur-hoon-tubby	1857-K-87
Yush-kar-yorha	1857-K-73
Zily	1857-K-79

Chickasaw District of the "1855" Choctaw Roll

December - November, 1856

1856 -- "1855 Choctaw Payment Roll" -- Choctaws Living in Chickasaw District:

[Actual date of roll is Dec. 3 - Dec. 6, 1856 -- Many families were actually Chickasaw]

#	NAME	MARK	No.	SHARE	AMOUNT
1	James Patterson	X			
	Hanep Patterson	X			
	Wesley	X			
	Jincy	X			
	Lucy Ann	X			
	Nancy	X			
	Susan	X	7	$8	56.00
2	William Cravatt	X			
	Melviney	X			
	Anderson	X			
	Simon	X			
	Allen	X	5	8	40.00
3	Daniel Harris	X			
	Ailey Harris	X			
	Robert	X			
	Elizabeth	X			
	Francis	X			
	Isaac	X	6	8	48.00
4	Thomas J. Pitchlynn	X			
	Mary Pitchlynn	X			
	Isaac	X	3	8	24.00
5	John T. Pitchlynn	X			
	Elizabeth Pitchlynn	X			
	Jefferson	X	3	8	24.00
6.	Isom Beans	X			
	Homer Lo-Ke	X			
	William	X			
	David	X	4	8	24.00
7	Joseph D. Harris	X			
	Martha Harris	X			
	Nathaniel	X			
	Harriet	X	4	8	32.00
8	Charles F. Eastman	X			
	Elizabeth	X			
	B. Franklin	X			
	Chas. Eastman	X	4	8	32.00
9	Perry Eastman	X			
	Amos	X			
	Holmes	X			
	Rebecca	X			
	Helen	X	5	8	40.00
10	Outer-bee	X			
	Billy	X	2	8	16.00
		Forward	43	8	344.00

1856 Roll - Choctaws Living in Chickasaw District

#	NAME	MARK	No.	SHARE	AMOUNT
	Balance forward		43	$8	$344.00
11	Jesse Tiner	X			
	Sophina	X			
	Lenny	X			
	John	X	4	8	32.00
12	Joseph More	X			
	Mary More	X			
	Jesse	X	3	8	24.00
13	John J. Diggers	X			
	Amanda Diggers	X	2	8	16.00
14	George D. James	X			
	Margaret James	X			
	Joseph	X			
	Cornelia	X			
	Simon	X	5	8	40.00
15	Simon James	X			
	Eliza James	X	2	8	16.00
16	Greenwood Thompson	X			
	Docter Thompson	X	2	8	16.00
17	Perley	X	1	8	8.00
18	Low-e-tubbe	X			
	Ho-te-yo-pe	X			
	Marriah	X			
	Sarah	X			
	Amos	X			
	Rhodia	X			
	Cyne	X	7	8	56.00
19	Ker-ho-nar-ho-ke-te	X			
	Russel	X			
	Winny	X	3	8	24.00
20	Julia	X			
	She-mer	X	2	8	16.00
21	He-kut-tubbe	X			
	Marty	X			
	Sophe	X	3	8	24.00
22	George Perkin	X			
	Janie Perkin	X			
	Nicholas	X			
	Allen	X			
	Loucy Ann	X			
	Robert	X			
	Simon	X			
	Eliza	X			
	Joseph	X	9	8	72.00
		Forwarded	86	8	$688.00

1856 Roll - Choctaws Living in Chickasaw District

#	NAME	MARK	No.	SHARE	AMOUNT
	Brt forward		86	$8	$688.00
23	Daniel Daily	X			
	Vine Daily	X			
	Joseph	X			
	Mary	X	4	8	32.00
24	Samuel Daily	X			
	Eliza Daily	X			
	Melinda	X			
	Jesse	X	4	8	32.00
25	John Peter	X			
	Vine	X			
	Elmiha	X			
	Stephen	X			
	Amos	X			
	Joseph	X	6	8	48.00
26	Wilson Beams	X			
	Thomas Hase	X	2	8	16.00
27	Jackson Kemp	X			
	Martha Kemp	X			
	Melia	X			
	Jackson	X			
	Walton	X			
	Kubby	X			
	Lucy	X			
	Infant	X	8	8	64.00
28	Virginia	X			
	Infant	X	2	8	16.00
29	William Bratton	X			
	Nelly Bratton	X			
	Anderson	X			
	Martin	X			
	George	X			
	Sarah	X	6	8	48.00
30	Jackson Gardner	X			
	Mary Gardner	X			
	Simeon	X			
	Abiline	X			
	Alfred	X			
	Jesse	X			
	Josiah	X			
	Harriet	X	8	8	64.00
		Forwarded	126	8	$1008.00

1856 Roll - Choctaws Living in Chickasaw District

#	NAME	MARK	No.	SHARE	AMOUNT
	Brt. forward		128	8	$1008.00
31	Fullin McCan	X			
	Jincy	X			
	Eliza	X			
	Adeline	X			
	Tennessee	X			
	William	X			
	Harriet	X			
	Cristinah	X	8	8	64.00
32	Doctor Beams	X			
	Polly Beams	X			
	Rebecca	X			
	Delilah	X			
	Me-no-ria	X			
	Sampson	X	6	8	48.00
33	John James	X			
	Molsy	X			
	Elizabeth	X			
	Albert	X	4	8	32.00
34	Nancy	X	1	8	8.00
35	Us-po-iclie	X			
	Sonny	X			
	Charly	X	3	8	24.00
36	Anderson Archabel	X			
	Sophia	X			
	Lina	X			
	Cranner	X			
	Allen	X			
	Olimah	X	6	8	48.00
37	Elmira	X			
	Shar-lott	X	2	8	16.00
38	Emer-tob-be	X			
	Hogan-edie	X			
	Uth-pe-se	X			
	Maxwell	X			
	Early	X			
	Colwell	X	6	8	48.00
39	Sho-lo-ty	X			
	In-to-mar-ye	X			
	Molsey	X			
	Walton	X	4	8	32.00
40	Sha-le-ho-yo	X			
	Kus-nah-ye-mer	X			
	Susan	X			
	Harris	X	4	8	32.00
		Forwarded	170	8	$1360.00

1856 Roll - Choctaws Living in Chickasaw District

#	NAME	MARK	No.	SHARE	AMOUNT
	Brt. Forward		170	8	$1360.00
41	Gilbert	X			
	Ok-le-ma-ho-yo	X			
	Henry	X	3	8	24.00
42	Cornelius	X			
	Reuban Folsom	X	2	8	16.00
43	Lush-kar-tubbe	X			
	Sophie	X			
	Eliza	X	3	8	24.00
44	Ar-clish-tubbee	X			
	Suckey	X			
	Wesley	X			
	Elizabeth	X	4	8	32.00
45	Thomas Benton	X			
	Sher-la-cher	X			
	Jimmey	X			
	Aaron	X			
	Molsey	X	5	8	40.00
46	Martin Sheco	X			
	Delphie	X			
	William	X			
	Eastman	X			
	Abraham	X			
	Littleton	X			
	Susan	X	7	8	56.00
47	Eliza	X			
	Jackson	X			
	Lucy	X			
	Rhodia	X			
	Elizabeth	X	5	8	40.00
48	Johnson C. Colham	X			
	Ko-sher-ho-ye	X			
	Emily	X	3	8	24.00
49	James Factor	X			
	Nancy	X			
	Elex-ho-yo	X			
	Ticy	X			
	Burney	X			
	Siney	X			
	Amos	X	7	8	56.00
50	Sher-pi-yo-ke	X			
	Spel-lo-ye	X			
	Ar-bit-tan-ter	X			
	Mlley	X			
	Simon	X	5	8	40.00
		Forwarded	214	8	$1712.00

1856 Roll - Choctaws Living in Chickasaw District

#	NAME	MARK	No.	SHARE	AMOUNT
	Brt. forward		214	8	$1712.00
51	Phebe	X			
	Aning	X			
	Ellis	X	3	8	24.00
52	Joel Folsom	X	1	8	8.00
53	Wall	X	1	8	8.00
54	James Peter	X			
	Ebar-no-wer-ho-ke	X			
	Solomon	X			
	Sarah	X	4	8	32.00
55	Davis Colbert	X			
	Eliza	X	2	8	16.00
56	Holo-po-ter	X			
	Ish-te-mar-ho-ner	X			
	Charles	X			
	Leley	X			
	Loa-we-an	X	5	8	40.00
57	Slomon Loving	X			
	Ish-ter-ho-ner	X	2	8	16.00
58	Oner-ho-yo	X			
	Phebe	X	2	8	16.00
59	Kipson	X			
	Che-ho-ner	X			
	Lina	X	3	8	24.00
60	Hanes	X			
	Ar-yun-to-ner	X			
	Williamson	X			
	William	X	4	8	32.00
61	Ter-ma-le-cher	X			
	Ar-nu-her	X			
	Larton	X			
	Phebe	X			
	Jimson	X	5	8	40.00
62	Joel Kemp	X			
	Mariah	X			
	Simon	X			
	Mary Jane	X			
	Francis	X	5	8	40.00
63	Henry Tribble	X			
	Hen Cox	X			
	Mrus Cox	X			
	Joseph	X			
	Kell	X	5	8	40.00
64	Ar-ber-lar-tubbee	X			
	Robert	X	2	8	16.00
		Forwarded	258	8	$2064.00

1856 Roll - Choctaws Living in Chickasaw District

#	NAME	MARK	No.	SHARE	AMOUNT
	Brt. forward		258	$8	$2064.00
65	Nelson Frazier	X	1	8	8.00
66	Me-her-tubbe	X			
	Mary	X	2	8	16.00
67	Charley Sheco	X			
	Meley	X			
	Sally	X			
	Mariah	X			
	Mary	X			
	Rowlan	X			
	Thomas	X	7	8	56.00
68	Galop	X			
	Sophie	X			
	Daniel	X	3	8	24.00
69	Ter-mer-le-che	X			
	He-me-her	X			
	Larton	X			
	Phebe	X			
	Jimerson	X	5	8	40.00
70	John Waid	X			
	Harriet	X			
	Albert	X			
	Charlotte	X	4	8	32.00
71	Per-shoh-cher-be	X			
	Ailcey	X			
	Catherine	X			
	Jesse	X			
	Phebe	X	5	8	40.00
72	Fer-ho-ki-ye	X	1	8	8.00
73	Allen James	X			
	She-ho-ke	X			
	James	X			
	Selina	X			
	Jincey	X			
	Lina	X	6	8	48.00
74	Bul-bam	X			
	Walton	X	2	8	16.00
75	Shoh-ba-tubbee	X			
	Betsey	X			
	Ellis	X	3	8	24.00
76	Martha	X	1	8	8.00
77	Absalom McCoy	X			
	Mary McCoy	X	2	8	16.00
78	Fraizer McCoy	X			
	Infant	X	2	8	16.00
		Forwarded	302	8	$2416.00

1856 Roll - Choctaws Living in Chickasaw District

#	NAME	MARK	No.	SHARE	AMOUNT
	Brt. forward		302	$8	$2416.00
79	James McCoy	X			
	Sibby McCoy	X			
	Joab	X			
	Nancy	X			
	Menoria	X			
	Eq-nep	X			
	Esau	X			
	Mary	X			
	Ailey	X			
	Lucy	X	10	8	80.00
80	Henry McKinney	X			
	Sally McKinney	X			
	Lucy	X			
	Albert	X			
	Infant	X	5	8	40.00
81	A. P. Eastman	X			
	Harriet	X			
	Henrietta	X	3	8	24.00
82	Jefferson Cravatt	X			
	Tennessee	X			
	Alexander	X			
	Elizabeth	X			
	Edmonson	X	5	8	40.00
83	Joseph Host	X			
	Abzian	X	2	8	16.00
84	Ar-ho-bun-tubbee	X			
	Pic-bu-ho-ner	X			
	Nancy Robinson	X			
	Morris	X			
	Rebecca	X	5	8	40.00
85	Dickson Frazier	X			
	Lourin Frazier	X			
	Benjamin	X			
	Brashier	X			
	Apperson	X			
	Henry	X			
	Israel	X	6	8	48.00
86	She-mun-nah-tsh-ke	X			
	Ailcy	X			
	Emily	X	3	8	24.00
87	James Johnson	X			
	Molsey	X	2	8	16.00
88	David O. Fisher	X			
	Elizabeth Fisher	X			
	Jackson	X	3	8	24.00
		Forwarded	347	$8	$2776.00

1856 Roll - Choctaws Living in Chickasaw District

#	NAME	MARK	No.	SHARE	AMOUNT
	Brt. forward		347	$8	$2776.00
89	Joel King	X			
	Nancy	X			
	Holo-nah	X			
	Phenas	X			
	Simeon	X			
	Mary	X	6	8	48.00
90	Benjamin Kemp	X	1	8	8.00
91	Isaac Gardner	X			
	Rebecca Gardner	X			
	George	X			
	Silas	X			
	Harriet	X			
	James	X			
	Sally	X			
	Christopher	X			
	Reuben	X			
	Blasom	X			
	Bideseab	X			
	Hannah	X	12	8	96.00
92	Benjamin Dufer	X			
	Harriet Dufer	X			
	Palmyra	X			
	Edmund	X	4	8	32.00
93	Rachel Jenkins	X			
	Roberson	X			
	Anderson	X			
	Amos	X			
	Phebe	X	5	8	40.00
94	Hitty	X			
	Dennis	X			
	Louiza	X			
	Rhodia	X			
	Amay	X	5	8	40.00
95	Lucy	X			
	Jimson	X			
	James	X			
	Easter	X			
	Leviticus	X	5	8	40.00
96	Zachariah Gardner	X			
	Levina Gardner	X			
	Joseph	X			
	Alkinson	X			
	Phebe	X	5	8	40.00
	Forwarded		390	$8	$3120.00

1856 Roll - Choctaws Living in Chickasaw District

#	NAME	MARK	No.	SHARE	AMOUNT
	Brt. forward		390	$8	$3120.00
97	Adam Cole	X			
	Buney	X			
	Elizabeth	X			
	Edmund	X	4	8	32.00
98	Edmund Nucher-hub-be	X			
	She-mer-har-ke	X			
	Kenney	X			
	Alosize	X	4	8	32.00
99	Henry Colbert	X			
	Louisa	X			
	Eliza	X	3	8	24.00
100	William Kunnell	X			
	Lucy	X			
	Mary	X			
	Jackson	X			
	Emeline	X			
	Rebecca	X	6	8	48.00
101	Pitman Durand	X			
	Lanes	X			
	Sophia	X			
	John	X	4	8	32.00
102	Susan	X			
	Kemp	X			
	Walton	X			
	Che-mer-ho-ki	X			
	Bolen	X	5	8	40.00
103	Ok-lo-hubbe	X			
	Lou-we-chi	X			
	Hi-le-ty	X			
	Salina	X			
	Sephus	X			
	Mary	X	6	8	48.00
104	In-mer-suh-tubbe	X			
	Pis-cir-ho-yo	X			
	Karcey	X			
	Hurmon	X			
	Tush-ka-ba-ta	X	5	8	40.00
105	Ar-ho-tubbe	X			
	Melay	X			
	Bishop	X			
	Robert	X	4	8	32.00
106	Im-mok-lon-sibbe	X			
	Sin-tin-mer	X			
	Davidson	X			
	Laenay	X	4	8	32.00
	Forwarded		435	$8	$3480.00

1856 Roll - Choctaws Living in Chickasaw District

#	NAME	MARK	No.	SHARE	AMOUNT
	Brt. forward		435	$8	$3480.00
107	Thomas Hase	X			
	Eastman Loman	X	2	8	16.00
108	Roberson Kemp	X			
	Delilah	X			
	El-ri-ne	X	3	8	24.00
109	Maxwell Frazier	X			
	Pitman	X			
	Morning Frazier	X			
	Lucinda	X	4	8	32.00
110	Jane Frazier	X			
	Carline	X			
	Cherlotte	X			
	Melinnia	X	4	8	32.00
111	Benjamin McLaughlin	X			
	Mandy	X			
	Cherlotte	X			
	Edmund	X			
	Jane	X	5	8	40.00
112	Turner Bynum	X			
	Lucinda Bynum	X			
	Melinne	X			
	Martha	X			
	Mary	X			
	Sina	X			
	Elizabeth	X			
	Julian	X			
	Joseph	X	9	8	72.00
113	Tennessee Bynum	X			
	Ross	X			
	Mary Chiffy	X	3	8	24.00
114	Lucinda	X			
	Sher-lo-ke	X			
	Susan	X	3	8	24.00
115	Cinderella Wall	X			
	Virginia Wall	X			
	Zulicken Wall	X			
	Davidan Wall	X	4	8	32.00
116	John E. Anderson	X			
	Jincy Anderson	X			
	Erline	X			
	Edline	X	4	8	32.00
117	Lucinda Ned	X			
	Sampson	X	2	8	16.00
	Forwarded		478	$8	$3824.00

1856 Roll - Choctaws Living in Chickasaw District

#	NAME	MARK	No.	SHARE	AMOUNT
	Brt. forward		478	$8	$3824.00
118	Nellie Dyer	X			
	Emeline	X			
	Sine	X'	3	8	24.00
119	Mer-ter-ho-ye	X			
	Ciney	X			
	Chir-we-ho-ye	X	3	8	24.00
120	Op-yer-sub-be	X			
	James	X			
	Johnson	X	3	8	24.00
121	Hoh-wih-che	X			
	War-lar	X			
	Ne-cho-ke	X	3	8	24.00
122	C. W. Graham	X	1	8	8.00
123	Wm. Moncrief	X			
	Margaret	X			
	Sophia	X			
	Martha	X			
	William	X			
	Sampson	X			
	Robert	X			
	Susan	X	8	8	64.00
124	Neasti	X			
	Silve	X			
	Billy	X			
	Amos	X	4	8	32.00
125	Lecher	X			
	Nash-ke	X			
	Silve	X			
	Noah	X	4	8	32.00
126	Young	X			
	Shrm-nish-cher	X			
	Sally	X			
	Benjamin	X	4	8	32.00
127	Robt. Wilson	X			
	Louisa Wilson	X			
	Chas. B. Wilson	X			
	Mary	X	4	8	32.00
128	To-nulke	X	1	8	8.00
129	Stone	X			
	Rebecca	X	2	8	16.00
	Forwarded		518	$8	$4144.00

1856 Roll - Choctaws Living in Chickasaw District

#	NAME	MARK	No.	SHARE	AMOUNT
	Brt. Forward		518	$8	$4144.00
130	Est-bit-ter-yea	X			
	Hinney	X			
	Sally	X			
	Folen	X			
	Rhodia	X			
	Kubby	X			
	Time-hoyo	X			
	Lile	X			
	She-mer-kar-he	X	9	8	72.00
131	Epeler	X			
	Oh-le-hoyo	X			
	Orston	X			
	Elizabeth	X	4	8	32.00
132	Millard Filmore	X			
	Lotty	X			
	Cyrus	X			
	Louiza	X			
	Littecy	X			
	Elias	X			
	Carsey	X	7	8	56.00
133	Lin-mer-ke	X			
	Kubby	X	2	8	16.00
134	James N. McLish	X			
	Richard	X			
	John	X			
	Alexander	X			
	Nelly	X			
	Holmes	X			
	Mariah	X			
	Sarah	X	8	8	64.00
135	Hetty Frazier	X			
	Galloway	X			
	Virginia	X	3	8	24.00
136	Ish-ter-yer	X	1	8	8.00
137	Ish-ter-ker-yo	X			
	She-ho-ner	X			
	Lucy	X			
	Lick-im-sey	X	4	8	32.00
138	Cho-ne-yer	X			
	Marshall	X			
	Lut-te-yo-che	X	3	8	24.00
	Forwarded		559	$8	$4472.00

1856 Roll - Choctaws Living in Chickasaw District

#	NAME	MARK	No.	SHARE	AMOUNT
	Brt. forward		559	$8	$4472.00
139	Ar-chi-yer	X			
	Saley	X			
	Pin-so-cor	X			
	Kubby	X			
	Saline	X			
	Rachel	X	6	8	48.00
140	Loring Moore	X			
	Malinda	X	2	8	16.00
141	R. S. Cochran	X			
	Jincy Cochran	X			
	Martha	X			
	Sabel	X			
	De-licte	X			
	Emily	X			
	Baby	X	7	8	56.00
142	Holmes	X	1	8	8.00
143	G. F. McLish	X			
	Sarah	X			
	Wiley	X			
	Louiza	X			
	Julie	X	5	8	40.00
144	Joseph Colbert	X			
	Zile	X			
	Edmund	X			
	Emily	X			
	Vine	X			
	Albert	X	6	8	48.00
145	Henry Colbert	X			
	Louisa	X	2	8	16.00
146	Lewis	X			
	Molsey	X			
	Serbail	X			
	Enos	X	4	8	32.00
147	She-mer	X			
	Lewis	X			
	Loken	X			
	Saley	X			
	Jones	X	5	8	40.00
148	She-lok-e-cher	X			
	Suck-e-ter	X	2	8	16.00
149	Anny	X	1	8	8.00
150	Hollin	X			
	Louisa	X			
	Thomas	X	3	8	24.00
		Forwarded	603	$8	$4824.00

1856 Roll - Choctaws Living in Chickasaw District

#	NAME	MARK	No.	SHARE	AMOUNT
	Brt. forward		603	$8	$4824.00
151	Benjamin Cnuch	X			
	Mary	X			
	Hitty	X			
	Bipel	X			
	Cine	X			
	John	X	6	8	48.00
152	F.C. McKerley	X			
	Isebella	X	2	8	16.00
153	Amy Rice	X			
	Americus	X			
	George	X			
	Samuel	X			
	Epsey	X	5	8	40.00
154	George Criner	X			
	Matilda	X			
	Mary	X			
	John	X			
	Criner	X	5	8	40.00
155	Charlotto Shoat	X			
	Melvina Love	X	2	8	16.00
156	Isreal Folsom	X	1	8	8.00
157	Ruben Folsom	X	1	8	8.00
158	Winchester Colbert	X			
	Easter Colbert	X			
	Humphries	X			
	Paki	X			
	Billy	X			
	Noah	X			
	Vine	X	7	8	56.00
159	Nancy Frazier	X			
	Susan	X			
	Saline	X			
	Benjamin	X			
	Kubby	X	5	8	40.00
160	David Burney	X			
	Emily Burney	X			
	Mary	X			
	Wesley	X			
	Margaret	X			
	Francis	X			
	Benjamin	X			
	Susan	X			
	Rebecca	X	9	8	72.00
		Forwarded	646	$8	$5168.00

1856 Roll - Choctaws Living in Chickasaw District

#	NAME	MARK	No.	SHARE	AMOUNT
	Brt. forward		646	$8	$5168.00
161	Richmond	X			
	David	X			
	Julia	X			
	Rhoda	X	4	8	32.00
162	William Roberson	X			
	Lucinda	X	2	8	16.00
163	Oute-sne-ya-tubbe	X			
	No-wer-ho-ki	X			
164	Ker-ne-yer-tubbe	X			
	I-ye-we-tub-be	X			
	Te-cu-sah	X	3	8	24.00
	Total		658	$8	$5264.00

1856 Roll - Choctaws Living in Chickasaw District

Ailcey, 7
Ailcy, 8
Amay, 9
Amos, 2, 12
Anderdson, Erline, 11
Anderson, Edline, 11
Anderson, Jincy, 11
Anderson, John E., 11
Aning, 6
Anny, 14
Ar-ber-lar-tubbee, 6
Ar-bit-tan-ter, 5
Ar-chi-yer, 14
Ar-clish-tubbee, 5
Ar-ho-bun-tubbee, 8
Ar-ho-tubbe, 10
Ar-nu-her, 6
Ar-yun-to-ner, 6
Archabel, Allen, 4
Archabel, Anderson, 4
Archabel, Cranner, 4
Archabel, Lina, 4
Archabel, Olimah, 4
Archabel, Sophia, 4

Beams, Delilah, 4
Beams, Doctor, 4
Beams, Me-no-ria, 4
Beams, Polly, 4
Beams, Rebecca, 4
Beams, Sampson, 4
Beams, Wilson, 3
Beans, David, 1
Beans, Isom, 1
Beans, William, 1
Benjamin, 12
Benton, Aaron, 5
Benton, Jimmey, 5
Benton, Molsey, 5
Benton, Sher-la-cher, 5
Benton, Thomas, 5
Betsey, 7
Billy, 1, 12
Bishop, 10
Bolen, 10
Bratton, Anderson, 3
Bratton, George, 3
Bratton, Martin, 3
Bratton, Nelly, 3
Bratton, Sarah, 3
Bratton, William, 3
Bul-bam, 7

Burney, Benjamin, 15
Burney, David, 15
Burney, Emily, 15
Burney, Francis, 15
Burney, Margaret, 15
Burney, Mary, 15
Burney, Rebecca, 15
Burney, Susan, 15
Burney, Wesley, 15
Bynum, Elizabeth, 11
Bynum, Joseph, 11
Bynum, Julian, 11
Bynum, Lucinda, 11
Bynum, Martha, 11
Bynum, Mary, 11
Bynum, Melinne, 11
Bynum, Ross, 11
Bynum, Sina, 11
Bynum, Tennessee, 11
Bynum, Turner, 11

Catherine, 7
Charles, 6
Charly, 4
Che-ho-ner, 6
Che-mer-ho-ki, 10
Chiffy, Mary, 11
Chir-we-ho-ye, 12
Cho-ne-yer, 13
Ciney, 12
Cochran, Baby, 14
Cochran, De-licte, 14
Cochran, Emily, 14
Cochran, Jincy, 14
Cochran, Martha, 14
Cochran, R. S., 14
Cochran, Sabel, 14
Colbert, Albert, 14
Colbert, Billy, 15
Colbert, Davis, 6
Colbert, Easter, 15
Colbert, Edmund, 14
Colbert, Eliza, 6, 10
Colbert, Emily, 14
Colbert, Henry, 10, 14
Colbert, Humphries, 15
Colbert, Joseph, 14
Colbert, Louisa, 10, 14
Colbert, Noah, 15
Colbert, Paki, 15
Colbert, Vine, 14, 15
Colbert, Winchester, 15
Colbert, Zile, 14

1856 Roll - Choctaws Living in Chickasaw District

Cole, Adam, 10
Cole, Buney, 10
Cole, Edmund, 10
Cole, Elizabeth, 10
Coleham, Ko-sher-ho-ye, 5
Colham, Emily, 5
Colham, Johnson C., 5
Colwell, 4
Cornelius, 5
Cox, Hen, 6
Cox, Mrus, 6
Cravatt, Alexander, 8
Cravatt, Allen, 1
Cravatt, Anderson, 1
Cravatt, Edmonson, 8
Cravatt, Elizabeth, 8
Cravatt, Jefferson, 8
Cravatt, Melviney, 1
Cravatt, Simon, 1
Cravatt, Tennessee, 8
Cravatt, William, 1
Criner, Criner, 15
Criner, George, 15
Criner, John, 15
Criner, Mary, 15
Criner, Matilda, 15
Cunch, Benjamin, 15
Cunch, Bipel, 15
Cunch, Cine, 15
Cunch, Hitty, 15
Cunch, John, 15
Cunch, Mary, 15
Cyne, 2

Daily, Daniel, 3
Daily, Eliza, 3
Daily, Jesse, 3
Daily, Joseph, 3
Daily, Mary, 3
Daily, Melinda, 3
Daily, Samuel, 3
Daily, Vine, 3
Daniel, 7
David, 16
Davidson, 10
Dennis, 9
Diggers, Amanda, 2
Diggers, John J., 2
Dufer, Benjamin, 9
Dufer, Edmund, 9
Dufer, Harriet, 9
Dufer, Palmyra, 9
Durand, John, 10
Durand, Lanes, 10

Durand, Pitman, 10
Durand, Sophia, 10
Dyer, Emeline, 12
Dyer, Nellie, 12
Dyer, Sine, 12

Early, 4
Easter, 9
Eastman, A. P., 8
Eastman, Amos, 1
Eastman, B. Franklin, 1
Eastman, Charles F., 1
Eastman, Chas., 1
Eastman, Elizabeth, 1
Eastman, Harriet, 8
Eastman, Hellen, 1
Eastman, Henrietta, 8
Eastman, Holmes, 1
Eastman, Perry, 1
Eastman, Rebecca, 1
Eliza, 5
Elizabeth, 5, 13
Ellis, 6, 7
Elmira, 4
Emer-tob-be, 4
Emily, 8
Enos, 14
Epeler, 13
Est-bit-ter-yea, 13

Factor, Amos, 5
Factor, Burney, 5
Factor, Elex-ho-yo, 5
Factor, James, 5
Factor, Nancy, 5
Factor, Siney, 5
Factor, Ticy, 5
Fer-ho-ki-ye, 7
Fillmore, Carsey, 13
Fillmore, Cyrus, 13
Fillmore, Elias, 13
Fillmore, Littecy, 13
Fillmore, Lotty, 13
Fillmore, Louiza, 13
Filmore, Millard, 13
Fisher, David O., 8
Fisher, Elizabeth, 8
Fisher, Jackson, 8
Folen, 13
Folsom, Isreal, 15
Folsom, Joel, 6
Folsom, Reuban, 5
Folsom, Ruben, 15
Fraizer, Apperson, 8

1856 Roll - Choctaws Living in Chickasaw District

Fraizer, Benjamin, 8
Fraizer, Henry, 8
Fraizer, Israel, 8
Fraizer, Lourin, 8
Fraizer, Nelson, 7
Fraizer, Susan, 15
Frazier, Benjamin, 15
Frazier, Brashier, 8
Frazier, Carline, 11
Frazier, Cherlotte, 11
Frazier, Dickson, 8
Frazier, Galloway, 13
Frazier, Hetty, 13
Frazier, Jane, 11
Frazier, Kubby, 15
Frazier, Lucinda, 11
Frazier, Maxwell, 11
Frazier, Melinnia, 11
Frazier, Morning, 11
Frazier, Nancy, 15
Frazier, Pitman, 11
Frazier, Saline, 15
Frazier, Virginia, 13

Galop, 7
Gardner, Abiline, 3
Gardner, Alfred, 3
Gardner, Alkinson, 9
Gardner, Bideseab, 9
Gardner, Blasom, 9
Gardner, Christopher, 9
Gardner, George, 9
Gardner, Hannah, 9
Gardner, Harriet, 3, 9
Gardner, Isaac, 9
Gardner, Jackson, 3
Gardner, James, 9
Gardner, Jesse, 3
Gardner, Joseph, 9
Gardner, Josiah, 3
Gardner, Levina, 9
Gardner, Mary, 3
Gardner, Phebe, 9
Gardner, Rebecca, 9
Gardner, Reuben, 9
Gardner, Sally, 9
Gardner, Silas, 9
Gardner, Simeon, 3
Gardner, Zachariah, 9
Gilbert, 5
Graham, C. W., 12

Hanes, 6
Harris, 4

Harris, Ailey, 1
Harris, Daniel, 1
Harris, Elizabeth, 1
Harris, Francis, 1
Harris, Harriet, 1
Harris, Isaac, 1
Harris, Joseph D., 1
Harris, Martha, 1
Harris, Nathaniel, 1
Harris, Robert, 1
Hase, Thomas, 3, 11
He-kut-tubbe, 2
He-me-her, 7
Henry, 5
Hi-le-ty, 10
Hinney, 13
Hitty, 9
Ho-te-yo-pe, 2
Hogan-edie, 4
Hoh-wih-che, 12
Hollin, 14
Holmes, 14
Holo-po-ter, 6
Host, Abzian, 8
Host, Joseph, 8
Hurmon, 10

I-ye-we-tub-be, 16
Im-mok-lon-sibbe, 10
In-mer-suh-tubbe, 10
In-to-mar-ye, 4
Infant, 3
Ish-te-mar-ho-ner, 6
Ish-ter-ker-yo, 13
Ish-ter-yer, 13

Jackson, 5
James, 9, 12
James, Albert, 4
James, Allen, 7
James, Cornelia, 2
James, Eliza, 2
James, Elizabeth, 4
James, George D., 2
James, James, 7
James, Jincey, 7
James, John, 4
James, Joseph, 2
James, Lina, 7
James, Margaret, 2
James, Molsy, 4
James, Selina, 7
James, She-ho-ke, 7
James, Simon, 2

1856 Roll - Choctaws Living in Chickasaw District

Jenkins, Amos, 9
Jenkins, Anderson, 9
Jenkins, Phebe, 9
Jenkins, Rachel, 9
Jenkins, Roberson, 9
Jesse, 7
Jimerson, 7
Jimson, 6, 9
Johnson, 12
Johnson, James, 8
Johnson, Molsey, 8
Jones, 14
Julia, 2, 16

Karcey, 10
Kemp, 10
Kemp, Benjamin, 9
Kemp, Delilah, 11
Kemp, El-ri-ne, 11
Kemp, Francis, 6
Kemp, Infant, 3
Kemp, Jackson, 3
Kemp, Joel, 6
Kemp, Kubby, 3
Kemp, Lucy, 3
Kemp, Mariah, 6
Kemp, Martha, 3
Kemp, Mary Jane, 6
Kemp, Melia, 3
Kemp, Roberson, 11
Kemp, Simon, 6
Kemp, Walton, 3
Ker-ho-nar-ho-ke-te, 2
Ker-ne-yer-tubbe, 16
King, Holo-nah, 9
King, Joel, 9
King, Mary, 9
King, Nancy, 9
King, Phenas, 9
King, Simeon, 9
Kipson, 6
Kubby, 13, 14
Kunnell, Emeline, 10
Kunnell, Jackson, 10
Kunnell, Lucy, 10
Kunnell, Mary, 10
Kunnell, Rebecca, 10
Kunnell, William, 10
Kus-nah-ye-mer, 4

Laenay, 10
Larton, 6, 7
Lecher, 12
Leley, 6

Leviticus, 9
Lewis, 14
Lick-im-sey, 13
Lile, 13
Lin-mer-ke, 13
Lina, 6
Lo-ke, Homer, 1
Loa-we-an, 6
Loken, 14
Loman, Eastman, 11
Lou-we-chi, 10
Louisa, 14
Louiza, 9
Love, Melvina, 15
Loving, Ish-ter-ho-ner, 6
Loving, Slomon, 6
Low-e-tubbe, 2
Lucinda, 11
Lucy, 5, 9, 13
Lush-kar-tubbe, 5
Lut-te-yo-che, 13

Marriah, 2
Marshall, 13
Martha, 7
Marty, 2
Mary, 7, 10
Maxwell, 4
McCan, Adeline, 4
McCan, Cristinah, 4
McCan, Eliza, 4
McCan, Fullin, 4
McCan, Harriet, 4
McCan, Jincy, 4
McCan, Tennessee, 4
McCan, William, 4
McCoy, Absalom, 7
McCoy, Ailey, 8
McCoy, Eq-nep, 8
McCoy, Esau, 8
McCoy, Fraizer, 7
McCoy, Infant, 7
McCoy, James, 8
McCoy, Joab, 8
McCoy, Lucy, 8
McCoy, Mary, 7, 8
McCoy, Menoria, 8
McCoy, Nancy, 8
McCoy, Sibby, 8
McKerley, F.C., 15
McKerley, Isebella, 15
McKinney, Albert, 8
McKinney, Henry, 8
McKinney, Infant, 8

1856 Roll - Choctaws Living in Chickasaw District

McKinney, Lucy, 8
McKinney, Sally, 8
McLaughlin, Benjamin, 11
McLaughlin, Cherlotte, 11
McLaughlin, Edmund, 11
McLaughlin, Jane, 11
Mclaughlin, Mandy, 11
McLish, Alexander, 13
McLish, G. F., 14
McLish, Holmes, 13
McLish, James N., 13
McLish, John, 13
McLish, Julie, 14
McLish, Louiza, 14
McLish, Mariah, 13
McLish, Nelly, 13
McLish, Richard, 13
McLish, Sarah, 13, 14
McLish, Wiley, 14
Me-her-tubbe, 7
Melay, 10
Mer-ter-ho-ye, 12
Mlley, 5
Molsey, 4, 14
Moncrief, Margaret, 12
Moncrief, Martha, 12
Moncrief, Robert, 12
Moncrief, Sampson, 12
Moncrief, Sophia, 12
Moncrief, Susan, 12
Moncrief, William, 12
Moncrief, Wm., 12
Moore, Loring, 14
Moore, Malinda, 14
More, Jesse, 2
More, Joseph, 2
More, Mary, 2
Morris, 8

Nancy, 4
Nash-ke, 12
Ne-cho-ke, 12
Neasti, 12
Ned, Lucinda, 11
Ned, Sampson, 11
No-wer-ho-ki, 16
Noah, 12
Nucher-hub-be, Alosize, 10
Nucher-hub-be, Edmund, 10
Nucher-hub-be, Kenney, 10
Nucher-hub-be, She-mer-har-ke, 10

Oh-le-hoyo, 13
Ok-le-ma-ho-yo, 5

Ok-lo-hubbe, 10
Oner-ho-yo, 6
Op-yer-sub-be, 12
Orston, 13
Oute-sne-ya-tubbe, 16
Outer-bee, 1

Patterson, Hanep, 1
Patterson, James, 1
Patterson, Jincy, 1
Patterson, Lucy Ann, 1
Patterson, Nancy, 1
Patterson, Susan, 1
Patterson, Wsley, 1
Per-shoh-cher-be, 7
Perkin, Allen, 2
Perkin, Eliza, 2
Perkin, George, 2
Perkin, Janie, 2
Perkin, Joseph, 2
Perkin, Loucy Ann, 2
Perkin, Nicholas, 2
Perkin, Robert, 2
Perkin, Simon, 2
Perley, 2
Peter, Amos, 3
Peter, Ebar-no-wer-ho-ke, 6
Peter, Elmiha, 3
Peter, James, 6
Peter, John, 3
Peter, Joseph, 3
Peter, Sarah, 6
Peter, Solomon, 6
Peter, Stephen, 3
Peter, Vine, 3
Phebe, 6, 7
Pic-bu-ho-ner, 8
Pin-so-cor, 14
Pis-cir-ho-yo, 10
Pitchlynn, Elizabeth, 1
Pitchlynn, Isaac, 1
Pitchlynn, Jefferson, 1
Pitchlynn, John T. 1
Pitchlynn, Mary, 1
Pitchlynn, Thomas, 1

Rachel, 14
Rebecca, 8, 12
Rhoda, 16
Rhodia, 2, 5, 9, 13
Rice, Americus, 15
Rice, Amy, 15
Rice, Epsey, 15
Rice, George, 15

1856 Roll - Choctaws Living in Chickasaw District

Rice, Samuel, 15
Richmond, 16
Roberson, Lucinda, 16
Roberson, William, 16
Robert, 6, 10
Robinson, Nancy, 8
Russel, 2

Saley, 14
Salina, 10
Saline, 14
Sally, 12, 13
Sarah, 2
Sephus, 10
Serbail, 14
Sha-le-ho-yo, 4
Shar-lott, 4
She-ho-ner, 13
She-lok-e-cher, 14
She-mer, 2, 14
She-mer-kar-he, 13
She-mun-nah-tsh-ke, 8
Sheco, Abraham, 5
Sheco, Charley, 7
Sheco, Delphie, 5
Sheco, Eastman, 5
Sheco, Littleton, 5
Sheco, Mariah, 7
Sheco, Martin, 5
Sheco, Mary, 7
Sheco, Meley, 7
Sheco, Rowlan, 7
Sheco, Sally, 7
Sheco, Susan, 5
Sheco, Thomas, 7
Sheco, William, 5
Sher-lo-ke, 11
Sher-pi-yo-ke, 5
Sho-lo-ty, 4
Shoat, Charlotto, 15
Shoh-ba-tubbee, 7
Shrm-nish-cher, 12
Silve, 12
Simon, 5
Sin-tin-mer, 10
Sonny, 4
Sophe, 2
Sophie, 5, 7
Spel-lo-ye, 5
Stone, 12
Suck-e-ter, 14
Suckey, 5
Susan, 4, 10, 11

Te-cu-sah, 16
Ter-ma-le-cher, 6
Ter-mer-le-che, 7
Thomas, 14
Thompson, Docter, 2
Thompson, Greenwood, 2
Time-hoyo, 13
Tiner, Jesse, 2
Tiner, John, 2
Tiner, Lenny, 2
Tiner, Sophina, 2
To-nulke, 12
Tribble, Henry, 6
Tribble, Joseph, 6
Tribble, Kell, 6
Tush-ka-ba-ta, 10

Us-po-iclie, 4
Uth-pe-se, 4

Virginia, 3

Waid, Albert, 7
Waid, Charlotte, 7
Waid, Harriet, 7
Waid, John, 7
Wall, 6
Wall, Cinderella, 11
Wall, Davidan, 11
Wall, Virginia, 11
Wall, Zulicken, 11
Walton, 4, 7, 10
War-lar, 12
Wesley, 5
William, 6
Williamson, 6
Wilson, Chas. B., 12
Wilson, Louisa, 12
Wilson, Mary, 12
Wilson, Robt., 12
Winny, 2

Young, 12

Made in the USA
Las Vegas, NV
21 June 2022